# 歴史教育から「社会科」へ
―― 現場からの問い

君島和彦［編］

東京堂出版

# はじめに

　教科としての「社会科」とは何だろうか？「歴史教育」とは何だろうか？そして「社会科のなかで学ぶ歴史」と歴史学はどのような関係にあるのだろうか？

　もちろん、人びとの歴史認識、歴史意識は学校教育のみで育まれ、深められていくわけではない。社会のなかで「教育」の果たす位置と現代におけるその役割を見据えつつ、さまざまな「現場」から「歴史を学ぶこと」、「歴史的視野を持ちながら同時に社会について学ぶこと」とはどのような営みなのか、こうした「問い」を考えてみたい。本書はこうした執筆者の思いをかたちにしたものである。「社会科」とは何か？この「問い」は、1947年、この日本という社会に「社会科」が誕生して以来、繰り返されてきたものである[1]。そして、生活科（小学校低学年）を分離し、高等学校では教科としては解体（地理歴史科と公民科）されながらも、「社会科」の初心を念頭におきつつ、多くの教育段階で「歴史教育」は実践されてきた。本書も、それぞれの「現場」で実践されている「歴史教育」と、それを日々実践している教員たちが抱える諸問題を率直に提出してもらった論文から成り立っている。

　「現場」とはいうまでもなく多義的な言葉である。「学校現場」「教育現場」、または博物館展示における「現場」やフィールドワークで出会う「現場」もある。例えば小田実は「現場」という言葉を単なる「場」一般ではなく、「空間的にも時間的にも現在、過去、未来にむかって開かれた」ものであり、「他者」との関係を「いやおうなしにかたちづくる」ものであると述べている。そこで出逢う「他者」同士は「あくまで対等、平等」そして「自由」であるという[2]。

　「歴史教育から「社会科」へ」。答えは様々だが、「歴史を学ぶ」こと、そして「教えること」とは一体、この社会のなかでどのような役割を持つのだろう

か？本書の執筆者がそれぞれ格闘している「現場」からの論文や報告は、「歴史」にこだわりつつ、同時に「社会」を考えていくための授業構想に、いくつかの貴重な示唆を私たちに与えてくれるように思う。

## 1．歴史教育と「社会科」・「公共性」

　「社会科」教育理論史・実践史のなかでの「歴史教育」の位置づけについては、歴史教育者協議会の理論的・実践的活動を簡潔に整理した臼井嘉一のものがある[3]。その際、学習指導要領のレベルで「社会科」（またその中での歴史）の目標を論ずる場合、一つの焦点になるのが「公民的資質」という概念の意味であろう。臼井によれば「公民的資質」という用語は「歴史的には二種類の異なるもの」があり、1948年版の「公民的資質」（1947年〜1955年）が「基本的人権の主張にめざめさせる社会認識形成」の方法論を含むのに対し、1968年版（1958年〜現行版）のそれは「望ましい態度や心情に閉じられる社会認識形成」の方法論を含むものである、と把握されている。基本的人権に開かれた理念に対し、特定の「望ましい」態度と心情にいわば「囲い込もうとする」発想と言い換えてもよい。「改正」された教育基本法下における「公民的資質」をめぐっては、①基本的人権の問題を前提にし、さらに「公共」的諸関係を主体的に担う個人の社会認識の形成を重視する考え方と、②新自由主義改革のもとで「市民国家的公共圏」とは異なったかたちで出現しつつある「公共圏」、すなわち「自由な市場」において「各自が利己心を存分に発揮して行動した結果」としての「市場化・民営化」を基礎とした「公共」という考え方、との対抗関係が重要な論点となる。つまり、「社会科」における「公民的資質」の内実が切実に問われている状況だろう。第Ⅰ部第5章（岡田泰孝）の提起する「新しい「公民的資質」＝「市民的資質」」という議論はこの点に深くかかわっている。

　2006年教育基本法「改正」をうけて改訂された新学習指導要領については多くの検討結果と批判が提出されている。すでに（1）「道徳教育」を「学校の教育活動全体を通じて行う」という学校の「道徳化」、（2）学習指導要領改訂

の前提となる社会認識である「知識基盤社会」をめぐっての議論、（3）「生きる力」育成という理念継続の意味と「生きる力」概念における「社会連帯」という側面の軽視、といったことが論点にされている[4]。

　新学習指導要領は総則で、「改正教育基本法」・学校教育法の「掲げる目標を達成するよう教育を行うものとする」としているが、周知のように「改正教育基本法」第二条には「公共の精神に基づき、主体的に社会の形成に参画し、その発展に寄与する態度を養うこと」（2項）、「伝統と文化を尊重し、それらをはぐくんできた我が国と郷土を愛するとともに、他国を尊重し、国際社会の平和と発展に寄与する態度を養う」（5項）とある。特徴として指摘しておきたいことは、小学校社会科「目標」における「平和で民主的な国家・社会の形成者として必要な公民的資質の基礎を養う」という文言に対し、中学校社会科歴史的分野では「我が国の伝統と文化の特色を広い視野に立って考えさせるとともに、我が国の歴史に対する愛情を深め、国民としての自覚を育てる」（歴史的分野目標（1））と「国民」が前面に出[5]、さらに高等学校地理歴史科においては、現行学習指導要領の「国際社会に主体的に生きる民主的、平和的な国家・社会の一員としての必要な自覚と資質を養う」という文言が「国際社会に主体的に生き平和で民主的な国家・社会を形成する日本国民としての自覚と資質を養う。」（高等学校地理歴史科目標）として「国民としての自覚と資質」が強調されていることである。ここで「公民的資質」という考え方は放棄され、「公共の精神」は「国民」という価値理念に学習指導要領で具体化されているのである[6]。2000年代後半の学習指導要領改訂の問題を東アジアにおける歴史教育の動向全体のなかで位置付けるためには、韓国における教育課程改訂の動きとも相互関連的に見る視点が重要になる。この点については君島和彦『日韓歴史教科書の軌跡』（すずさわ書店、2009年）および本書第Ⅳ部の各論文を参照して欲しい。

　「公共」という問題は、一方で国家的・市民的・地域社会的なレベルで形成されてくる〈圏域〉（公共圏）の問題であるが、同時にその基盤となる「親密圏」＝アソシエイションとでもいうべきある「共同性」の問題でもある[7]。第

Ⅰ部第4章（小田正道）は教育研究における教員集団の「共同性」を教育研究集会の成果と課題のなかから探ろうとするものである。また「社会科」において「共同性」を考えることは、2000年代になってさかんに議論されるようになってきた〈学びの共同体〉論をとりあえずは一つの教科に即してその内実を深める方向となるだろう[8]。

　第Ⅰ部第3章（宮口周次）は、教室における「共同性」を媒介するメディアのありかた（学級通信）についてのものである。学級通信などの史料＝記録は現代教育史・社会史にとって貴重なものであるが、その保存・利用といった問題は十分考えられてこなかったと思う。

　さらに、こうしたなか、第Ⅰ部第1章（田中京子）が「自ら課題を追究していくことや、集団のなかで考えたり、それを発表したりすることには慣れていない児童も多い」と指摘していることは重要である。この指摘が子どもたちを原理論的に把握したものなのか、「現状」を示すものなのかどうかは議論の余地があるけれども、これまでの「社会科学力」論を「学力」形成のプロセスにおける「個と共同性」といった論点から再整理する必要を提起しているとも読めるであろう[9]。第Ⅰ部第2章（小野知二）が提起しているように「障害があろうとなかろうと対等・平等の関係のなかでお互いが人として育ちあう」という社会イメージを持ちつつ展開される「共同学習」という方法もこの点に重要な示唆を与えると思う。

　ここでは詳述できないが、社会教育の領域からの問題提起を本書第Ⅱ部として構成することができた。従来、学校教育・教科書に比して社会教育分野と歴史学との対話は必ずしも活発であったとはいえないが、地域史学習の講座、生活記録・自分史などといった方法は歴史学と密接に関連するものである。第Ⅱ部第1章（小川清貴）は、社会教育（主として公民館分野）においても歴史家・上原専禄の提言が大きな意味をもったことを明らかにしている。近年、歴史意識論・社会運動論の観点から上原の思想への関心が高まっているが（鈴木良、広川禎秀、小谷汪之らの指摘）、問題の領域を大きく開く問題提起だと言えよう。

## 2．「戦争を語り継ぐ」方法と現代史

　「現代史」[10]学習は、これまでは近現代史教育・平和教育の15年戦争史学習、また戦後史学習として蓄積されてきた分野である。最近では『歴史地理教育』第762号（2010年7月増刊号）が現代史教育という発想＝方法を全面に出した特集を組んだ。ここで掲げられている個別テーマのラインナップはそれぞれ戦後日本社会史を考えるうえで必須のテーマであるが、本書では現代史教育として〈戦争〉と〈公害〉を2つの——相互に関連した——基軸として構成してみた。〈戦争〉も〈公害〉も、政治経済のみならず社会文化を含めた時代の全体性を照らし出す重要なテーマであり、同時に、「被害」と「加害」、「体験」の認識と継承が問題となる領域でもあるからである。薬害をふくめた戦後の〈公害〉が、戦時——あるいは一般に戦争遂行のための社会体制・科学技術体系と深く関連していることは重要な論点でもある[11]。

　現代史教育としての戦争論を考えるとき、近年の重要な動向の一つは、「戦争体験」の「継承」という平和教育・戦争学習・歴史教育上、とても大事な課題についての議論が進んだことである。従来、父母・祖父母（あるいは曾祖父母）をはじめとする家族からの「聞き取り」（墓地・墓銘碑調査なども含めて）は、戦争学習の重要な実践方式の一つであった。そこには、「子どもが調べる」という能動性と、家族ひいては地域社会における「戦争の記憶」の分有→新たな歴史的事実の「掘り起こし」＝教材化の発見性という二つの軸があり、多くの実践記録が生み出された。しかし、第Ⅲ部第2章の各実践（坂本謙・小貫広行・古頭（加々見）千晶実践）はより深刻な事態を意識している。各実践が共通に前提にしている山田朗の指摘によれば、家族が「戦争体験」を語る社会的基盤としては機能しづらくなっており、上記の実践方式をささえる基盤そのものが「戦争体験者の自然減」によって「揺らいでいる」。そして、そのことが戦争学習上の問題として指摘されている、という現状がある。身近な人びとから体験を聞くという実践方式は、歴史学における「聞き取り」の方法論、体験史

の方法（本多勝一）あるいは「オーラル・ヒストリー」とその意味（とりわけ「話者」と「聞き取る側」との関係）についての歴史意識的検討が進んでいない段階での実践方式であったため、その実践の広がりにもかかわらず、「戦争体験の継承」という論点からの理論的深化が見られたとは言い難いとも言える[12]。もちろん、すぐに解決できる処方箋があるわけではないが、小・中・高校（そして大学）を通じての相互連関のなかで議論を深めていく問題だろう。本書はその試みの一つでもあるが、試論的にいくつかの論点について触れてみたい。

　第一に、なによりもどのような「問い」を作っていくのか、という問題である。単純化してしまえば「発問の工夫」ということになってしまうのだけれども、その「発問」を支える教師の側の深い知識と戦争についての洞察（あるいは日常の生活実感にもとづいた課題意識化）が必要なことは言うまでもない。

　第二に、「戦争の記録」は、「体験者」の消滅にもかかわらず「家」・「家族」（あるいは類縁集団）の「記憶」として「語りつがれ」ていく場合があることである。東アジアに視野を向ければ、15年戦争期における日本軍の戦争犯罪についての「記憶」は、世代を越えて「語りつがれ」続けている。もちろん、そこには「忘却」という問題があることは自明であって、だからこそ「体験者の消滅」といった論点をさらに深め、「消滅した後も残っていくかたち」を見つめていく必要があろう。

　第三に、〈当事者性〉の「獲得」ということである。第Ⅲ部の各論文が総じて注目している論点である。『歴史地理教育』第748号（2009年8月）「特集　戦場の実相」はこの点を重視した特集であった。こうした論点は、「戦場と戦争の生々しい現実に対する想像力」を育むことと、第一で指摘した子どもたち自身の「問い」をたてることのあいだで構想されているが、〈当事者性〉という議論にはまだつめておくべき問題があるだろう。第Ⅱ部第2章（西浦直子）は、博物館展示という表象＝歴史叙述の「現場」からの問題提起でもあるが、沖縄平和学習における「ガマ体験学習」実践での以下の問題提起をここでは想起しておきたい。

はじめに

「平和学習では変に形だけやっているという印象がある。本当はもう明らかなはずのこと、そんなことまで想像させている。(中略)ガマに生徒を入れて"その人たちはどんな気持ちで生活していたか、想像してみよう"といったときに、いまいる生徒からすると、こんな真っ暗なところで暮らすのはいやだとか、戦争は大変だったんだと、そういう想像しかできない。けれども証言などを調べたときに、基本的には、暗いからこわいとか思っている人はいない。どこまで資料から明らかにできて、どこから先が想像しないとたどり着けないことなのか、そこを明確に意識した上で、体験の継承を考えないといかんのじゃないかと思う。」(下嶋哲朗『平和は「退屈」ですか』岩波書店、2006年、20頁)

あたりまえだけれども、〈当事者〉の生きた社会構造、端的に選択肢をせまられる「現場」の有り様を、実践する教師の側が、授業後の子どもたちが、構造的に把握できているか、どうかが問われるだろう。

現代史としての〈公害〉教育実践の理論的・実践的到達点と課題を示すことは出来なかった。第Ⅲ部第3章(島本浩樹)を参照して欲しい。ただ、第Ⅲ部第1章(長谷川利彦)が強調するように戦争と植民地の時代は、ほぼ戦後の社会のあり方にも大きな影響を与えている、その事例として〈公害〉(具体的には水俣病)が存在する。様々な成果を持ち寄っての現代史教育の理論化が求められているとも言えよう。

また、第Ⅲ部第4章(山口公一)の実践報告が示す通り、大学でのフィールドワーク教育実践(山口論文では「踏査学習」)も新たな領域を開く分野であろう。問題の射程は、〈当事者〉の生きる環境へのまなざしを育むこと、さらに大学生の「対象地域を見る眼」のレディネスにかかわって、初等・中等教育における「修学旅行」論とも接点をもつであろうからである[13]。

## 3. 国際化のなかの歴史教育

歴史教育において、一国史的理解からの脱却の必要性は早くから主張されていた[14]。しかし、それは理論的な把握であって、実際に教科書や教材を作る動

きではなかった。ところが、近年、日本、韓国、中国などの間での歴史学、歴史教育をめぐる交流が深まる中で、共通教材を作る動きが活発になった[15]。そして、これらの動向の大きな成果は、各種の共通教材を作ったことだけでなく、これらの動向をうけて、韓国で「東アジア史」という科目を生み出したことであろう。韓国での先進的な動きに今後も注目したい[16]。

　この点と関わって、第Ⅳ部第4章（梁豪煥）は、歴史教育におけるヨーロッパ中心主義からの脱却を模索している。韓国史のみならず、日本史の歴史認識においても、ヨーロッパ中心史観は根強く生きており、そのヨーロッパをモデルとする歴史理解は、日本の朝鮮植民地支配を正当化する朝鮮史での朝鮮停滞性史観などを生んできた。さらに、現行の日本の日本史教科書を見ても、明治維新を「近代化」の歴史として肯定的に見るヨーロッパ中心史観で貫かれている。新しい歴史教科書を作る会が賛美し、NHKでドラマ化して批判を浴びている司馬遼太郎の歴史観[17]も、まさにヨーロッパ中心史観である。梁豪煥論文も、ヨーロッパ中心史観からの明確な脱却の道を示し得てはいないが、日本でも考えてみるべき多くの示唆を提示しているといえよう。

　1945年8月の日本の敗戦をどうとらえるかは、多くの論点を提示してくれる。歴史認識においても、8月15日を「終戦」と見るか「敗戦」と見るかによってだけでも、大きな差異がある。第Ⅳ部第1章（鄭在貞）は、「日本の敗戦＝韓国の解放」ととらえ、これを前後した時期に映画と歴史教科書がアジア太平洋戦争をどうとらえたかを検討している。日本では、教育学者や作家、詩人などが、自らの戦争体験を戦後にどう認識して活動したかを批判的に検討した研究がある[18]。ここでは、戦争に協力し、多くの国民を戦争に送り出しながら、戦争が終わってしまえば、自らのその当時の行動に何ら言及することなく、民主主義者として活動し、反戦的作品を書き左翼作家として行動している人々を批判している。鄭在貞論文は、「日本の敗戦」と「韓国の解放」を「＝」で結んでいる点に注目したい。この認識は、多くの日本人にはかつて無かったものではないだろうか。そして、共同で映画を作った2人の映画監督のその後の行動を追及し、認識の差異を分析している。同時に、日本と韓国の歴史教科

書でも、同じアジア太平洋戦争、近代史を違った立場から描いている事実を明らかにしている。大衆的に影響力のある映画と、学校教育の重要な教材である教科書でのとらえ方の差異は、現代の日韓の歴史認識の差異にも連なる問題であるといえよう。

　教育政策は、時の政府の重要な政策課題である。従って、政府は、何らかの方式で教育を統制しようとする。日本における学習指導要領と教科書検定[19]、韓国における教育課程などはその有効な手段になっている。しかし、その統制は、一見民主主義的に行われるのが普通である。第Ⅳ部第2章（君島和彦）と第3章（徐毅植）は、現代韓国の教科書、歴史教育をめぐる動向を論じている。韓国では、第7次教育課程と2007年改訂教育課程を教育人的資源部[20]で作成した。この教育課程は、日本の歴史教育をめぐる動向、つまり、『新しい歴史教科書』の検定合格と中学校での使用や、中国の東北工程問題[21]などを受けて、歴史教育を重視し、中学校や高等学校で「歴史」を必修化し、社会科から歴史を独立させるほど強調していた。しかし、李明博政府は、この教育課程を否定し、2009改訂教育課程を公表した。実施開始間もない2007年改訂教育課程は、途中で否定されるという異常事態が発生したのである。さらに、日本の大学入試センター試験に相当する大学修学能力試験（修能）の方法を改訂することによって、いっそう歴史教育を軽視したのである。韓国の歴史学界では重要問題ととらえて批判しているが、この問題を真正面から論じたものが、君島論文と徐毅植論文である。日本と韓国の歴史教育は密接な関係を持っていることを考えれば、韓国の最新情報を紹介する論文であり、日本の歴史教育の今後を考えるためにも、重要である。

　歴史教育、社会科を多くの「現場」での実践を踏まえて提起しようとするのが、本書の意図である。長い歴史をもつ課題であるが、まだ、追求される価値のあるテーマであると考えている。そして、それは学校教育に限定されることなく、また、日本だけに限定されることでもないと認識している。本書はそのことを多くの仲間の成果によって書き記したものである。各論文で言及してい

る「共同性」の成果である。このような課題は、批判と討論によって深めることができるのだろう。多くの方の批判と討論を期待してやまない。

大　串　潤　児<br>君　島　和　彦

1) 最近のものでは今野日出晴「歴史教育と社会科歴史」（『歴史評論』第706号、2009年2月）。
2) 小田実『われ＝われの哲学』（岩波新書、1986年）。
3) 臼井嘉一「戦後社会科実践史と歴教協のめざしたもの」（『歴史地理教育』第712号、2007年3月増刊号）。
4) 佐藤広美「学習指導要領改訂の社会観を問う」（『教育』第746号、2008年3月）。
5) ここでいう「「愛情」は広い視野に立って我が国の国土や歴史に対する理解を深めさせた上ではぐくまれるものであり、偏った理解の上に立つものではない。」（中学校社会科指導要領解説）とされている。
6) その他、学習指導要領改訂と歴史学については久保田貢「新学習指導要領の求める「正しい理解」」（『教育』第753号、2008年10月）、および、『歴史地理教育』第732号、2008年7月増刊号「特集　新学習指導要領と私たちの社会科」を参照。
7) 斉藤純一『公共性』（岩波書店、2000年）および宇野重規『〈私〉時代のデモクラシー』（岩波新書、2010年）。
8) 例えば佐藤学『授業が変える学校が変わる―総合学習からカリキュラムの創造へ』（小学館、2000年）、同『学校の挑戦―学びの共同体を創る』（小学館、2006年）など。
9) 代表的な社会科学力論として、ここでは若干古いが一つの到達点として日本民間教育研究団体連絡会編『社会科教育の本質と学力』（労働旬報社、1978年）を挙げるにとどめる。
10) ここでは「同時代史」教育とは何か？あるいは歴史教育における「同時代

はじめに

史」という問題は別途検討課題としておきたいが本稿で述べるように「当事者性」という問題がここでもキイワードになると思う。

11) 市村弘正・杉田敦『社会の喪失―現代日本をめぐる対話』（中公新書、2005年）。ここで市村は「網膜症」を生んだクロロキン薬害によせて「クロロキンが世界大戦―すなわち従来の社会関係のあり方を根こそぎ総動員する戦争―に出自をもつことの社会的含意」すなわち「薬害を生みだしつづける社会とは、二十世紀という時代の刻印を色濃くおされて産み落とされ、戦後の成長過程のなかで自己増殖をなしとげた社会なのである」と述べている（10頁）。

12) その最先端的問題提起に屋嘉比収『沖縄戦、米軍占領史を学びなおす』（世織書房、2009年）と「島クトゥバ」による映像撮影・写真による試みとして比嘉豊光の仕事を挙げておきたい。

13) もちろん「修学旅行」そのものを歴史的に扱う仕事もある（高等学校『日本史A　人・くらし・未来』第一学習社［改訂版］、2009年、122-123頁）。第Ⅰ部第4章小田論文とも関連するが、例えば長野県では、県レベルでの教育研究集会「人権・平和と国際理解」分科会などで毎年修学旅行（主として沖縄修学旅行）についてのレポートが報告されている。

14) 1980年代からの比較史・比較歴史教育研究会の動向などが典型的なものであろう。

15) 各種の共通教材、または歴史教育をめぐる交流の動向に関しては、君島和彦『日韓歴史教科書の軌跡』（すずさわ書店、2009年）第1章参照。

16) 2011年2月現在では、「東アジア史」の教科書は作成中であって、どのような内容の教科書になるかは分からない。また、修能との関係で履修率にも不安がある。

17) 司馬遼太郎の作品への批判は、中塚明『司馬遼太郎の歴史観―その「朝鮮観」と「明治栄光論」を問う』（高文研、2009年）、中村政則『「坂の上の雲」と司馬史観』（岩波書店、2009年）を参照。

18) 長浜功『教育の戦争責任―教育学者の思想と行動』（大原新生社、1979年）、阿部猛『近代詩の敗北―詩人の戦争責任』（大原新生社、1980年）などを参照。

19) 教科書検定による思想統制の実態については、実に多くの著書がある。それらの中で検定の実態を克明に記したものとして、家永三郎『教科書検定―教育をゆがめる教育行政』(日本評論社、1965年) をあげておく。
20) 韓国では、日本の文部科学省に近似した官庁の名称が数回変更された。それらは、文教部 (1948年発足)、教育部 (1990年12月から)、教育人的資源部 (2001年1月から)、教育科学技術部 (2008年2月から) である。従って、時期によって教育課程を作成する官庁名に差異があることを了解されたい。
21) 韓国の古代史に関わって、高句麗や渤海が、現在の中国の東北地方 (旧満州) で発展した国家であったことをとらえて、この歴史を中国史の一部として把握し、韓国史ではないという中国政府のとらえ方に源を発する問題。韓国史にとっては、韓国の歴史の始発に関する問題である。

# 目　　次

はじめに………………………………………大串潤児・君島和彦　　1

## 第Ⅰ部　「現場」の論理──さまざまな場所からの提起──

　第1章　育てて　さぐろう　お米の世界
　　　　　──小学校5年生　総合的な学習の時間──　……田中京子　　16
　第2章　権利としての障害児教育
　　　　　──交流・共同学習、障害理解学習のとりくみ──　…小野知二　　30
　第3章　ボクの学級通信──32年間6400枚？──　………宮口周次　　39
　第4章　いま　教研集会を考える──その存在意義──　……小田正道　　47
　第5章　「社会科」から「市民」へ
　　　　　──「政治的リテラシー」を涵養する学習への転換
　　　　　……………………………………………………岡田泰孝　　61

## 第Ⅱ部　「社会教育」のなかの歴史学習

　第1章　社会教育における歴史学習の展開　………………小川清貴　　74
　第2章　「ちぎられた心」のすがた
　　　　　──癩（らい）を病んだ子どもと「絆」──　……西浦直子　　91

## 第Ⅲ部　戦争史・現代史教育実践の試み

　第1章　冷戦後世代への歴史教育
　　　　　──戦争学習と近現代史学習──　………………長谷川利彦　　112

第 2 章　戦争をどう教えるか——小中高を一貫する視点から——
　　１　小学校で『戦争』をどう教えるか
　　　　　——「15年戦争」学習の実践—— ……………坂本　謙　139
　　２　中学校の歴史の授業で何を伝えどう伝えるか ………小貫広行　151
　　３　今の高校生に何を伝えるか
　　　　　——元兵士の告白を考える授業を通して——…古頭（加々見）千晶　158
　第 3 章　水俣病学習実践に関する教師の認識の展開 …………島本浩樹　167
　第 4 章　「京都と韓国・朝鮮の交流の歴史」を歩く …………山口公一　191

# 第Ⅳ部　国際社会のなかの歴史教育——韓国からの視座——

　第 1 章　歴史認識の転向と分岐
　　　　　——敗戦＝解放前後の映画と教科書から見る
　　　　　　韓国と日本のアジア太平洋戦争—— ………鄭　　在貞　210
　　　　　　　　　　　　　　　　　　　　　　　　　　（翻訳：加藤圭木）
　第 2 章　韓国における歴史教育の葛藤
　　　　　——教育課程、歴史教育を中心に—— ……………君島和彦　229
　第 3 章　韓国における「2009改定教育課程」と「2014修能改編案」
　　　　　 ………………………………………………………徐　　毅植　245
　　　　　　　　　　　　　　　　　　　　　　　　　　（翻訳：國分麻里）

　第 4 章　歴史教科書の叙述とヨーロッパ中心主義 ………梁　　豪煥　266
　　　　　　　　　　　　　　　　　　　　　　　　　　（翻訳：國分麻里）

おわりに ……………………………………………………………山口公一　287
執筆者紹介

# 第Ⅰ部　「現場」の論理
───さまざまな場所からの提起───

第Ⅰ部　「現場」の論理

# 第1章　育てて　さぐろう　お米の世界
——小学校5年生　総合的な学習の時間——

田　中　京　子

## はじめに

　総合的な学習の時間は、変化の激しい社会を生きていく子どもたちに、「生きる力」をはぐくむため、横断的・総合的な学習を豊かに展開していくことをめざす時間として創設された。1998年の学習指導要領では、総則の中に「総合的な学習の時間」の趣旨、ねらい、学習の例、授業時数、配慮事項が示され、時間の名称や学習の目標、内容については、各学校にまかされることとなった。

　各学校では、新たに始まる「総合的な学習の時間」(以下、「総合」と略記する)とはどのような学習なのか、何を目標とし、学習内容とし、どのように指導を展開していったらよいのか、暗中模索の研修と実践が始まった。

　本実践は、1998年の学習指導要領が完全実施となった2002年度に、埼玉県蕨市の小学校で実践したものである。5年生3クラスがまとまり、一年間にわたって「米」をテーマに学習を展開していった。

　「総合の学習はどう進めたらいいのだろう？」「どんな力が育っていったらいいのだろう？」疑問は山のようにある中、学年3人の教師と91人の子どもたちとで協力し、「「米」についてさぐっていこう」「総合の時間を切り拓いてみよう」と展開したものである。見返してみると課題は多いが、「総合」創成期の一実践として記録しておきたい。

第1章　育てて　さぐろう　お米の世界

## 1．単元を立ち上げる

### （1）5年生北小タイムで目指すこと

　埼玉県蕨市立北小学校の「総合」の名称は「北小タイム」である。学習指導要領（1998年告示、2003年一部改正）に示されたねらいは、①自ら課題を見付け、自ら学び、自ら考え、主体的に判断し、よりよく問題を解決する資質や能力を育てること　②学び方やものの考え方を身に付け、問題の解決や探究活動に主体的、創造的に取り組む態度を育て、自己の生き方を考えることができるようにすること　③各教科、道徳及び特別活動で身に付けた知識や技能等を相互に関連付け、学習や生活において生かし、それらが総合的に働くようにすること、の3点である。これを基に、「北小タイム」で目指す児童像を、①「ふしぎだな」「どうしてだろう」と、身の回りの現象に関心を寄せ、自らの課題に進んで取り組む子　②自分の考えや判断力を高め、豊かな表現力、豊かな心をもてる子　③一人一人が自分のよさを生かし、自分の考えや方法を創り出し、自分を高めていくことに喜びをもてる子　④人は多くの人の支え合いの中で生きていることを知り、助けたり助けられたりしながら協力して生きていける子、の4点とした。5年生の担任3人は、目の前の子どもたちを見つめてその実態をとらえ、他教科の学習や地域の環境を見回し、どのような学習を展開すれば目指す姿へと子どもたちを育てていけるか、幾度も真剣な話し合いを積み重ねた。こうして、計画し、実践しながらできあがった単元が、「育ててさぐろう　お米の世界」であり、その学習の構想は【図1】のようになった。

### （2）児童・地域の実態

　子どもたちは素直で、興味をもったことには一生懸命取り組もうとする。一方、自ら課題を追究していくことや、集団の中で考えたり、それを発表したりすることには慣れていない児童も多い。

第Ⅰ部 「現場」の論理

　　活動の構想　　　　　育てて　さぐろう　お米の世界　　　　　【図1】

### 育てる ＜チャレンジ 米づくり＞

○栽培の準備をし、計画的に栽培を行なう。
○日々の世話をきちんと行い、観察を行う。
○植物としての稲の成長を実感をもってとらえる。
○バケツ稲への愛情や収穫への願いを育む。
＜育てたい力＞

☆観察する力
☆計画的に栽培しようとする力
☆生命の大切さや神秘を感じ取る力

5月
・バケツ田んぼの準備
・種籾の観察
・芽だし
・種籾まき
・鳥よけ

6月
・成長、分げつの観察
・水管理

7月
・中干し
・水管理

8月
・水管理
・生育観察
・害虫駆除
・出穂、開花

9月
・台風から守る
・鳥から守る

10月
・落水
・稲刈り、稲干し
・かかし作り（図工：造形遊び）

11月
・脱穀

12月
・精米

1月
・自分たちの米を炊いて食べる

### 米をさぐる体験活動

○米にかかわるさまざまな物や人と直接触れ合い、情報を収集する。
○米にかかわる人々の営み、そこにこめられている人の思いや願いを感じ取る。
＜育てたい力＞
☆観察する力
☆外部の人とかかわる力
☆人とのふれあいから学び取る力
☆働くことの苦労や喜びを感じ取る力

◆蕨の田んぼウオッチング（6月）
　（田んぼを見る　農機具を見る
　　農家の人とふれ合い、話を聞く）
◆飯盒すいさんにチャレンジ（7月）
　（米を研ぐ　米を炊く）
◆わら細工体験教室（林間学校）
　（7月）（わらに触れ、作品を作る）
◆蕨の田んぼ稲刈り体験（10月）
　（鎌を使って、田んぼの稲を刈る）
◆農機具ウオッチング（社会科見学）
　（11月）（北武蔵に伝わる農機具を
　　観察する、体験する。）

　　北小いきいきフェスティバル
　　　　「お米ワールド」

○わら細工体験、バケツ稲の栽培と
　成長について情報発信する。（11月）

◆もちつき体験（1月）
　（自分達が稲刈りをした田んぼの
　　もち米をついて餅にする。）

### 米をさぐる調べ活動

○教科での学習や体験活動を生かし自らの課題を見つける。
○課題にあった追究の方法を選び、情報を収集、選択して、課題を解決していく。
○友達と協力し、高めあいながら活動をする。
○調べたことを表現し、自分の思いや願いをもって情報を発信する。
＜育てたい力＞
☆課題を設定する力
☆課題解決に迫る方法をつかむ力
☆情報を収集し、選択する力
☆情報をまとめる力
☆調べたことを表現する力
☆情報を発信する力
☆友達と高めあう力

・自分の課題を設定する。
・同じ課題をもった友達とグループを作る。
・課題解決の方法を選び、多様な情報を集めて調べる。
・調べたことをまとめ、表現方法を選んで情報を発信する。
・友達の情報を交換し合う。

　　ぼくらのお米ストーリーを
　　　　発信しよう

1月31日実施

　　感謝のつどい～滝澤さんへ
　　感謝の気持ちを伝えよう～

2月実施

第1章　育てて　さぐろう　お米の世界

　5年生に進級した児童は、新しく始まる家庭科の学習をとても楽しみにしている。また社会科では、日本の食糧生産についての学習が大きな柱の一つである。「食」への関心が高まりつつあった。

　中山道の宿場町としてさかえた埼玉県蕨市。「蕨」の由来は、「藁火」であったとも言われ、明治・大正時代には田んぼが広がり、アシ・ススキの生い茂る地域であった。今では都市化が進み、人口密度が日本一の市となった。そのような地域で生活する子どもたちは、食糧生産現場を見る機会に乏しく、また体験もない。自分が口にする食べ物は、誰が、どのように生産し、どのような過程を経て運ばれてきたのかなどについて、考える機会もあまりないのが実態である。田んぼと畑の違いがわからない児童が多く、中には米もパンや菓子のように工場で作られ、袋詰めされていると思っている児童もいた。

　そこで、児童に「食」を真剣に見つめさせ、自分とのかかわりを考えさせたいと考え、私たちの日々の主食である「米」に着目させていくことにした。生命をもち自然の恵みである米、私たちの生命や健康を支える米、日本社会の産業や経済を支える米、様々な側面をもつ米に迫っていくことで、教科の枠を越えた横断的・総合的な学習になっていくものと考えた。

　さらに、より深まりのある学習にしていくために「体験」が非常に重要であると考え、米をさぐることにつながる体験活動を出来る限り取り入れ、学習活動として位置付けていくことにした。

## 2．自分の米を育てる

　米が植物であるという認識すら薄い子どもたち。教師は、生命ある植物、栽培する作物としての米に直接触れさせたいと願う。社会科「庄内平野の米づくり」の学習が始まると、写真やビデオの資料を見て、「田んぼって広いな。こんなに緑なんだ。」「どんなふうにしてお米ができるんだろう。」と関心が高まってきた。そこでJAが主催している「バケツ稲づくり」に取り組んでいくことにした。

第Ⅰ部 「現場」の論理

教師から、「お米を育ててみようよ」と投げかけると、「ええっ、いいねえ。」「わあ、やってみたい。」「でも、どうやって育てるの？」「種はどうするの？」「田んぼがないよ。」と子どもたちはのってくる。「どうやって育てるの？」「何を準備すればいいの？」の声に、教師からはJAから児童数分送られた「バケツ稲づくりセット」（マニュアル、観察ノート、種もみ、元肥）を手渡した。

児童は、マニュアルや「バケツ稲づくりビデオ」、社会科教科書・資料集、学校図書館の本、インターネットなどを活用して、用意するものや育て方などを調べた。児童一人ずつに深めのバケツを用意して、それを「バケツ田んぼ」とし、土と腐葉土を用意した。「チャレンジ 米づくり」のスタートである。

（1） 種もみ観察

JAの種もみは消毒の薬剤がかけられているため、観察用の種もみを別に用意した。児童は、種もみを手にのせ、上から見たり、横から見たり、皮をむいたりして観察した。

「これがお米の種？」「皮をむくと中は白いよ。」「固いね。こんなのから本当に芽が出るの？」「インゲンマメと同じで、温度と空気と水が必要なんじゃないかな。」

実物に触れ、素朴な感想を口にしつつ、理科で学習したことを思い出しながら、結び付けて考えている。

（2） 芽出し

種もみを水に付け、芽を出させる作業である。「農家の人もやるんだよね。」「沈まないのは栄養があまりないらしい。」と言いながら、透明なコップに水を入れ、数を数えながらそうっと種もみを水に入れていく。

「観察ノート」より〜「ぼくの種もみの数は21個でした。いっぱい稲になってほしいです。だけど、1つの種もみでいくつお米がとれるのだろう。」「種もみの数は27個でした。1つの種もみでどれくらいのお米がとれるのだろう。できれば多いほうがいいなあ。あと1つの種もみも死んでほしくないです。」

第1章　育てて　さぐろう　お米の世界

早くも稲栽培への期待や愛着が生まれ始めている。

数日後、芽が出始める。「うわあ、芽が出てる！ちっちゃい芽だ。」発見した児童が歓声をあげる。他の児童も急いで自分のコップを見に行く。「あれもこれもちゃんと出てるぞ。」「あんなかたいところからよく出てきたね。」「まん中が割れて出てきている。すごいな。」

小さな種もみの"変身"に、児童はびっくりである。

「観察ノート」より〜「白い細いものが出てきた。それはもやしみたいなもの。はじっこの方から出てきた。それは5ミリくらいだった。これが『芽』なんだ。」

植物の発芽はこれまでに幾度も見てきているはずであるが、自分が育て始めた稲の発芽は"特別"であり、大切な出来事であり、感動体験である。「まだ4日しか過ぎていないのに芽が出ました。早いなあ。みんな早く芽を覚ましてくれたんだね。」心を寄せ、情緒的なとらえ方をしている児童もいる。

## （3）田んぼの準備・種まき

黒土、腐葉土を深さのあるバケツに入れ、元肥を混ぜ込み、水を入れる。耳たぶくらいの柔らかさになるまでよくかき混ぜる。子どもたちにとっては、久しぶりの泥んこ遊びとなり、土の感触を楽しんでいる。水を加え、土にうっすらかぶるくらいの量になったら、バケツの田んぼの出来上がり。

芽の出た種もみを蒔いていく。「うわあ、芽が取れちゃったよ。」「どこに蒔いたっけ。わかんなくなっちゃった。」「種が浮かんできちゃった。これは水の入れすぎだ。」「種をまくだけなのに…これは難しい。」泥んこ遊びから一転。種蒔きには慎重さが求められた。バケツの稲の一番の敵は、スズメだそうだ。みんなのバケツを寄せて、上からスズメよけのネットを掛けた。

## （4）田植え

芽がすくすくと伸び、10cmぐらいになったものの中から、育ちのよいものを選んでバケツの真ん中に2〜3本集めて植える。

第Ⅰ部 「現場」の論理

「観察ノート」より〜「田植えをした。はじめのころはとても小さくて『こんなんでだいじょうぶかなあ。』と思っていたけど、こんなに大きくなって、これからが楽しみです。ワクワクしています。」「田植えははじめてやりました。やっぱり育たないお米もあり、農家の人は大変だなあと思いました。持って帰った苗は、家で大事に育てて、お米を作ります！」

バケツ田んぼは、昇降口前の中庭に並べた。児童は登下校時、休み時間に毎日見ることができる。下駄箱に置いたペットボトルで一人一人が水やりを続けていった。

（5）蕨の米づくり名人、滝澤さんと出会う

子どもたちが米づくりを始めた頃、偶然にも新聞に蕨市内にただ一か所残る水田の記事が掲載されていた。場所は学区外だがそう遠くはない。これは児童の学習に願ってもない好機であると考え、早速その稲作農家・滝澤さんに連絡を取ってみた。すると快い返事をいただき、学年全員で水田を見学させていただくこととなった。

交通量の多い国道の一本裏の道に入ると、子どもたちは思わず息を飲んだ。青々と広がる田園風景。「わあ、すごい。」「きれい。」「気持いい。」「蕨にこんなところがあったなんて。」

滝澤さんは74歳。先祖代々蕨にお住まいで、農業を続けておられる。子どもたちのバケツ稲栽培や調べ活動に関心を寄せてくださり、わざわざご夫妻で学校へ足を運び、子どもたちのバケツ稲の生育の様子も見てくださっていた。その上で、肥料を少しやるとよいこと、土をかきまわして空気を入れてやるとよいことなどをアドバイスしてくださった。子どもたちは米づくりについて知りたいことを滝澤さんに質問し、お答えいただいた。農機具なども実際に動かして見せてくださった。

「本物の田んぼ」を見せていただき、その生命力、美しさに直接触れた体験は、児童の心に大きく響いた。また、たくさんの生きた情報を下さり、「米づくりは愛情です。」と穏やかな表情できっぱりとおっしゃる「本物の米づくり

第1章　育てて　さぐろう　お米の世界

農家・滝澤さん」と触れ合ったことによって、児童の心は大きく動いた。児童は、自分のバケツ稲への思いを一層強くし、栽培活動・観察活動を継続していった。

一年間を通して滝澤さんとのかかわりは深まり、秋には滝澤さんの田んぼでの稲刈り、冬にはもちつきを体験させていただき、子どもたちの学習は一層深いものとなっていった。

## 3．米をさぐる調べ学習

バケツ稲づくりと並行して、米についてさぐる調べ活動を開始した。調べたいことを出し合い、課題を整理した。それぞれが調べたい課題を選んで学級を越えて班を作り、教師3人でグループを受け持った【図2】。

この後、2学期にかけて、長期間の調べ活動を進めていった。学校や地域の図書館の本で調べる、インターネットで調べる、自分たちの観察記録を見直す、資料を取り寄せる、聞き取りや電話による問い合わせを試みるなど、グループの課題に応じて、多様な方法で調べ活動を深めていった。調べ活動の過程では、児童は、知りたい情報を得られなかったり、資料の読み込みに必要な知識を持ち合わせなかったりして、苦労も体験する。課題が多岐にわたるため、教師の対応も大変である。あるグループの活動の様子は、【図3】のように展開していった。

グループによって、調べ活動の展開の仕方はそれぞれに異なる。しかし、教師に与えられた課題ではなく、自分たちが知りたいこと、調べたいことを追究していく学習活動、教師の支援を受けながら様々な情報を自分たちで選び、活用していく学習活動を体験し、学び方を学んでいった。

## 4．米をさぐる体験活動

1年間を通して、米づくりや稲にかかわる様々な活動を、積極的に取り入れ

第Ⅰ部　「現場」の論理

**児童の追究課題一覧**　　　　　　　　　　　　　　　　　　　　　【図２】

Ａグループ　　植物としての米について　　１１班　　２８人　　米の病気・害

| 班 | 班員 | 調べてみたいこと | 班 | 班員 | 調べてみたいこと |
|---|---|---|---|---|---|
| 1 | 2人 | ・米の種類　・米の成分<br>・日本、埼玉、蕨の田んぼ | 7 | 3人 | ・米の品種改良<br>・バイオテクノロジー |
| 2 | 3人 | ・米と鳥　・アイガモ農法<br>・なぜ、すずめは米があることがわかるか。 | 8 | 2人 | ・米のねだん　・米の葉<br>・米の種類　・新種の作り方 |
| 3 | 2人 | ・無農薬農法とアイガモ<br>・米と鳥、すずめ対策 | 9 | 3人 | ・米と鳥、すずめ対策<br>・アイガモ農法　・農薬、消毒 |
| 4 | 2人 | ・米の種類（日本、外国） | 10 | 3人 | ・品種改良　・米の害虫<br>・わらについて　・外国の米の名前 |
| 5 | 3人 | ・米と鳥<br>・アイガモ農法 | 11 | 3人 | ・すずめはなぜ米があることがわかるのか。<br>・米の成分　・米のねだん |
| 6 | 2人 | ・米の成分　・米の葉　・米の値段<br>・米と鳥　・田んぼの大きさ比べ<br>・無洗米と環境 | | | |

Ｂグループ　　食品としての米　　　　　　８班　　３６人　　米と文化

| 班 | 班員 | 調べてみたいこと | 班 | 班員 | 調べてみたいこと |
|---|---|---|---|---|---|
| 1 | 3人 | ・米を使った季節ごとの日本風の米料理<br>・米の郷土料理（大阪・沖縄）<br>・昔の米料理　・米のお菓子<br>・オリジナル米料理を作って食べる。 | 5 | 6人 | ・いろいろな国の米の料理 |
| 2 | 4人 | ・世界のお米を使ったお菓子や料理<br>・米料理と行事<br>・米料理を作って写真に撮り、試食する。 | 6 | 2人 | ・米の語源　・米のつくりはじめ |
| 3 | 5人 | ・外国の米を使ったデザートや料理<br>・日本の米と外国の米のちがい、味<br>・なぜ、米は水で炊くとやわらかくなるか。<br>・なぜ日本人は米が好きか。 | 7 | 6人 | ・米に関係ある歌や祭り（花笠音頭）<br>・埼玉県秩父の米に関係ある歌や踊り |
| 4 | 6人 | ・日本と外国の米料理、デザート<br>・米料理等を作って写真に撮り、食べる。 | 8 | 6人 | ・米に関係する行事、歌、祭り<br>・米の出てくる昔話　・米のことわざ |

Ｃグループ　　米のはじまり・歴史　　米の作り方・育て方　　農業問題・食糧問題　　６班　　２２人

| 班 | 班員 | 調べてみたいこと | 班 | 班員 | 調べてみたいこと |
|---|---|---|---|---|---|
| 1 | 4人 | ・農機具の種類、構造、値段 | 4 | 4人 | ・米づくりの始まり<br>・農機具や機械について（ヤンマー）<br>・農機具の模型を作る。 |
| 2 | 3人 | ・米づくりに適した気候、土、土地<br>・米づくりをしている外国の気候 | 5 | 3人 | ・米の原産地<br>・農業問題（転作、後継者） |
| 3 | 4人 | ・いつ頃から米を食べているか。<br>・今と昔のイネのちがい | 6 | 4人 | ・米の始まりは、いつごろ、どこで？ |

第1章 育てて さぐろう お米の世界

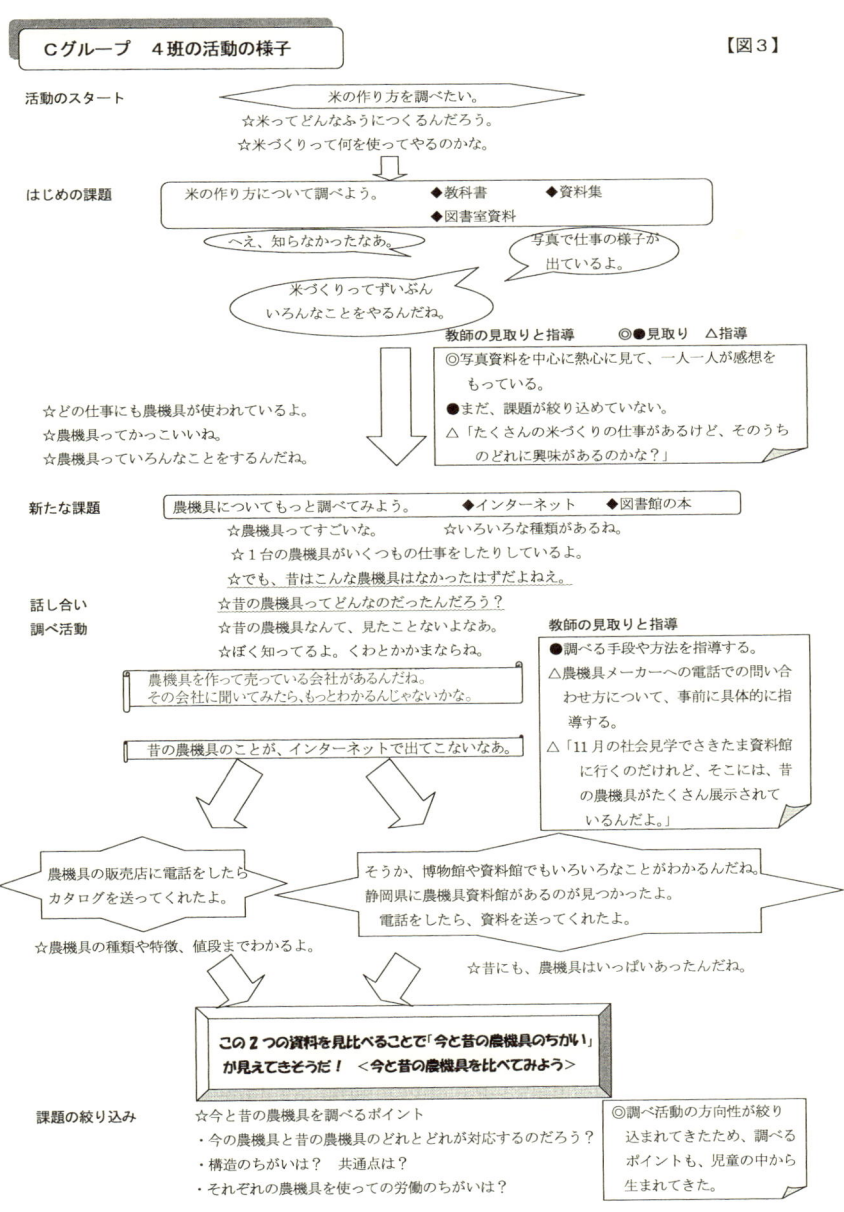

ていった。夏には、飯ごう炊さんを含む林間学校があり、宿泊先の施設での講座の中に、わら細工体験教室があった。水と火でご飯を炊くこと、稲わらを使って物作りをすることも米をさぐる体験活動として位置付けた。秋の社会科見学では、北武蔵に伝わる農機具を見たり体験したりできる施設の訪問を組み入れた。昔の農機具について調べているグループの課題解決に応えることができた。

校内では、11月に「総合」や生活科の学習成果の発表の場として「北小フェスティバル」を開催する。フェスティバルでは、全教室で発表活動を行い、児童や保護者、地域の方々が自由に参観できるようにしている。バケツ稲の刈り取り、稲干しとかかし作り、脱穀と収穫の感動や喜びを体験した5年生は、それまでの稲の栽培・成長について、情報発信を行った。自分たちの体験に基づく発表であり、子どもたちは自信をもって生き生きと稲のことを説明することができた。

滝澤さんの御好意により、10月には本物の田んぼで鎌を使って稲刈りを体験させていただいた。稲の感触、におい、鎌の使い方の難しさ、刈り取り作業の大変さなどを体で感じ取り、仕事としての農作業、農家の方の苦労についての想像は、それまでと大きく違うものになった。また、1月には、子どもたちが刈り取りをさせてもらったそのもち米を、杵と臼でついて餅にする体験を、全員がやらせていただいた。長い期間をかけて、植物である米が食品に変わり、自分の口に入ることを実感することができた。

## 5．「ぼくらのお米ストーリー」を発信しよう

子どもたちは、米を栽培し、米にかかわる様々な体験をし、自分の関心に基づく課題で米について調べ活動をしてきた。お米に対する思いは深まり、調べてきたことをまとめ、表現方法を工夫し、ポスターセッション形式で発表を行った。授業研究発表の機会を生かし、体育館を中心から十字に区切り、春・夏・秋・冬の季節でコーナーを作った。課題の似ている班をグループにし、各

第1章　育てて　さぐろう　お米の世界

コーナーに配置した。

　発表会には他校の先生方や保護者にも参加してもらい、発表意欲が高まる中、絵、写真や実物を提示する、お米博士になりきって説明する、ストーリー性のある劇にして演じてみせるなど、ダイナミックな発表に取り組んだ。発表が終わった児童は、充実感や伝えることの楽しさを味わっていた。

　単元の最後には、滝澤さんご夫妻をお呼びし、感謝の気持ちを伝える会を開いた。「お米のめぐみ」をテーマにした班が、歌詞を考え曲を作り、学年全員で心をこめて歌い、滝澤さんへの思いを届けた。

## 6．実践を終えて

　「総合」の学習はどのようにあったらよいのか、手探りしながら学年の教師が一致協力して、子どもの活動の様子を見、次に進む方向性を探り、その方向に進むために必要なこと、効果的なことを考え、学習活動を推進してきた。

　単元を終わって、子どもたちも教師たちも「学習が楽しかった。」「充実していた。」「もっと続けたい。」という思いでいっぱいであった。「米」や「食べること」のとらえ方、食糧生産に携わる人への思い、米を通して見えてきた歴史や世界に対する感覚などが、確かに広がり、深まっていった。自分の疑問を整理し、明らかにし、様々な手段を使って解決を図っていく方法を体験し、その喜びや楽しさを味わうことができた。

　学習を深めることができた第1の要因は、「自分の稲」を自分で育てたことである。自分にまかされたバケツ田んぼの一株の稲。日に日に成長が見える。水が足らないとしおれる。滝澤さんから、「台風の風に含まれる塩が、稲には一番良くない。」と聞き、天気予報を気にして、台風が接近すると、「昇降口に避難させなくちゃ。」と自分たちで動くようになった。実った稲をはさみで刈り取るときには、うれしさよりも「稲がかわいそう。」という気持ちの方が強くなり、割り箸を使って脱穀するときには、一粒の米も落さぬよう、丁寧に大事に集めていた。6月に聞いた「米づくりは愛情です。」という滝澤さんの言

葉が、数ヶ月を経て、子どもたちにも理解できるようになった。長期間にわたる栽培の体験活動が、調べ活動を進めていく原動力になっていったのである。

　第2の要因は、様々な活動を関連付けたことである。薪で火をおこし、飯ごうを使って米を炊いた林間学校での体験。手足を使い、稲わらの匂いや感触を味わいながら縄や飾り物を作ったわら細工体験。本物の田んぼを見る、稲刈りをする、餅つきをする体験。写真やビデオを見て知るのとは、次元の違う認識、より深まりのある認識が子どもたちの中に形作られていった。それが、調べ活動をより深めていくことにつながり、米の認識がより厚みのあるものとなっていった。

　第3の要因は、滝澤さんという「人」に出会えたことである。滝澤さんには、その風貌、立ち居振る舞い、声や言葉に、米づくりに精魂を傾けてきた「生き様」のようなものが確かに現れていた。子どもたちは直接触れ合うことでそれを感じ取っているのである。「米作り」は生活であり、人生であり、生き方であるということに目を開かされたのである。このことは、子どもたちにとって大変大きな学びとなった。

　この実践の課題としては、1つ目に課題が多岐にわたる調べ活動に対し、教師がどれだけ適切にかかわり、援助し、学習を保障できるかということである。教師自身も子どもと共に追究者になり、アンテナを高くして情報を収集し、情報を精選して子どもたちに提供していく必要がある。

　2つ目に、一時間ごとの児童の学習の様子や成果を的確に把握することである。子どもには1時間の学習の様子を簡単に記録させ、他教科の指導もある中で、教師がそれを見取り、良いところは褒め、困っていることがあればそれに応じた指導や支援を行わなければならない。

　3つ目に、単元の学習を通して、子どもがどのような変化・変容をし、対象に対する認識が深まったか、どのような力が付いたかを、一人一人について明らかにしていくことである。「総合」に対して、「『総合』では学力が付かない」と批判する人々がいる。その人たちに対しては、この3点目を実践を通して明らかに示していかなければならない。

第1章　育てて　さぐろう　お米の世界

　これらの課題を克服しつつ、子どもたちの「生きる力」、本物の学力を育てる充実した「総合」の実践を、今後も追い求めていきたい。

第Ⅰ部 「現場」の論理

## 第2章 権利としての障害児教育
——交流・共同学習、障害理解学習のとりくみ——

小 野 知 二

### 1．なぜ、私は障害児教育と教職員組合運動の道にすすんだのか

　1985年、大学を卒業してすぐに、私は「希望していなかった」障害児学校に採用された。新任教員として初めて担任をしたクラスは中学部1年生で、そのクラスには18歳の中学1年生、Fさんが在籍していた。障害児教育について全く無知であった私は、しばらくしてから職場の埼玉県高等学校教職員組合（埼高教）の組合員に「就学猶予・免除」制度のことや1979年に実現した養護学校義務制について教わった。Fさんは養護学校義務制以降に入学した過年度入学の生徒だったのだ。

　私が勤務した学校は1979年の養護学校義務制がスタートする前年、1978年の開校だった。私は職場の埼高教組合員の先輩たちから、開校当時のことをよく聞かされた。開校時、小学部1年生の入学希望者88人を62人にしぼらざるを得なかったこと、その際の「入学基準」が「一人で歩けるもの」「日常生活が自立しているもの」「自閉的傾向が著しくないもの」などだったことである。つまり「教育が可能かどうか」（！）が判断の基準で、基準に合わないと「就学猶予・免除」の名のもとで義務教育さえも受けることが許されなかったのである。

　戦前、"兵隊さん"になれない障害児は「穀潰し」と言われて迫害された。戦後の日本国憲法と旧教育基本法のもとでも、「社会の重荷」にならず人に迷惑をかけない「愛される障害児」になることが求められてきた。障害児にとっての義務教育が制度として実現したのは、旧教育基本法制定から実に30年以上たった1979年、養護学校義務制によってである。権利としての障害児教育がそ

第2章　権利としての障害児教育

れ以降、飛躍的に発展する。それは、教職員、父母・保護者、関係者による、どんなに障害が重い子にも学校教育を保障したいという願いのもと、文字通り血のにじむような努力と運動のすえの実現であった。そしてその背景にあったのは、安保闘争をはじめとした国民の平和や民主主義を求める運動、教育の分野で言えば杉本判決を生み出した「国民の教育権」運動であったことは言うまでもない。

　学生時代の私は不勉強であったものの、東京学芸大学で日本近現代史を学び、そのことを通して平和や民主主義について考え、また教科書裁判を通して「子どもの学習権」について関心をもっていた。

　就職したての私は「希望していなかった」障害児教育と教職員組合員運動の道へと導かれ、障害が重い子に関わりながらこの仕事の魅力にとりつかれていった。

## 2．せめぎあいの中ですすむ障害児教育

　埼玉の障害児教育は、1972年に誕生した革新県政のもと、革新県政を発展させるなかで毎年のように学校建設をすすめ、国に先駆けた教職員定数の改善、プールや体育館の建設などの貴重な成果を勝ち取ってきた。現在もその伝統を受け継ぎ、障害児学校で学ぶ子どもたちの増加に伴い、不十分ながらも学校建設がすすみつつある。

　しかしその一方で今、「人口1万人あたり日本一少ない13.5人」の公務員をさらに「11人台にする」ことを公約に掲げる知事のもと、学習権・人権侵害といえる障害児学校の深刻な教室不足の抜本的な解消には至っていない。多くの学校で特別教室を普通教室に転用したり、1教室に2学級を押しこんだり、北側の日の当たらない教材室さえも普通教室にしながら日々の教育活動が行われている。また「紙が買えない」「修学旅行の下見も旅費がないので年休で行かざるを得ない」という教育予算の削減が進行し、子どもたちの学習権ばかりか、いのちと安全さえも危ぶまれる事態に置かれている。

第Ⅰ部　「現場」の論理

それは国段階における「構造改革」路線とそれに基づく「コスト」論による障害児教育のリストラ、それを主要な動機の一つとしてスタートした人も物もつけない現場の自己犠牲的な努力のみに頼った「特別支援教育」体制の押しつけが根底にある。さらに次に述べるように新しい学習指導要領は、これまで創り上げてきた権利としての障害児教育と大きなせめぎ合いになっている。

## 3．学習指導要領の改訂と障害児教育

2010年3月、特別支援学校学習指導要領が告示された。2006年に教育関係者はもとより多くの国民の反対を押し切って強行採決された改悪教育基本法を具体化したものである。

改悪教育基本法は、戦後民主教育の基本的な考え方であった権利としての教育を根底から覆すものであり、主権者としての民主的な人格の形成から「戦争する国」のための人づくりをめざし、教育の目的を180度転換させたものである。教育目標に「伝統と文化を尊重し」「国と郷土を愛する」態度の育成が明記されたことは周知の通りである。

今回の学習指導要領改訂の目玉の一つは、道徳教育である。それは特別支援学校学習指導要領も同様で、障害児教育にはもっともなじまない数値目標をはじめとした「形」を中心とする短期的な目標が強調され、「態度」主義的な教育を押しすすめようとしている。それは、養護学校義務制30年の歴史のなかで培ってきた、子どもを発達の主体として捉え、一人ひとりの子どもたちとじっくり向き合い、丁寧に子どもの内面に寄り添ってすすめてきた権利としての障害児教育に全くなじまない。

特別支援学校学習指導要領についての詳細は省略するが、ここではその中で強調された一つである「交流及び共同学習」について注目したい。健常児にとって「奉仕」の態度を育成することに利用され、同時に障害児にとっても社会に適応する力を育成することを一面的に強調しており、まさに道徳教育の一環に障害児教育が巻き込まれていく危険を感じるからである。

第2章　権利としての障害児教育

　そこで、次に前任校の浦和養護学校（現、浦和特別支援学校）小学部高学年（4～6年生）でとりくんできた近隣のA小学校との交流・共同学習についてのささやかな実践を紹介したい。

## 4．ともに育ちあうことめざした交流・共同学習

### （1）交流・共同学習のスタート

　浦和養護学校は知的障害の子どもたちが通う小・中・高等部設置の県内有数の過大・過密、教室不足の学校である。

　交流・共同学習のスタートは10年以上前にさかのぼる。近隣のA小学校から「奉仕活動にとりくんでいる。浦和養護学校の子どもたちに何かしてあげたいので学校を訪問したい。」との申し入れがあったことに始まる。A小学校ではそれまでも、月1回「奉仕の日」を設け、老人ホームの訪問、公共施設の清掃作業、各種募金活動等にとりくんできたという。浦和養護学校小学部高学年教職員集団として、その申し入れに対して議論を行い、次のような見解をまとめた。

・同学年・同年齢の子どもたち同士の関わりが、「奉仕する側」「奉仕される側」の関係ですすめられるのは正しくない。
・障害があろうとなかろうと対等・平等の関係のなかでお互いが人として育ちあう学習活動としてすすめるべき。
・ともに育ちあうのであれば、当然、浦和養護学校の子どもたちが「教材」として扱われるのではなく、浦和養護学校の子どもたちにとってのねらいを明確にするべき。
・A小学校の子どもたちにとっても表面的な交流にならないよう、発達段階に応じた障害に対する科学的な理解を重視したい。

　以上のことを踏まえ、A小学校の先生たちと話し合いを重ね、上記のことを両校が大切にし、それ以降、毎年話し合いを続けながら継続的な学習として

第Ⅰ部 「現場」の論理

展開されるようになった。

## （2）交流・共同学習の位置づけ、ねらい

① 位置づけ

　　人間としての対等・平等の関係の中で、お互いに認め合い、育ちあうことを目的とした学習とする。

② 浦和養護学校の子どもたちのねらい

・遊びの「渦」、友だち同士の関係に目を向け、積極的に関わることを通して一緒に遊べる力をつける。

・物怖じせず自分から関わる力、気持ちを伝えられる力をつける。

③ A小学校の子どもたちのねらい

・障害をもつ人との関わりを通して、生きることの大切さを知る。

・障害についての理解を深める。

・自己を見つめる機会とする。

## （3）とりくみの内容

　年間でA小学校4、5、6年生の各学年と浦和養護学校の小学部高学年全体が各一回ずつ交流会を実施している。主なとりくみ内容は以下の通りである。

① **4年生との交流集会**（会場：浦和養護学校）

a）事前のとりくみ

　浦和養護学校小学部高学年の紹介リーフレット配布、両校のビデオレターを交換する。

b）当日のとりくみ

　A小学校の子どもたちの浦和養護学校校内見学。

　各学級ごとの小集団での交流会（自己紹介、歌、ゲームなど）。

　交流集会（体育館でのゲーム大会）。

c）特徴

A小学校の子どもたちの圧倒的多数が初めて養護学校に来る。子どもたちのほとんどは、行くまでは「不安」「あまり行きたくない」「怖い」などの思いを持っている。だからこそ、事前のビデオレターやリーフレットで少しでも不安を和らげ、何よりも当日「楽しかった」となるような工夫・配慮が大切である。交流会に参加する中で養護学校に来て「楽しかった」と感じて帰る子どもたちは多い。

② **5年生との交流徒歩遠足**（浦和養護学校出発、自然公園までの徒歩遠足）

a）事前のとりくみ

一緒に歩く子どもたちのお互いの顔写真入りプロフィールカードの交換。

歩くコースの絵地図配布、ビデオレター交換など。

b）当日のとりくみ

養護学校の子1人とA小の子2～3人のチームでスタンプラリーをやりながら徒歩遠足。

公園で弁当を一緒に食べ、ゲーム大会などを実施。

c）特徴

A小の子にとっても交流のとりくみが2年目になり、「去年一緒に遊んだ○○君と歩きたい」などと期待する子も多い。4人程度の小集団で一緒に歩くため、より交流が深まる。

③ **6年生との交流集会**（会場：A小学校）

a）事前のとりくみ

両校の実行委員会の子どもたちが集まり、交流集会実行委員会を行う。当日の内容を話し合ったり、会場に設置する飾りを一緒に制作する。当日は両校の実行委員が一緒に司会、歌のリード、ゲームの紹介等を行う。

b）当日のとりくみ

学級ごとの小集団での交流。

体育館での交流集会（両校からの歌やダンス等の発表、ゲーム大会など）。

c）特徴

合同の実行委員会を開くことで、教員主導型の集会ではなく主体的につくり

第Ⅰ部　「現場」の論理

上げる集会になる。回数を重ねているので両校の子どもたちの関係はより深まる。

### ④　障害理解学習のとりくみ

　各学年の交流会後、A小の子どもたちからの感想文や質問を参考に、子どもたちの発達段階に応じた障害理解学習を行う。浦和養護学校の教員による2時間の出前授業である。交流会を表面的なとりくみに終わらせず、障害について科学的に理解するうえでなくてはならない大切なとりくみである。授業には必ず浦和養護学校の保護者の代表が参加し、A小の子どもたちに話をしてもらっている。近年、A小保護者も授業を参観し、それをきっかけに保護者同士の交流も広がっている。

　ここでは4年生に行った障害理解学習の一部を紹介する。

a) 障害理解学習のねらい

　養護学校の様子や障害についての理解を深め、「違う」と思っていた障害児が一生懸命生活している「同じ」人間であることに気づく。

・視覚障害を疑似体験することで、障害についての理解を深め、あわせて社会やまわりの人たちの支えがあれば普通に生活できることを知る。
・障害児も健常児も同じ道筋を通って発達していることを知るとともに、知的障害児はその速度がゆっくりであることに気づく。
・自分たちの生い立ちを振り返りながら、自分も障害をもっている子も、かけがえのない生命であることを知る。

b) 授業の流れ

・手遊び歌…養護学校の学習の一端を知りながら、リラックスした雰囲気で学習にとりくめるようにする。
・障害の種類や発生の原因…障害の種類について知っているものを出してもらう。
　→「知的障害」「肢体不自由」「聴覚障害」「視覚障害」などを知る。
　→先天的な障害と後天的な障害があることを知る。
　→誰でも障害者になる可能性があること、誰からでも障害児が生まれる可能

第 2 章　権利としての障害児教育

性があることを伝える。
・障害による不自由さと社会の配慮…視覚障害について疑似体験をする。
　→アイマスクをして何人かの子に歩いてもらい、歩きにくいことを実際に体験する。
　→視覚障害者に対する様々な配慮、工夫について知り、周囲の人・社会の理解と「支え」の大切さに気づく（シャンプーとリンスのボトル、お札、ハガキ、カード、電話などの工夫を知る。）。
・障害と発達…「同じ」ことと「違う」ことについて知る。
　→あらかじめ親から聞いてきた自分がいつ「歩けるようになったか」「スプーンをもって食べられるようになったか」「はじめての言葉はいつか。なんていったか。」を発表し、黒板の表に印を付けてもらう。その際、赤ちゃんのときのエピソードなども交え発表してもらう。
　→養護学校の生徒Sくんと比較しながら、Sくんの発達がゆっくりだったこと、ゆっくりだけど同じように成長していることに気づく。
・障害のある子とその家族の喜び、願い、苦労を知る。…Sくんのおかあさんのお話を聞く。

## 5．障害者をふくむすべての人たちの人権が保障され、人として尊重される社会を

　日本の教育の過度な競争主義と今日の「貧困と格差」社会のなかで、障害児を含むすべての子どもたちの人権と発達が阻害されている。だからこそ交流・共同学習、障害理解学習が、健常児にとっても障害児にとっても、民主的な人格を形成する実践課題として位置づけられ豊かに発展させる必要性を強く感じている。

　障害者権利条約では「教育権の無差別平等の保障と諸能力・人格等の最大限の発達を志向するインクルーシブ教育の原則」「一般教育制度から排除されず、そのなかでの、そして発達を最大にする環境での個別化された支援を受けること」等が規定されている。交流・共同学習は、まさにこれまで創り上げてきた

第Ⅰ部 「現場」の論理

権利としての障害児教育を発展させ、憲法、子どもの権利条約、障害者権利条約などの理念に基づく、どの子も教育から排除されず、すべての子どもたちに豊かな発達を保障するという正しい意味でのインクルーシブな学校づくり・地域づくりにつながるのではないか。障害者をふくむすべての人たちの人権が保障され、人として尊重される社会をめざし、私自身も引き続き、教育実践の豊かな創造と民主的な教職員組合運動・障害者運動の発展に全力を尽くす決意である。

---

【参考文献】　※煩雑になるため脚注は省略した。以下のものを参考にした。

荒川智編『障害のある子どもの教育改革提言』（全国障害者問題研究会出版部、2010年）。

清水貞夫・藤本文朗編『キーワード障害児教育（改訂増補版）』（クリエイツかもがわ、2009年）。

『障害者問題研究』vol.38-1　特集：改訂学習指導要領の論点（全国障害者問題研究会出版部、2010年）。

埼玉県高等学校教職員組合障害児教育部・さいたま教育文化研究所編『現在に輝き、未来を創る～埼玉の養護学校義務制30周年記念誌～』（さいたま教育文化研究所、2010年）。

# 第3章　ボクの学級通信
―― 32年間6400枚？ ――

宮　口　周　次

## 1．最初の頃

　大学を卒業し、1979年4月から日野市立高幡台小学校1年担任として、ボクの教師生活がスタートしました。教師になっても何をしていいのか、全くわからないままのスタートでしたが、とりあえず学級通信を出そうと考えました。いろいろな本を読んだりして、学級通信を出すのが当たり前と思っていたようです。

　入学式の日、まず学年便りが配られます。その数日後、学級通信を出しました。このころは、今のような印刷機が無く、ボクはガリ版の学級通信を出しました。学年便りは、学年全体の事務的な連絡が中心になりますが、学級通信は子ども達の生活を書くことにしています（その後、学年一クラスの学校にも赴任しましたが、そこでも学年便りと学級通信を分けていました）。

　1年生の生活は、大学を出たばかりの人間にとって驚きの連続でした。学級通信は、そのことを書くことが中心になりました。とにかく面白いことばかり。いくらでも書くことがありました。当時は、平気で個人名も書いていました。でも、今だったら、きっと問題になることでしょう。昔は、保護者同志の繋がりもうまくいっていたので、あまり良くない話でも、「うちの子もそうよ〜。」と、笑っておしまいという感じでした。しかし、今は人間関係が疎遠になってきて、保護者同志も自由に話せないようです。学校でも気をつけて"個人情報"として扱わないといけません。昔は、もっと寛容だった（？）。

　学校の先生になったら、子ども達といっぱい遊ぼうと思っていました。でも、現実はそうはいかず、会議会議の連続（今は、さらにひどくなっていて、放

第Ⅰ部 「現場」の論理

## 1年4組 お勉強

学級通信 第1号 4月11日

### ピッカピカの1年生！

御入学おめでとうございます。体が大きいのでどの子も2、3年生に見えますが、それはさておき、どの子もまだ一応、1年生、この日を待っていたのでしょう、朝早くから学校にやってきたようです。8時前に集まってきた子供たちは、ドリルやお絵かきなどしてじっと開始の時を待っていたようです。

「学校っていつになったら始まるんでしょうねぇ」と言ってくる子もいました。8時過ぎに教室から同じような顔をした子供たちが顔を出したかと思うと、外で先生たちが汗を流しているこちらに向かってすごい勢いで駆け出してきました。どこからどう聞きつけたのか、こちらが声をかけるまでもなく「先生おはようございます」と声をかけて走っていくのです。こちらも丸くなります。8時40分ごろには校庭に全員揃ってしまい、何かのコマーシャルのように、みんなさっさと席について整然としていました。まさしく「1年生」という感じですね。

学校を出たかと思うとちょっと歩いて戻ってくる子が多いのも1年生です。そういう意味で、早くとくとくる1年生の学校への順応に私は驚きました。実を言いますと、入学式の日の午後にも、学校に遊びに来て下さる子供たちがいます。（はじまる放課後までや職員室内に入ってくる子もおります。どうかな、私は当時は放課後入ることは禁じられていたので、職員室の中から声が聞こえてきたときにはびっくりしました。いつからか「宮口先生」とどこからか名前を呼んでくださるのがいました。1年生への親しみ感じられます。子供たちもこれからの学校生活を楽しみにしているようです。私もその子たちとの1年間がとても楽しみにしているのです。

### 学校って、ちっとも勉強しないよ～

学校から帰ってきた子が御不満一番そうだったりしています。子供たちは教科書を使うことが御勉強だと思っているので、早く教科書を使いたくてしょうがないようです。しかし、今は学校などという組織に順応するのが先決です。勉強の仕方など知っている時期なのです。一番大切なことですが、教科書の勉強はいつでもいいのです。もしも子供たちが言うとおりに、学校で起きったことを話すことは、子供の表現力も育てることができます。また、子供が話したことを自由にでも御知らせ下さい。私は指導にも役立ちます。

### おこうさん必読！

子供たちに自己紹介をとりました。どの子も「おかあさん」と声が大きく、姉妹成長していること、持ち物にはきちんと名前が書いていただけでした。「おこうさんがおかあさんに置いてもらっていない」ということもあり、「おかあさん」と言ったら「おこうさん」かな大きさが変わってきました。思ははそれがいちばん大切なことのような気がしてもこどもに、他人任せがいっているようです。

### 御注意

女の子の服装で、ヒモがついているものをつけて、結べずに困っていることがあります。ときにぶらぶらしていることがあり、遊びの中でひっかかると危険ですので、避けた方がいいようです。

### 初めまして

子供の頃からの夢が叶って教師になり1年目です。子供たちと同じ1年生です。おとうさんおかあさんと協力してみんなが明るい教室を作りたいと思います。よろしく御願いいたします。 宮口周辺

### 原稿募集

おとうさんおかあさんが見た子供のこと、意見など何でも御寄せ下さい。

**教師になって初めて出した学級通信**

課後急いで下校させたりしています)。当時、勤務は4時までだったので、「4時になったら遊べるよ。」と言ったら、みんなが4時頃校庭に集まってくれました。そして夕方まで遊んで、帰らなくてはならない時間になります。でも、なかなか帰ってくれないので、校庭で絵本を1冊読んだらさよなら…という約束にしていました。だんだん参加者が増えて、他の学年の子ども達も加わってきました。クラスでも、読み聞かせをしていたので、当時本屋に行くのが日課で、児童書で月何万円使うということもありました。毎日、楽しくてしょうがなかったかな？（今も結構楽しいけど）

## 2．形が決まってきた

　長いこと、学級通信を出していると、自分のパターンが決まってきて、書くのは楽なのですが、マンネリ化してしまい、面白くない？のではと、それが悩みになっています。

### （1）趣味で行こう！

　学級通信は、最初の年（1979年度）こそ108号まででしたが、その後は、ほぼ毎日発行、年間220号平均で発行しています。現在、学校へ登校する日は、年200日ほどなので、1日1枚以上出していることになります。今までにザッと6400枚ぐらい発行したかな？　でも、まだ書き足りない！　みんなに知らせたいことがいっぱいです。

　かと言って、「開かれた学校」と文科省が言うから、情報公開しなければ、などと考えているわけではありません。ほとんど趣味です。現任校の副校長が、「若い頃、学級通信では、『ボク』と書いていた。私小説的に書いていた。」と話していました。なるほど、と納得しました。ぼくも、「ボク」とずっと書いています。好きなことをそのまま書いているので、保護者から見たら、あまり面白くないかもしれません。知りたいこととずれているかもしれません。でも、だから長続きしているのでしょう。

## 第Ⅰ部 「現場」の論理

### きょう下たちの言葉は……？  □ねんせいくみ 1979.11.8. No.59

先日、ラジオをきいていたら……「ドラ、ガタン」と乱暴に机を動かす音、「ワーワー」とさわぎながら罵声、ウソ、これはもうプロレスの場外乱闘にまちがいない！ すると、ラジオは「自民党では……」と言い出したのです。醜流派と卑醜流派の対立の一場面だそうです。その中で子どもたちの未来をせおっている一応教師であるオレが、ハズカシナガラ、そんなこと思ってい

ましたのです。子どもたちの中でもこんな叫びがひんぱんにおこっています。「バカヤロー」「ナマイキヤガッテ」……「ベトナム戦争だ」「お前、学級通信をつくってるんだナー」などど……？ いや本当、遠くからきくと、どこにっかがみぬいだけ、なにをやっているかわからないデス。そして見物。実に、ヒドイ先生なのでしてのよ。

② おねがい
スーパーの紙袋なくなってきました。特に次回もっておりません。もし、学校にありましたら、もちゃんが多いのですが、いやがる手はけっこうてきいます。月曜と金曜にしみにしている班で給食をたべていうとうです。たのしみにしている子も多いので、「自分の席がないなどど、おちつかないな……」などと言って、リえたりしていた。しかし、二ひとも、1年生？持たしてください。

### □ねんせいくみ 1979.11.2. No.58

### ① かんこくになにがおこった？(10月27日)
家を出るしたくをしながら、6時のニュースをきいていると、韓国でクーデターがおこったらしいとか、朴大統領が射殺されたらしいと言う、ておどろきました。とにかく気になったのです。とにかく学校へ。さて教室へ……（先生興奮気味に）みんな、あさニュースきいてきたかい？（かなりしたく）「なに？」ときいた。「どっかの首相が殺されたんでしょ」「首相じゃなくて大統領だろうじ」（ベトナムの子）「そうだよ。」リンカーンもよく知ってるなあと思うだけです。エライ？

★

### ② 政変 ――（11月1日）
図工の時間のこと。班ごとに作業をとっているのですが、男子の班に先生がとなり変化がおきています。のびぬけないの子のびっのびのおおききっ、班を行例にて脱班されさわぎを契機として、「きみたちの班のおおさきっ、先生例によりよれらんぶりを「きみずっと」という知のは？ でもうっこりに、5人ずついりのはり、かなりがい間、いい、いったい、ましたりが、当惑のしていましたが、ここでその結末は……？

第3章　ボクの学級通信

## （2）手書きでいこう！

　パソコン全盛の今、まだ手書きにこだわっています。学年便りなどは、パソコンを使って書けるようになりました。今は、写真を取り込んだりできるので、子ども達の様子を伝えるにとても便利です（学級通信では、写真を貼って印刷していますが…）。でも、学級通信は、ずっとB4判手書きです。絵も、手描きにしています（学年便りは、カット集からコピーしていますが）。

　最近は、成績通知表もパソコンで打って印刷ということがあります。今いる学校でも、手書きは少数派です。新採の頃、「心を込めて書きなさい。」と言われ、児童一人一人の名前を書いたので、どうもまだ抵抗があります。

## （3）詩を使おう！

　新採の頃読んだ村田栄一さんの学級通信の影響で、よく詩を載せます。新しく担任になると、最初の学級通信は「大きくなりたい」（滝いく子）を載せます。6年生を卒業させるときの最後の学級通信は「海へ」（滝いく子）を載せます。たくさん載せると、子ども達も一生懸命読んでくれるようになり、詩へ興味関心を持ってくれるようになり、逆にボクに「こんな詩があった。」と教えてくれる子もいます。

## （4）こだわろう！

　1年間、季節の移り変わり、年中行事など、あまり触れる余裕が無くなってきました。昔は、祝日で休みになる前日は、必ず前日指導をするようにと言われました。たぶん、今もやらなくてはいけないのでしょうが、みんな目先の授業で精一杯…。ボクは、学級通信に載せ、クラスで話すようにしています。今日は八十八夜、今日は十五夜、今日は冬至、今日は啓蟄、…。

　祝日の前日も、ちゃんと話します。「明日は、建国記念の日。よくまちがえる人がいますが、建国記念日ではありません。どこがちがうのかな？」などと学級通信に書き、みんなに口で説明します。「建国記念の日には、いろいろ賛

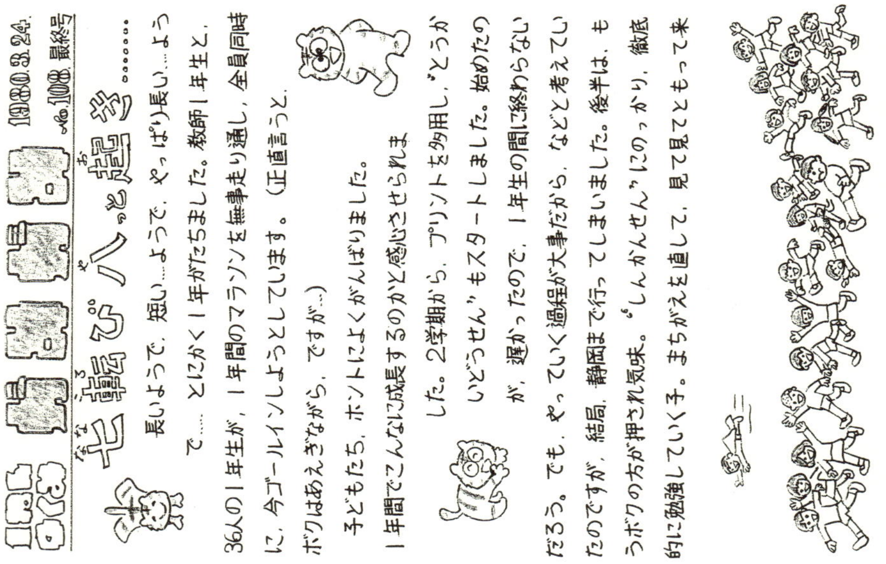

第Ⅰ部 「現場」の論理

## 学級通信 モモ No.108 最終号 1988.3.24.

### 七つの星ぴかぴかと輝き……

長いようで、短いようで、やっぱり長い……ようで、短いようで……。
とにかく1年が立ちました。1年間のマラソンを無事走り通し、全員同時に今ゴールインしようとしています。(正直言うと、36人の1年生が、ボクはあえぎながら、ですが…)
子どもたち、ホントによくがんばりました。
1年間でどんなに成長するのかと感心させられました。2学期から、プリントを多用し、"どうかいどうせん"もスタートしました。始めのうちが、遅かったので、1年生の間に終わらないだろう。でも、やっていく過程が大事だから、などと考えていたのですが、結局、静岡は行ってしまいました。後半は、もうボクのほうが押され気味。"しんかんせん"12の、つかり、徹底的に勉強していく子。まちがえを直して、見ていて、もって来

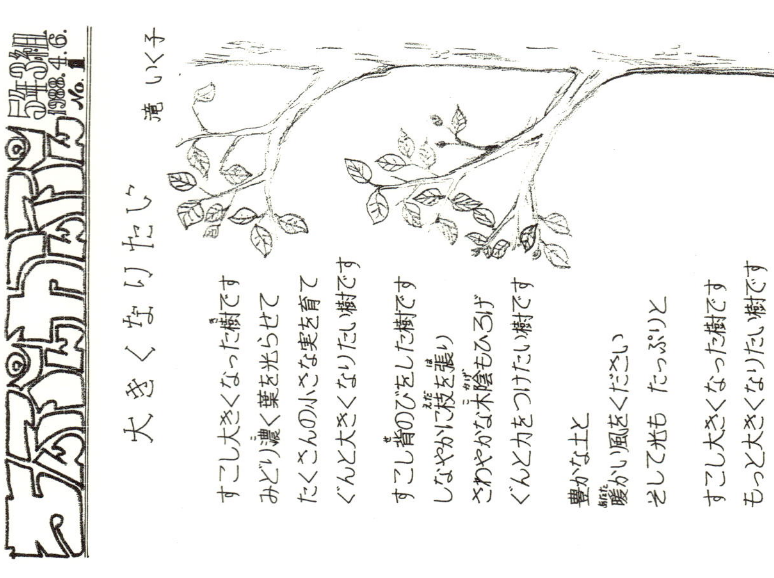

## 学級だより "5年の3月" 1988.4.6 No.1
滝 いく子

### 大きくなりたい

すこし大きくなった樹です
みどり濃い葉を光らせて
たくさんのいのち小さな実を育て
ぐんぐん大きくなりたい樹です

すこし背ののびをした樹です
しなやかに枝を張り
さわやかな木陰をもうけ
ぐんぐん力をつけたい樹です

華やかに
暖かい風をください
そして光 たっぷりと
すこし大きくなった樹です
もっと大きくなりたい樹です

否があるので、ニュースを気をつけて見てみよう。」と学級通信に載せても、保護者の中には、「この先生はアカだから…」などと警戒する人もいました。きっと今は、管理職に先に注意されるでしょう。

　3月1日のビキニデーも、必ず学級通信に書きます。悲しいことに、毎年書き加えることが増えていきます。子ども達には、忘れてほしくない日として、そのほかにも、東京大空襲、沖縄慰霊の日、広島・長崎原爆忌、「終戦」(敗戦)記念日（この3つは、夏休み中なので書けません。話のみ）など、学級通信の端っこでも載せるようにしています。

　新採の時の「がみがみ」NO.56に、政治のことが書いてありました。「〇〇党醜流派」などと書いてあり、ビックリしました。あのころ、「党主流派対反主流派」とよくニュースで言っていたのを、皮肉ったつもりでしょう。今、新採がこんなこと書いたら大変です。でも、結構似たようなことを書き続けています。天皇や日の丸・君が代、文科省（文部省）や教育委員会の批判のようなことも書いて、ちょっと騒ぎになったことも…。でも、言いたいんですよね。きっと後数年の学級通信も、同じような感じでこだわっていくことでしょう。

## 3．これからの学級通信はどうなる？

　今、団塊の世代の大量退職の時代を迎え、教員が不足しています。そのため、若い教員を大量に採用しています。学校によっては、20代と50代が多く、間の世代がほとんどいないということもあります。

　そのため、若い教員の指導が大きな課題に。我々年配者にも、「どのように若手を育てるか。計画を作り、報告するように。」と、言ってきます。しかし、必要以上に細かく手をかけ、その人本来の姿があまり見えてきません。学級通信も、必ず、学年主任、主幹、副校長、校長の目を通して発行するという学校もあります。教室の様子をすぐに親に知らせることが難しくなります。一番問題なのは、細かい検閲で、文が直され、その人らしさが全くなくなることも。もう少しおおらかに若手を育てられないか、とても気になります（ボクもその

第Ⅰ部 「現場」の論理

検閲の対象ですが…)。だんだん、事務的な連絡ばかりの、没個性的な学級通信になっていくのでは、と心配しているのは、ボク一人でしょうか？

　若い先生、がんばってください！

### 灰の水曜日
　　　　　　　　堀口 大学

つひに太陽をとらえた
ああ 地球は破滅だ
不治のイカルス人間よ

ミサの書に葉をしよう
かつて乙女の摘んだ
四葉のクローバもいまは押葉

ビキニの灰はもう積もってるる
白い原稿紙の桝目に
朴の瑞枝の山鳩の指紋に

ああ つひに亡び行くか 美しいもの人間
かつてその足あとに
おびただしいばらとすみれが咲いた

### みんなに忘れないでほしい日…

　1954年3月1日午前3時50分ごろ（日本時間）、ビキニ環礁から160kmほどの海上で操業していた第五福竜丸は、西方に大きな火の玉を見つけます。まるで太陽が昇るようだったということです。そして、大きな爆発音。アメリカがおこなった水爆実験でした。

　第五福竜丸がいたところは、アメリカが事前に各国に通告していた「危険地域」の外でした。しかし、この後、彼らは放射能を含むチリ―死の灰をあびることになります。ようやく日本に帰りついた彼らの体は、すでに放射能におかされ、9月23日には、無線士の久保山愛吉さんが、「原水爆の被害者は、わたしを最後にしてほしい。」ということばを残して、息をひきとります。水爆の初めての犠牲者でした。

　1945年8月、二つの原爆が投下されました。ベトナム戦争では、ナパーム爆弾や枯葉剤。イ・イ戦争では、イラクが毒ガス兵器を使いました。湾岸戦争で、イラクに毒ガスを使うなど言っていたアメリカが、気化爆弾を使いました。

　今、この瞬間にも、世界のどこかで、兵器によって命がうばわれているのでしょうか？ クラスでも、戦争や平和のことを話してきました。世界の人々が平和にくらせるように、みんなにも意識してほしいです。そのためにも、3月1日は忘れてほしくない日です。

# 第4章　いま　教研集会を考える
## ――その存在意義――

小　田　正　道

### はじめに　「教研集会」とは？

　教員ではない方々は「教研集会」にどんなイメージをもっているのだろうか。集会前後に右翼が集結して騒ぎ立てるといったイメージはあっても、実際にその場で、どんなことが行われているのかということまで知っている人は少ないのではないだろうか。

　「教研集会」とは、「教育研究集会」の略称であるが、一番狭く定義すると、「教育研究全国集会」を指す。原則として、年に1回開かれている。2010年も日本教職員組合（以下、日教組）主催の「教育研究全国集会」は1月に山形県で開催され、のべ1万人が参加している。全国教研は、全体集会と分科会に別けられ、全体集会では記念講演が行われるのが通例で、2010年の講師は、歌手のタケカワユキヒデさんであった。分科会は、2010年については次の25の分科会と特別分科会（子どもの権利・学びシンポジウム）の計26の分科会が設けられた。

| | | | |
|---|---|---|---|
| 第1分科会 | 日本語教育 | 第8分科会 | 家庭科教育 |
| 第2分科会 | 外国語教育 | 第9分科会 | 保健・体育 |
| 第3分科会 | 社会科教育 | 第10分科会 | 技術・職業教育 |
| 第4分科会 | 数学教育 | 第11分科会 | 自治的諸活動と生活指導 |
| 第5分科会 | 理科教育 | 第12分科会 | 幼年期の教育と保育問題 |
| 第6分科会 | 美術教育 | 第13分科会 | 人権教育 |
| 第7分科会 | 音楽教育 | 第14分科会 | 障害児教育 |

第Ⅰ部　「現場」の論理

| | | | |
|---|---|---|---|
| 第15分科会 | 国際連帯の教育 | 第21分科会 | カリキュラム作りと評価 |
| 第16分科会 | 両性の自立と平等をめざす教育 | 第22分科会 | 地域における教育改革とPTA |
| 第17分科会 | 環境・公害と食教育 | 第23分科会 | 教育条件整備の運動 |
| 第18分科会 | 平和教育 | 第24分科会 | 総合学習 |
| 第19分科会 | 情報化社会と教育・文化活動 | 第25分科会 | 医療 |
| 第20分科会 | 高等教育・選抜制度と進路保障 | | |

　分科会の構成については、どこに重点をおくかという問題や、教研開催時の情勢等によって変遷している。現在の分科会は、教科別分科会と課題別分科会の２つに分けることができる。どの分科会にレポートを出すかはレポート作成者の判断である。例えばあるレポートが「社会科教育」と、「平和教育」のどちらにでも提出できるような内容であるといったことも多く見られる。その場合は「平和教育」であることを強調したい場合は「平和教育」の分科会でレポートされることが多い。また、課題別分科会に出されるレポートは教科を横断して行われた実践であることもある。分科会には、原則として各都道府県単組から１本のレポートが提出され、それをもとに討議される。レポート内容は、レポーターが実践した内容が中心となる。全国教研で各都道府県の代表として発表されるレポートは、各都道府県単組毎に開かれる教育研究集会で選出される。さらに、この場に出されるレポートは……と遡ると、以下の図ようにまとめることが出来る。

個人・グループ → 職場教研 → 支部教研 → 都道府県教研 → 全国教研

この仕組みを「教研活動」、また、それぞれの場で開かれる集会を広い意味での「教研集会」と呼んでいる。また、レポートの討議の有無にかかわらず、組合主催で講演を聴いたり、フィールドワークをするような場合も「教研集会」

と称して行うことも多い。

このような「教育研究全国集会」は、参加者数の多さや教職員組合主催であることなど、他国では類を見ない存在であり、世界各国からも注目されているものである[1]。

## 1．第1回全国教育研究大会が開かれるまで

今では、日教組の一大イベントである「教研集会」であるが、日教組発足当初から行われていたものではない。日教組は、1947年6月に結成されたが、第1回全国教育研究大会が開かれるのは、1951年11月である。この間、日教組が教育研究に関して、全く関心がなかったわけではない。結成綱領の1つに、「われらは、教育の民主化と研究の自由の獲得に邁進する。」[2]と規定されている。にもかかわらず、開催まで4年かかっているのは、賃金改善や、青空教室・二部授業の改善などが組合活動として優先されていたからであろう。また、当時の文部省も『あたらしい憲法のはなし』や『民主主義』という本を出版するなど、民主的な教育を推し進めようとしていたので、組合が教育の民主化にそれほどエネルギーをさかなくてもよかったのであろう。

また、この時期には、文部省の教育研修所（現在の国立教育政策研究所）の主催で「教育研究全国協議会」が開かれている。この「教育研究全国協議会」は、「のちの全国日教組教育研究集会の前史をなすものであった。」[3]と評価されている。現在では考えられないが、なぜ、官側主催の研究会が教研集会の前史なのか。それは、この協議会の運営方法にある。「これは、伝達講習会であってはならない。研究協議会でなければならない。教師の力量は決して伝達講習で伸びるものではない。参加者が実践報告を行いお互いに討論をかわすことによって、教師の識見と実践力が体得できるというのが、私たちの考え方であった。」[4] これは当時はもちろん、今日の教研集会でも充分通じる考え方である。さらに、この協議会には、後に日教組や各県教組で活躍した方も参加していたことからも、そのつながりが考えられるであろう。

第Ⅰ部 「現場」の論理

なお、この当時の教員がいかに苦しい生活をしていたかについては、例えば、次のようである。

「毎月何らかの形で補給しないと、どうも生活が成り立っていかない。まず第一に郷里のいなかから食料とか燃料とか、許される範囲で運んでいる。もう一つは家内の内職によって苦しい家計をやりくりしている。」[5]

「独身者は全部宿直室や用務員室で自炊している。」[6]

「私の学校では内職の問題が職員会議で取り上げられた。個人バラバラにやれることをやるか、学校全体として解決する道はないかと話し合った。その結果、父兄会とも相談して、放課後一時間学習クラブを開いて、一課目20円ずつ徴収するということになった。」[7]

このような生活の中では、組合活動が賃金改善に偏ったとしても仕方あるまいとも思う。

ところが、戦後の民主化政策は米ソの冷戦の表面化や、中国革命によって大きく転換する。さらに、1950年に始まった朝鮮戦争がその動きに拍車をかけた。レッドパージにより職場を追われるものが出始めた。教育面でも、1951年、吉田内閣の私的諮問機関として政令改正諮問委員会が作られた。その答申内容は、

①中学校で普通課程と職業課程を分離する。

②高校では総合制高校を、普通課程と職業課程に分離し、学区制を廃止する。

③大学は2〜3年の専修大学と4年以上の普通大学に分ける。

④教科内容の画一化を排し、種々バラエティをもつ標準教科書を国家が作成する。

⑤教育行政については、教育委員の公選制を地方公共団体の長による任命制とし、文部大臣の権限強化を図る。

⑥大学の「特別会計制度」の採用と研究費の重点配分をおこなう。

⑦教育行政全般にわたる単一最高審議会を設置する。

⑧教員免許制度は実情に即すよう単純合理化し、教員養成課程は、必要最小

第4章　いま　教研集会を考える

限度に引き下げること。

などである[8]。まだ、始まって間もない戦後の民主的教育をすぐにひっくり返すような内容であることは明白である。こうした情勢のもと、日教組自身としても、「教え子を再び戦場に送るな」のスローガンを掲げることになる。そして、このスローガン実現のためには、「再び教え子を戦場に送らない決意のもとに、日常教育活動に努力を傾注する」[9]こととした。したがって、この頃より、「教育研究大会」の開催に関する議論が本格化してきたと考えられる。つまり、「教育研究大会」は、戦後の民主教育を守り、発展させるために開催されたものであるといえよう。

なお、実際に第1回の「教育研究大会」の開催が正式に決定されたのは、1951年5月の日教組第8回定期大会においてである。大会において、日教組執行部は「教育研究大会」の基本的性格と方針を次のように説明している。

1、われわれの教育研究活動は常に教育文化の問題を政治、経済その他の社会的な問題との関連において把握し「生活を守る闘い」や「権利を守る闘い」と同一の立場において民主的に展開し、働くものの解放のための教育文化の建設を目標とするものである。この基本的態度をもって本大会は開催される。

2、われわれの職場はかかる教育研究活動実践の直接的、日常的な足場であって、教育研究の問題は、常にわれわれの職場から発生し、教員個々の職場における自発的日常活動に直結する。

　しかしながらわれわれの教育活動は、それが孤立的、独善的であることは許されない。教員個々の持っている研究問題と、研究活動の経験は、相互に交流され批判され、これが科学的処理の方法を検討し、その研究成果は社会的に蓄積されねばならない。

　そのために協力的、組織的かつ自主的な教育研究活動の強力な発展を期さねばならない。本大会はかかる運動を展開するものである。

3、今日の日本の教育のあらゆる偏向性を是正し頽廃と混乱の中にある日本文化を再建し、日本の青少年を守り育てる教育計画を民主主義基盤におい

第Ⅰ部 「現場」の論理

て確立し、その実践の方途を自主的に具体化することは、われわれ教育労働者の果たさねばならない歴史的役割である。

この要請に応えて本大会は開催される[10]。

現在においても教研集会の方針として通用するような内容である。

## 2．第1回全国教育研究大会

　第1回全国教育研究大会は、1951年11月10日から3日間、栃木県の日光で開かれた。当初会場は東京ということだったらしいが、栃木県教組と日光町の強い要請で日光になったようだ[11]。最近では会場がなかなか決まらなかったり、直前になって会場の使用を拒否されたりすることもあるのだが、この頃は、希望する県が複数あることもあったようだ。

　この第1回全国大会においても、今の教研集会と同じように、全体会と分科会によって構成されている。分科会のテーマは、「上から与えられた内容を固定した上で、指導技術の研究に没頭してきた」[12]傾向の強い日本の教師の教育研究を打破すべく、今日的課題を明らかにするために、教育諸団体と交流を図るとともに、現場の実践記録、調査資料の検討を重ね、次の11のテーマに決定された。

| | |
|---|---|
| 第1分科会 | 地域における6・3・3・4を通ずる教育計画と研究協力の組織化を如何にするか。 |
| 第2分科会 | 勤労青少年の教育制度の現状とその強化を如何にするか。 |
| 第3分科会 | 基礎学力低下の実態とその対策を如何にするか。 |
| 第4分科会 | 教職員の職場生活における障害とその打開策を如何にするか。 |
| 第5分科会 | 学校教育と社会教育の関連統一を如何にするか。 |
| 第6分科会 | 特殊教育を如何に振興するか。 |
| 第7分科会 | 学習計画の批判とその再編成を如何にするか。 |

第4章　いま　教研集会を考える

　　第 8 分科会　　児童、生徒、学生を中心とする社会問題の対策を如何にするか。
　　第 9 分科会　　幼児教育の現状とその振興策を如何にするか。
　　第10分科会　　職業教育の現状とその改善方策をどうするのか。
　　第11分科会　　平和教育を如何に展開するか。

「はじめに」でふれた分科会構成との違いの大きさに驚かれるが、当時の教育状況をよく反映したものといえるのではないだろうか。
　第 1 回全国教育研究大会の参加者数は、文献により多少違うが2500人から3000人もの方が参加したとされている。当時の社会状況からして、これだけの人を集めたというのは、それだけこの大会に対する日教組の取り組みの強さの表れではないだろうか。また、新聞各紙も大会の内容を報じている。現在と比べると記事は小さいが、朝刊一日分の紙面量が現在とは全然違うので、扱いは大きい方だといえよう。特に、『朝日新聞』『読売新聞』『毎日新聞』の三紙は社説でも取り上げており、関心の高さを表しているといえよう。

## 3．第 1 回全国教育研究大会にみる教研集会の意義と課題

　前述した『朝日新聞』の社説「教育研究大会の収穫と反省」では、大会の収穫として 3 点上げている。
1．全国津々浦々の現場にある教員の悩みと希望とが、この大会である程度はっきりのべられたこと。
2．この研究大会を通じて、全国的に教育研究者と教員との間に密接な連絡ができたこと。
3．教員の研究が教育のことを論じながらほとんどすべてが日本の経済、政治、社会に及んだこと[13]。

ここで述べられている収穫は、ほぼそのまま現在の教研集会の意義に通じるものであるといえよう。現場を出発点として、学者等も含めて討論し合い、そ

の結果をまた現場に持ち帰る、そして、教室での悩みは実は日本の社会や政治経済とつながっていることを明らかにする、という教研集会の意義が、第1回大会ですでに明らかになっていることに注目したい。

　一方、課題であるが、初めての大会だけに準備不足の面があったのは否めないが、それ以上の課題として、前述の『朝日新聞』社説では、「それよりも警告したいのは、参会者の態度である。戦後の教員の二つの型というか、仮に教科型と組合型に分けるならば、ややもすると組合運動になれている教員たちが討論の発言を多くとって、結論を急ぐかの傾向が見られたことである。」[14]と指摘している。この点については、日教組も「はたして、第1回の大会では予想された矛盾が露呈された。一方では、組合的な感覚にもとづいて、政治情勢や社会的諸問題に対する分析に関心をもち、会議の運営に習熟している人々と、学校や教室にとじこもり、「新教育」理論に熟達する人々、あるいは経験にものをいわせる堪能な熟練教師との間には越え得ない溝があるように思われた。世人はこれを「組合型」と「研究型」というふうに表現した。」[15]と認識している。この二つの「組合型」教師と「研究型」教師の溝を埋めるのも教研集会のもう一つの存在意義であり、現在においても課題であるといえよう。ところで、第1回大会では分科会が課題別であった。これは「平和教育」を第一の研究課題としていたこと、指導技術の研究ではない研究をという考え方からであった。しかし、「組合型」教師と「研究型」教師の溝を埋めるためには、課題別の分科会だけでは不十分であるといえる。そこで、第6次集会からは教科別の分科会も設けられた。これにより第7次集会以降正会員（レポーター）は1000人を、傍聴者は10000人を越えることとなり、「組合型」でない教員の参加が増え、溝を埋める一助となったと考えられる[16]。なお、名称について、第1回は「全国教育研究大会」と称しているが、これが「教育研究全国集会」と称されるようになるのは、第4回からであり、合わせてその年の職場教研からの一連の教研活動のまとめ、ということで「第〇回」ではなく「第〇次」と称されるようになる。

## 4．教研集会と現場の双方向性について
――人権教育を中心に――

　次に、これも教研集会の意義である教研集会での討論が現場に反映され、次年度以降の報告に生かされていく、いわゆる教研集会と現場の「双方向性」について同和教育を中心とする人権教育を題材として、考えていきたい。理由は、人権教育という概念が、教科とは違い、戦後になって考えられるようになったこと、文部省（当時）や教育委員会がこれらに消極的であり、教研集会や全国同和教育研究協議会の全国大会での議論が、現場に反映されていったと考えられるからである。

　第1回大会では、「第8分科会――児童、生徒、学生を中心とする社会問題の対策を如何にするか。」で、同和教育が取り上げられているが、ここでの取り上げられ方は、長期欠席や不良化の原因としての部落問題という取り上げられ方であり、差別をどう解消していくかという視点は見られない。

　ところが、第2回（1953年1月・高知）大会では、「第5分科会――児童、生徒、学生をめぐる社会環境の実態とその対策」で取り上げられ、就職や結婚に拘わる差別の実態や厳しい生活実態、差別の観念が祖母、母、姉または上級生から伝えられている（本文中では「感染」という言葉が使用されている）という調査などが報告されている。そして、「すなわち差別の再生産を断ち切る意味において、まず差別実態の消滅解消のために部落民の生活向上に政治的な手を打つべきである」[17]と述べるレポートも出てきている。第1回の報告とは大きな違いであるが、第2回大会では、開催決定から大会まで第1回と比べて時間が充分にあったことが考えられる。また、「この問題の討議に当たって、周辺に部落のない東北地方諸県の代表には実感のこもった理解がむずかしいといわれ、問題の多い近畿、四国地方諸県の代表と、かなりのくいちがいがあったことを認めねばならぬ。」[18]とまとめられている。このあたりがどう変わっていくかが教研集会の存在意義が問われているといえよう。また、第2回大会では「第8分科会――平和と生産の教育のための具体的展開」でも部落問題が討議さ

第Ⅰ部 「現場」の論理

れ、その対策として解放教育と組織的な解放運動の二点を上げている。そして、解放教育の具体的な進め方として、「単に部落が付近に存在し、部落の児童生徒を収容している学校だけで行うのは真の解放教育とはならない。すべての学校で教育全般において人権尊重の教育として、民主教育の根幹として全国教職員が各職場において実践しなければならない問題である。」[19]とまとめられている。同和教育を進める上での大切な視点がすでにこの時点で明らかにされている点について注目したい。

それでは、このような視点がもともと同和教育がさかんでない地域にどのように広がっていくのか明らかにしていきたいと思う。

まず、人権教育に関して討議した分科会であるが、第5次集会までは、人権教育、へき地教育、平和教育といった分科会で取り扱われきたが、「具体的な問題が充分に掘り下げられないで、一般問題の中に拡散されるうらみがある」[20]として、第6次集会（1957年1月・金沢）では、「同和教育、基地の教育、在日朝鮮民族子弟の教育及び特殊な環境における教育」という独立の分科会を設けた。これによって、同和教育など個別の問題に対する研究は深められたが、今度は、分科会参加者が同和教育や基地に関する教育など、これらの具体的な問題を研究している都道府県ないしは学校に限られてしまうという問題が生じた。これでは、こうした問題が第4次集会からの全国教研のスローガンである「平和を守り真実を貫く民主教育」のもっとも具体的ななまなましい問題であるにもかかわらず、第2回大会でまとめられたような全国教職員の課題とはなりえない。そこで、同和や基地や在日朝鮮民族子弟の具体的な問題を取り上げながら、一般的な人権教育、民主教育、民族教育に広げていくために、第8次集会（1959年1月・大阪）からは、「人権と民族の教育」という分科会となった。

こうした分科会構成が功を奏したのか、この第8次集会では、これまで、同和教育をあまり取り上げていなかった県でもその地方独自の人権教育の問題をもって参加したことが報告されている[21]。第9次集会（1960年1月・千葉）においては、「従来同和教育不毛の地」[22]とさえいわれた関東での開催にもかかわ

第4章　いま　教研集会を考える

らず、茨城・埼玉・神奈川・長野・富山などの関東・北陸の各県が参加して、「理論や実践においては段階的な差異はあるとしても、同和教育の全国的な展望が一堂にもたらされ、理論的な討議や実践の経験がもたらされ」[23]たと報告されている。また、従来、同和教育が盛んだった地域においては実践が深められ、「同和教育は基本的には、独占資本主義とたたかう教育であり、それは子どもの教育の権利があかされている（原文のまま、正しくは「おかされている」か？）現実を独占資本の搾取と差別の中に正しく位置づけ、教師と父母と子どもの集団的な取り組みを実践するなかで、子どもの権利を守り、父母の要求と教師の権利を守るたたかいのなかで、はじめて実現される」[24]と同和教育の視点について確認されるようになった。第12次集会（1963年1月・鹿児島）においては、これまでこの分科会には不参加だった東北各県が参加し、同和教育の視点を持ちながら、部落問題以外の報告もなされるようになった。このことに関して、第13次集会（1964年1月・岡山）では、「人権と民族の問題は、これらの基地、同和、朝鮮人問題などのようなはっきりとした問題だけにとどまらず、我々の日常身辺の行われている教育の中に、むしろ大事なことが忘れられているのではなかろうか。」[25]とまとめられている。また、教師に対する人権侵害についてもこの分科会で報告されるようになってきた。第14次集会（1965年1月・福岡）においては、青森県から「弘前市にある未解放部落の実態」について報告されるなど、徐々に同和教育が全国的に広がりつつある様子を見ることができる。第16次集会（1967年1月・伊勢）では、北海道からアイヌ民族の生活と差別の実態に関するレポートが初めて提出された。これこそはこの分科会の成果といえるだろう。なにしろ、第一回大会で北海道の代表は「北海道は同和問題と言われましたときに話す童話かと思いましたくらいでございますから」[26]と述べているのだから。また、熊本からは、水俣病に関して人権問題であるという視点でのレポートが出されている。

　ところで、教研の分科会構成に関しては、全国教研の分科会と各県段階での分科会とは、必ずしも一致していない。これは、日教組が各県の独自性を重視してるためである。しかし、全国教研において同和教育を中心とする「人権と

民族の教育」分科会が定着するにつれ、同和教育がさかんでない県の教研集会でもこの分科会が徐々にではあるが、設けられるようになってきた。

このように、徐々にではあるが、同和教育の視点が、全国教研を通じて全国に広まっていった様子を明らかにしてきた。ずいぶん時間がかかっているという見方もできなくはないが、この時期は、勤務評定や学力テストをめぐって、文部省と日教組がはげしく闘っていた時期であり、県によっては、県教組が壊滅してしまったところも出ている時代である。各県の教研集会への参加に対する圧力、とりわけ、この同和教育に関する分科会参加に対する圧力もあった。また、「はじめに」で触れた個人・グループから全国教研への流れが、必ずしもどこでも整備されていたわけではない。例えば、個人のレポートがいきなり各県教研に出されるといったことも、組織の状況によっては見られた[27]。このような状況下での、同和教育の広がりに関して、全国教研の果たした役割は大きいといえるだろう。

## おわりに

今回、この論文をまとめながら、戦後の民主教育が逆コースをたどろうとし始める中で誕生した教研集会の果たしてきた役割は、大きいと改めて感じた。課題もまだまだあるが、これまでのように、民主的な議論でそれらを克服しながら、今後も発展していくことを願ってやまない。

---

1 ) 山住正己『日本教育小史―近・現代』(岩波書店、1987年)、191頁。
2 ) 日本教職員組合編集『教研30年のあゆみ』(日本教職員組合、1981年)、8頁。
3 ) 山田清人『教育研究運動の証言』(労働旬報社、1982年)、34頁。
4 ) 同上、34頁。
5 ) 同上、89頁。

6）同上、89頁。
7）同上、89頁。
8）前掲『教研30年のあゆみ』、11頁。
9）前掲山田清人『教育研究運動の証言』、92頁。
10）日本教職員組合編集『日教組十年史』（日本教職員組合、1958年）、707頁。
11）前掲山田清人『教育研究運動の証言』、102頁。
12）同上、93頁。
13）『朝日新聞』1951年11月14日「社説」。
14）同上。
15）日本教職員組合編集『日本の教育第2集』（岩波書店、1953年）、4頁。
16）日本教職員組合編集『教研活動の10年』（日本教職員組合、1961年）、9頁。「反動の教育支配を訴えても、日常の教育活動をしっかりやっていなければ、父母たちは教師の話を聞いてくれないし、信じてくれない。父母たちはもちろん教師大衆も、内容そのもので具体的に示さなければ、その論議に耳をかさない。これへの注目がわたしたちの教育研究を教科目別研究と問題別研究との二本立制にも進めていった。
17）日本教職員組合編集『日本の教育第2集』（岩波書店、1953年）、241頁。
18）同上、239頁。
19）同上、464頁。
20）日本教職員組合編集『日本の教育第8集下巻』（国土社、1959年）、48頁。
21）同上、49頁。
22）日本教職員組合編集『日本の教育第9集』（日本教職員組合、1960年）、306頁。
23）同上、306頁。
24）日本教職員組合編集『日本の教育第10集』（日本教職員組合、1961年）、308頁。
25）日本教職員組合編集『日本の教育第13集』（日本教職員組合、1964年）、300頁。
26）『教育評論』第4号別冊全国教研大会報告集（1952年6月）、370頁。
27）日本教職員組合編集『日本の教育第11集』（日本教職員組合、1962年）、280

第Ⅰ部 「現場」の論理

頁。「たとえば岐阜県や栃木県では組織的な県集会がもてなくて、個人的な参加となっている」。

【参考文献】

日本教職員組合編集『日本の教育第2集』〜『日本の教育第59集』(岩波書店2、国土社3〜8、日本教職員組合9〜16、20〜23、一ツ橋出版17、18、24〜52、労働旬報社19、アドバテージサーバー53〜59、1953〜2010年)

日本教職員組合編集『教育評論』1号〜717号(1951年12月〜2007年1月)

日本教職員組合編集『日教組20年史』(労働旬報社、1967年)

日本教職員組合編集『日教組第50次教育研究全国集会要項(日本教職員組合、2001年)

日本教職員組合編集『日教組第59次教育研究全国集会要項(日本教職員組合、2010年)

# 第5章 「社会科」から「市民」へ
―― 「政治的リテラシー」を涵養する学習への転換 ――

岡 田 泰 孝

## はじめに

　これから必要とされる公民的資質は、益々加速する社会や環境の変化に対する適切な社会的価値判断力や意思決定力である。現代社会の課題の多くは、価値観の相違によって解決が困難になる問題が多いからである。このような問題意識から、私の勤務するお茶の水女子大学附属小学校（以下「お茶大附小」と略す）では、2001年に、社会科の内容・方法を組み換えて「市民」を創設した。

　その特徴について簡単に紹介する。

　まず、内容は、『小学校学習指導要領』の内容とほぼ共通であるが、時事問題を取り上げている点が異なっている。次に、学習の方法を紹介しよう。一般的な社会科では学習過程を「つかむ―調べる―考える」としていることが多い。しかし、「市民」の社会的価値判断力や意思決定力を育成する学習過程では、第一次的に直観的な予想的価値判断をして、第二次的に子ども相互の価値判断・認識の葛藤を経た後、第三次的に個人がどのような価値判断をするかという個人内の葛藤という三段階の学ぶ姿を想定している。この鍵になるのが、場面設定形学習なのである[1]。

　さて、本稿の課題について述べたい。

　第1に、お茶大附小が考える「市民的資質」を明らかすることである。そして、その「市民的資質」を、近年の学力のとらえ方である「リテラシー」から、とらえ直すことである。

　第2に、「市民」の学習内容と場面設定から類型化することである。時事問

第Ⅰ部　「現場」の論理

題を学ぶことによって直接的に「市民的資質」の向上を図れる内容から、「議論することを楽しむ」というような周辺的な学びまで、多様な活動と内容が、未整理だったためである。

## 1．新しい「公民的資質」＝「市民的資質」

（1）「市民的資質」としての社会的価値判断力、意思決定力

　これからの社会生活に必要な「公民的資質」は、益々加速する社会や環境の変化に対して、「社会的価値判断や意思決定をする力」であると、先ほど述べた。では、社会的価値判断力、意思決定力とは、どんな力であろうか。

　①　**社会的価値判断力**　社会的価値判断力とは、社会的な事象に対して「良い・悪い」、「するべきである、するべきでない」、と価値づけたり、評価したりする判断のことである。例えば、「水道水よりミネラルウォーターを飲む人が増え続けている。良いのか」という問題に対して「良い」、「仕方ない」、「ダメ」と判断は分かれる。子どもたちは、自他の価値観の違いを発見する。それらの価値判断を、相互に吟味することで、価値判断力が磨かれる。

　②　**意思決定力**　意思決定力とは、価値判断にもとづいて目的実現のために、「何をするべきか」、「どのような解決策がより望ましいか」と、最も合理的な策や案を選択したり、決定したりすることである。先ほどの水道水の例で言えば、より多くの都民が水道水を利用するには、「更に美味しく」「安全性を高める」などの策から選択・決定することになる。つまり、社会の諸問題について、情報にもとづいて自分なりに考え、異なる考え方が存在することを前提に、他者から賞賛や反論を得ることを通して、自分の考えを決定していくことが、意思決定力といえる。意思決定力は、価値判断をよりどころとしていることは言うまでもない。

第5章 「社会科」から「市民」へ

## （2）「市民的資質」として「民主主義社会の見方」を養う

　現代社会が直面する課題の多くは、価値観の相違によって解決が困難になっている。困難な理由は、その政策や案の決定によって、利益を得る者と不利益を被る者が生まれるからである。子どもたちは、普段の生活の様々なニュースを見聞きして、現代社会が、完全に合意はできない社会であることに気づいていると考える。私たち教員は、学級を経営する上で「みんな仲良く」や「全員の合意」を大切にする価値観をもちやすい傾向にある。しかし、実際には、暖かい学級の雰囲気がそのまま実社会につながることはない。顔も名も知らない多数の人々と、社会の問題や政策を議論してくことになるのである。だからこそ、下のような民主主義社会観をもっていることが、社会科や「市民」の授業をする上で重要となる。

> 　民主主義社会とは、完全な合意ができない社会である。間違いなく、誰かが利益を得て、誰かが不利益を被る社会であるからだ。そこのことを理解すること自体に意味がある。そして、その被害を、できるだけ小さくするための話し合いを、行い続けようとする人を育てることが、社会科や「市民」の役割として大切なのである。
> 　子どもたちが、ある価値観や政策について、単に賛成・反対を表明するだけの思考から、付帯条件を示しながら賛成・反対を表明できるような、より多様な考え方へ深められる場面設定を用意して、学習に臨ませることを考えたい。

　このことに関する小西正雄[2]の助言を受けて、「市民」研究部会で作成した「社会を見る3つの目」が、次のものである。

──「社会を見る3つの目」（～2009年までの定義）──
　ア　社会には、一個人の工夫や努力では、できることと、できないことがあること。

イ 個人の利害と社会全体の利害は、必ずしも一致しないこと。
ウ だから、世の中には、広い視野から社会を調整する仕組みが必要であるとともに、一人一人の工夫や努力が必要である。

2010年からは、以下のように文言を修正した[3]。

──「社会を見る3つの目」（2010年からの定義）──
ア 社会には、一個人の工夫や努力では、できることと、できないことがあること。
イ 自分の利益と、他者やみんなの利益は、必ずしも一致しないこと。
ウ だから、世の中には、広い視野から社会を調整するしくみが必要であるとともに、それらの仕組みに対して関心をもち、自ら働きかけようとする意識をもつことが必要であること。

　子どもが、現在自分たちが生きている民主主義的な社会は、多様な価値観が存在するが故に必ず誰かが受ける不利益を最小限にするために、広い視野から調整する仕組みが必要である社会であることを、具体的な社会事象を通して学ぶ必要がある。そのために、社会的価値判断力、意思決定力を育てる中で、「社会を見る3つの目」も涵養することにしたのである。以上のことから、お茶大附小の「市民」では「市民的資質」を、（1）社会的価値判断力　（2）意思決定力　（3）「社会を見る3つの目」と再定義することにした。

## 2．「政治的リテラシー」としての「市民的資質」を涵養する

　私は、以前から「シティズンシップの教育は、『市民』だけでなく学校全体で取り組む必要を感じていた。『市民』で先行して始めた、価値判断力や意思決定力を磨く学習は、他の学習分野でもシティズンシップを育てるために有用であろうと考えられる」と、主張していた[4]。
　2008年度からのお茶大附小の研究テーマは、「小学校における『公共性』を

第5章 「社会科」から「市民」へ

育む『シティズンシップ教育』」となり、全学習分野でシティズンシップ教育を行うことになった。「市民」研究部が願っていた通りになったのである。お茶大附小が構想する「シティズンシップ教育」は、「本校で定義する『公共性』を育むことである。『公共性』とは、教員が民主主義に基づく社会生活を創る資質・能力を育てる視点をもち、友だちと自分の違いを排除せずに、理解し考える力を発揮する子どもを育てることである」と唱ったのである。

(1) シティズンシップ教育での日英の比較から提言できること

テーマが「シティズンシップ教育」となったことに伴い日英の教育を比較してみた。

イギリス・クリックレポート (1998) におけるシティズンシップ教育の3要素は、①社会的・道徳的責任　②共同体への参加　③政治的リテラシーである。

これらをうけて、日本の現状に欠けているものは何かを検討してみた。「①社会的・道徳的責任」は、日本の「規範意識」に近似している。「②共同体への参加」は、「公共の精神」に近似している。「③政治的リテラシー」に至っては、教基法第14条に規定があるにも関わらず欠けているので教育研究をする意味があることがわかった。次に、「政治的リテラシー」に焦点化することは「研究開発」として妥当かについても検討した。その結果、①教育基本法14条に根拠が存在している、②国民投票法が18歳選挙権を規定し、政治教育への客観的な要請が高まっている、③自治体や民間団体が政治教育の推進を始めている（神奈川県、NPO法人Rihgtsなど）という以上の3点から、「③政治的リテラシー」を涵養する教育は推奨される対象となり得ると判断した。ただし、次のようないくつかの実践的な課題とすべきことがあることも明らかになった。

第1に、「政治的リテラシー」涵養が要であり、「参加」は位置づけないことに意味がある。『小学校学習指導要領解説・社会』（文部科学省　2008年6月）では「社会参加」を明確に位置づけたが、この流れに逆行して構わない。なぜなら、実践・参加型シティズンシップ教育には一歩間違えると「動員型」シ

第Ⅰ部 「現場」の論理

ティズンシップ教育に転化しやすい危険性が潜んでいるからである。第2に、目指す方向は「リテラシー養成型」シティズンシップ教育である。

## （2）「市民的資質」を「政治的リテラシー」として価値づける

では、「リテラシー」とは何か。「リテラシー」は様々な概念で使われている。「市民」研究所が考える「リテラシー」概念を、小玉重夫の講演をもとに解釈すると以下のようになる。「リテラシー」とは、もともとは「文字の読み書き能力」のことであり、普通教育の発展とともに一般教養的な教科を中心とする「教養型リテラシー」として発展した。しかし、1990年代以降のグローバル化の進展、高度情報化社会の到来によって、教養型リテラシーは変容を迫られPISAに代表される実社会での活用を重んじる「機能的リテラシー」が重要視されるようになってきた。このような概念から考えると、目指す方向性が、「教養型リテラシー」よりも実社会での活用に焦点化した「機能的リテラシー」養成へと転換する意味が理解できよう。

今まで、「市民的資質」と呼んできたものを「政治的リテラシー」と価値付け[5]、学習分野「市民」の「政治的リテラシー」を（1）社会的価値判断力、（2）意思決定力、（3）「社会を見る3つの目」の3点と再々定義した所以である。

## 3．学習内容と場面設定から学習を類型化する

今まで長い間、学習内容と場面設定の関連が、曖昧なままであったことを反省し、学習内容と場面設定との関連について整理することにした[6]。それが以下のものである。

**タイプ①** 「時事的な社会事象について、他者との差異や葛藤を感じる問題」を扱う内容
【具体例】「諫早湾の干拓をどう考えるか」、「高速道路無料化をどう考える

第5章 「社会科」から「市民」へ

か」、「米の生産調整をどうするか」、「海外支援の内容の優先順位を決めよう」など。これらは、子どもを、実際に社会で起きている問題に向かいあわせ、市民としてよりよい社会づくりについて、関心を深めさせることができる。また、社会的な問題の解決や、政策の選択においては、必ず不利益を被る人々の存在があることに気づかせることができる内容である。これは、以下の②③とは異なり、明らかに、社会事象を内容とする学習分野だけにしか取り扱えないことである。

**タイプ②** 子どもが社会的事象を選択しながら「他者との差異や葛藤を感じる問題」を扱う内容

**【具体例】**「消防設備を一つ増やすことができるとしたら、何をどこに増やす？」、「東京都らしいところベスト3を選ぼう」、「戦後史の三大ニュースを決めよう」、「大久保利通と西郷隆盛、明治のはじめの政策、どっちを支持する？」など。

これらの内容は、①と同じように、「他者との差異や葛藤を感じる問題」である。しかし、①が時事問題で、実際に社会で生きている様々な立場の人々が利害関係にあることを学ぶのに対して、②の内容では、学級内の子ども同士の関係だけにおいて対立が生じ得る内容なのである。それは、特別活動で学級の催しを決めるのに似ている面がある。

**タイプ③** 子どもがプランや提案を創造しながら「他者との差異を認め広げる」ことが可能な内容

**【具体例】**「北海道十勝地方に会社をつくろう」、「沖縄に会社をつくろう」、「未来の自動車のプランをつくろう」、「白神山地を保全する方法を考えよう」、「聖武天皇、鑑真和上、行基、農民が会話をしたら、どんな劇になるでしょう」など。子どもたちが自分の創造性を発揮して、アイディアを考えて交流しあえる内容である。

お茶大附小のシティズンシップ教育の趣旨から言えば、上の①〜③の内容はどれも「可」と判断できる。しかし、「市民」だけでしか取り上げることがで

きない特有の内容を明確にすることも大切だと思い直して、分類してみたものである。

タイプ①時事的内容を学ぶことによって、子どもたちの政治的関心を高め、政治と自分たちのくらしとの結びつきについて考えられるように、育てることには、大きな意味がある。このような問題で学ぶことを通じて、「私に都合の良いこと」が「みんなにとっても都合が良いこと」に高まるのか否かを考える、つまり、全体から広く社会を見る感性が育っていくことが期待できるからである。

そこで、タイプ①の内容を年間に数回はおこなっていきたいと考える。また、このような内容を取り上げること自体が、「市民」創設の意味にもつながると考える。

なお、歴史的な学習内容は、「大久保利通と西郷隆盛、明治のはじめの政策、どっちを支持する？」、「伊藤博文、陸奥宗光、小村寿太郎、朝鮮の人々が話し合いをしたら[7]」などの実践がある。しかし、既に確定してしまっている過去の歴史事象について、よい・わるいと価値判断するのは、なかなか難しいようである。別の観点から見れば、歴史に対して、現在の価値観で判断して良いのだろうかという考え方もあるからである。歴史的内容における社会的価値判断力・意思決定力の涵養については、今後の題材開発が必要である。

## おわりに──成果と課題──

成果は、学習内容を場面設定の関係から類型化ができたことである。また、すでに紹介したように、日常的に多くの先生方によって評価される機会を得て、日々改善を進めることができたことである。

課題は、形成的評価の指標を確立することである。例えば、タイプ①では、「公」と「私」のせめぎ合いである「公共圏」に社会的ジレンマを感じる学習が可能で「社会を見る3つの目」の涵養につながってきている。しかし、5年生の事例では、「食料生産と私たちの生活」で、「手つかず食品を減らすために

第5章 「社会科」から「市民」へ

は、法律で罰金、個人で頑張る、コンビニのリサイクル弁当を買う、フードバンクに協力する案がでてきたが、正直これだ！と思うものがでなかった。減らしたい！思いはあるが、発想を出しにくい」という子どもの意見が多く出された。このような声にどう応え、どのように学習を援助するのか。「形成的評価の指標」が確立していないことが、子どもの学びへの障害になる可能性もあるからだ。

　本稿の内容は、お茶大附小「市民」研究部の遠藤修一郎教諭、佐藤孔美教諭との共同研究の成果であることを、最後に記しておきたい。

1）拙稿「お茶の水女子大学附属小学校の『シチズンシップ』の構想」（『社会科教育』2005年1月号—シチズンシップ教育—）。『小学校における「公共性」を育む「シティズンシップ教育」の内容・方法の研究開発　2008年度研究開発実施報告書』お茶の水女子大学附属小学校2009・2010年。『社会的価値判断力や意思決定力を育む「市民」の学習』2010年など。
2）小西（鳴門教育大学教授）は、「教育課程開発への提言—社会的自己認識を育てる市民科へ—」（『児童教育13号』お茶の水女子大学附属小学校　2003年）において、「市民としての感覚として、以下の3点をあげている。1：世の中人は一人でできることとできないことがある　2：広い視野から全体を見る発想、組織が必要である　3：一人一人の願いと組織の方向は必ずしも一致しない」と説明している（30〜31頁）。
3）イを変更した経緯には、小玉重夫（東京大学大学院教授）からの「イ　個人の利害と社会全体」という時の、「個人と社会全体の関係」をどのように考えているのか、例えば、社会における企業をどうとらえるのか、同様に企業における個人をどうとらえるのかといった問題についての検討が不十分であるという指摘があり、「自分」と「他者」「みんな」という言葉に変更した。
　　ウを変更したのは、古賀毅（日本橋学館大学講師）の次の指摘と関係が深い。「『ウ　だから、世の中は、広い視野から社会を調整するしくみが必

第Ⅰ部　「現場」の論理

　　　要であると共に、一人ひとりの工夫や努力が必要であること』について、『共に』というつなぎですと、ゆるい単線並列になってしまい、その前後の接続があいまいになります。その結果、せっかく『一人ひとり』なる心がけ論の次元を脱していたはずなのに、最後にそこへ戻ってきてしまう印象すらあります。『3つの目』に欠けているのは、『社会』や『社会を調整する仕組み』を形成するものこそ、一人ひとりの個人であり、そうした社会形成性・能動性を含んだとき『市民』たりうるという視点です。そこを欠くと『国は国でやってくださいね。私たちは自分たちにできる範囲でがんばりますし、社会のありかたを理解してそこについていけるような人間をめざしますから』といった結論すら導出されてしまいます（中教審答申や「生きる力」論などにその危険性を看取できる）。シティズンシップという原点に立ち返り、その語義を見つめるならば、社会参加・社会形成こそ根幹に求められると思うのです。それは小学生の学習においても重要な意味をもつはずです。」（『社会的価値判断力や意思決定力を育む「市民」の学習』25～26頁より要約）。
4 ）拙稿「お茶の水女子大学附属小学校の『シチズンシップ』の構想」（『社会科教育』2005年1月号—シチズンシップ教育—）。
5 ）お茶の水女子大学附属小学校では、「これからの世界・日本を担う子ども達（将来の市民）には、自分や身の回りの人や社会に愛着をもち、もつがゆえに公（パブリック）を良くしたいと考え行動することが求められる。自分の属する社会を理解し、その社会への問題関心をもつだけでなく、自分の役割を理解して社会を育てることも必要である。人は社会をつくり、そして社会によって育てられる。それが「公共性」ある人であり、身につけるべきものの総体の中で、小学校の授業場面を想定して、育てたい資質能力」＝「公共性リテラシー」とネーミングして」研究開発をおこなっている（2010年　お茶の水女子大学附属小学校『発表要項』より引用）。
6 ）以前にも価値から類型化を試みたことがあったが、決定打にはならなかった。曖昧にしているうちに、橋本康弘（福井大学准教授）のブログ（2008年2月24日）に、次のような文章が掲載された。「『市民』とはどのような教科目なのか、その位置づけが見えにくくなっているのではないか。『市

第 5 章 「社会科」から「市民」へ

民』を社会形成的な論理と捉えた場合、「社会を形成する上で必要な論題（社会問題）」が取り上げられる必要がある。『少子高齢』の授業は、今後の社会をどう作り上げるのかについて検討する上で大事な論題であるので社会形成の論理に当てはまるのだが、『沖縄の授業』で決定される意思は個人のレベルに止まる内容。社会形成の論理につながりにくいと考えられるが、いかがかということ。」

　この指摘をうけてやはり、曖昧なままではいけないとという思いに至った。「沖縄に会社をつくろう」という学習では、地形や気候を生かした会社の経営を想像しながら、沖縄の人々の豊かな生活も実現するという条件もクリアできるように活動しなければならない。このように、子どもの創造性を生かして提案活動ができるいう点で評価している。逆に、時事的な問題しか学ばないということは、教員にも、子どもにも、難しい問題となるであろう。

7 )「教育ルネッサンス　歴史劇作り『市民』育てる」（『読売新聞』2007年10月26日）。

第Ⅱ部　「社会教育」のなかの歴史学習

第Ⅱ部 「社会教育」のなかの歴史学習

# 第1章　社会教育における歴史学習の展開

小　川　清　貴

## はじめに

　社会教育とは、「学校の教育課程として行われる教育活動を除き、主として青少年及び成人に対して行われる組織的な教育活動（体育及びレクリエーションの活動を含む。）」（社会教育法第2条）である。「国及び地方公共団体は、（中略）社会教育の奨励に必要な施設の設置及び運営、集会の開催、資料の作製、頒布その他の方法により、すべての国民があらゆる機会、あらゆる場所を利用して、自ら実際生活に即する文化的教養を高め得るような環境を醸成するように努めなければならない。」（社会教育法第3条）とされる。
　社会教育は、学校教育のような定型的な教育プログラムではないこと、主として成人が対象になること、学習活動の参加に関して強制性がないこと、自己教育・相互教育が重視されることなど、学校教育と異なる性質が多い。そのような社会教育の場で歴史を学ぶことの意味はどういうところにあるのだろうか。
　歴史学の側からも『歴史評論』が、「市民が歴史を学ぶ"場"の現状は、一体どのようになっているのだろうか。とりわけ、このような"場"で、いかなる歴史認識が醸成されているのか」[1]という問題意識のもとに2008年9月号で、「生涯学習の現在と市民の歴史意識」と題した特集を組んでいるところにも、こうした学校教育外の成人の学びにおいて、どのような歴史の学びが行われているのかということについて関心が高まっていることがうかがえる。
　ここでは、社会教育の場における歴史学習の展開について考察してみたい。すなわち、①社会教育の本質をめぐるこれまでの議論の中で、歴史を学ぶとい

第1章　社会教育における歴史学習の展開

うことがどのような意味を持つと考えられてきたのか。②現実の社会教育実践の場では、どのような形で歴史学習が展開され、そこで主たる学習者である成人や青少年はどのような力を獲得してきたのか。③それらをふまえて、社会教育の場における今後の歴史学習のあり方はどのように展望できるのか、そしてそのための課題は何か、という3点について、考察したい[2]。

## 1．社会教育論における歴史を学ぶ意味

　社会教育、特に戦後の社会教育活動の中核的な存在である公民館の学習活動では、公民館の専門的職員である公民館主事の専門性と講座・学級など公民館事業の内容をめぐる議論の中で、学習内容編成論が議論されてきた。
　中でも、1965年3月に長野県飯田・下伊那主事会が公民館主事の役割を提起した「公民館主事の性格と役割」（通称「下伊那テーゼ」）は、「地域の現実を、民族的な課題を解決する視点でとらえ、住民のさまざまな要求をほりおこし、学習活動へ組織していく仕事」[3]を教育の専門技術者たる公民館主事の役割であるとし、そのために「人間解放のねがいにうらづけられた社会科学の学習――歴史と哲学と経済の学習とそれを基礎にした教育学の学習」[4]を重視し、歴史を学ぶ必要性を提起している。
　このことは何を意味しているのだろうか。時代背景を考えると1965年という年はちょうど60年安保闘争と70年安保闘争の中間の年であり、アメリカによる北ベトナムへの爆撃が2月から開始され、4月には国内でベ平連が結成されている。また、テーゼ発表後の6月には日韓基本条約が署名され、戦後の新しいアジア諸国との関係構築について画期となる年でもあった。アジア太平洋戦争の惨禍を経験し、また同時にアジア諸国・諸地域に大きな被害を与えた国として、背負った歴史にどう向き合い、国際社会の中でどのように立ち振る舞うかが日本国民としての大きな課題だったといえよう。それは、下伊那テーゼに「民族的な課題」という言葉が何回か登場することからもうかがえる[5]。
　そのような中で社会教育と歴史学習をつなぐキーワードが「学習者の主体

性」であった。

　社会教育学研究者の室俊司は、「一般に、学習は、学習者が一定の文化遺産の価値を認知することによって態度変容が行なわれたときに成立する」[6]とし、「ある一人の人間の態度変容はけっして個人的次元の問題としてのみあるのではなく、社会的・歴史的次元の問題として理解されなければならない」[7]とした。そして、そのような「各々の学習者がその存在形態のちがいをこえて、共通の学習課題をもとめることは、主体的存在としての自己が一つの歴史意識をもつこと」[8]であり、「学習者の主体性が歴史的現実の中で真に問われるとすれば、その歴史的現実ということについての正しい認識がなければならない」[9]のであると記している。ここに、社会教育において歴史を学ぶことの意味が見出されてくる。

　こうした問題意識は、先ほど引用した「主体的存在としての自己が一つの歴史意識をもつこと」ということについて、室が「このことは、上原専禄による「生活現実の歴史化的認識」であり、「歴史的現実の課題化的認識」である、といってもよいであろう」[10]と述べているとおり、上原専禄が1963年に発表した論文「現代認識の問題性」に触発されたものといえよう。

　上原専禄は「現代認識の問題性」の中で、歴史化的認識における主体性形成の課題を「日本国民」の課題としてとらえ、そのうえで「世界史における現代」についての主体的な歴史像の獲得に向けた日本の大衆の弱点を、「学習」が啓蒙主義、教養主義の域を脱し切っていないことにあると指摘した[11]。

　社会教育研究者・実践者にとっては、このような上原の問題提起を受けて、単なる知識・教養の向上ではない、現実の社会的課題に対峙していくような主体性を形成していく歴史学習の在り方が問われたといえよう。

　図らずもこのような問題意識は、その後、1985年にユネスコがパリで開催した第4回国際成人教育会議において採択した「学習権宣言」において、学習権を「読み書きの権利であり、問い続け、深く考える権利であり、想像し、創造する権利であり、自分自身の世界を読みとり、歴史をつづる権利であり、あらゆる教育の手だてを得る権利であり、個人的・集団的力量を発達させる権利で

ある。」[12]と規定し、「学習活動はあらゆる教育活動の中心に位置づけられ、人々を、なりゆきまかせの客体から、自らの歴史をつくる主体にかえていくものである。」[13]とうたっていることにも通じているといえよう。

こうした社会教育における歴史学習の意義についての議論は、「主体形成の社会教育学」を提唱する鈴木敏正らによって受け継がれている。

鈴木は、旧教育基本法やユネスコ学習権宣言の内容から、社会教育の目的は自己疎外を克服して主体的人格を形成すること（主体形成）にあるとし、主体形成は自己実現と相互承認の意識的編成過程であり、自己実現と相互承認は主体としての人格における自己認識の二つの基本的契機であると規定した[14]。それをふまえ、「社会における自己認識を学習実践として深めていく形態は、基本的には歴史学習と社会科学学習の二つしかない。」とし、歴史学習は通時的に自己認識を深めるものと評価した[15]。

特に、「自己意識の形成を目的とした学習としてとくに蓄積があるのは、「自分史学習」・「生活史学習」」[16]であるとし、「それぞれ婦人・高齢者や青年の自己教育運動の中で創造されてきたこの学習形態は、自分のみならず家族や地域、さらには日本や世界の歴史の中で「自己」の意味づけをしていこうとするものであるが、その原点は、みずからの生活実践の歴史的積み重ねの理解をとおした自己の意識化であろう。」[17]と評価している。

社会教育の中で歴史を学ぶとは、歴史に規定された現実の中で、現実を歴史的に認識し、同時に自己認識を深め、歴史的な課題に立ち向かっていく主体を確立していく過程という文脈でとらえられていたと言える。

## 2．社会教育の場における実践の展開

では、戦後の社会教育実践において、社会教育における歴史学習とは、どのような形態や方法論をとって展開してきたのだろうか。ここでは、これまでの社会教育の専門書や専門雑誌において取り上げられることが多かった「自分史学習」や「生活史学習」として展開されてきた歴史学習、平和教育の一環とし

て展開されてきた歴史学習、そして地方史・郷土史学習として展開されてきた歴史学習の事例を取り上げ、その意義や課題を考察する。

もちろん、いずれの事例もこれらの形態や方法論のどれかにぴたりと当てはまるものではなく、現実には平和教育の目的で行われる自分史学習や市民の集団的な自分史学習が郷土史の掘り起こしになることもあり、ここで類型的に分けている形態が複合的に展開している場合もある。ただ、社会教育学や実践論の中で歴史学習が取り上げられる際に比較的多いのは、これから取り上げるような3つの類型であり、現実の社会教育の現場でもこれらの形態や目的で行われている場合が多いと考えられる。

## (1) 自分史学習・生活史学習として

社会教育における歴史学習の中で、必ず取り上げるべきものは「自分史学習」や「生活史学習」の展開であろう。

自分史学習は、学習者個人の人生を振り返り、その歴史を綴るものであり、自分の生きてきた歴史とそれを取り巻き、規定してきた時代状況・歴史的背景をつき合せながら、その意味を確認し、綴られていく。この自分史学習は、生活綴方運動に影響を受け、『母の歴史』(1954年)や『豪雪と過疎と』(1976年)を生み出した生活記録運動、あるいは橋本義夫を創始者とする「ふだん記」グループのような「書く」ことを軸に据えた学習実践や民衆史研究の色川大吉が『ある昭和史―自分史の試み』において自分史を書くことを提案したことなどを背景に生まれてきた。また、生活史学習はそれらの系譜とともに1950年代の勤労青年教育論の中で生まれた共同学習も背景にしながら、勤労青年が自分たちの生い立ちを振り返り、それを題材に語り合うという形をとって展開した[18]。

自己意識の形成を目的とした学習として特に蓄積があると鈴木敏正が評価した「自分史学習」・「生活史学習」だが、各地の自分史学習に関わった横山宏も『成人の学習としての自分史』の中で、自分史学習を「総じて歴史学習であるものの、単にそこにとどまるものでなく、歴史を学びつつ、歴史のなかの「自分」をみつめること、すなわち自己認識を深めることにある。それをとおし

て、権利主体としての自らの自覚を促すことになるというものである。」[19]と述べている。

埼玉県草加市の公民館職員で「婦人教育」を担当していた宮澤郁子は、横山の協力も得ながら1982年度から1986年度にかけて自分史講座を開いている。しかも、「昭和史を学び明日を考える」「私の生き方と子育てをみつめて」「女であることをみつめ自分史を書く」「昭和史のなかの家族」「いまの家族、これからの家族」と、毎年切り口を変え、多様な視点から自分史を見つめる学習を展開した。こうした学習の展開は、参加する女性たちに自分たちの生き方・考え方の問い直しを迫り、あらたな生き方を切り開いていく力になっていった。講座からいくつものサークルが誕生したり、講座参加者の中から地域をよくしようと地元の選挙活動に関わるようになった女性が現れたりしたことはその成果と言えよう[20]。

この他にも『成人の学習としての自分史』には、東京都大田区や昭島市、神奈川県相模原市などで行われた個性豊かな自分史学習の実践が報告されている。

こうした各地の自分史学習の実践から横山は、「みずからを見つめ、とくに社会や歴史、周囲や時代、そして、さまざまな人間関係―人と人とのつながりのなかで己をより客観的に発見していくということ」[21]と「名もなき民衆が直接見聞し体験した歴史や社会の出来事が書き出され、（中略）「正史」とは異なった庶民（群衆）サイドのからの歴史（中略）が誌されて歴史や時代の真相とか真実というものが明らかになっていく」[22]ことに自分史学習の意義を見出している。

そのうえで、横山は「ブームとしての「自分史」に波に溺れるようなことがあってはならない」「〝みずからを赤裸々に晒し、そのプライバシーをのぞき見る〟という体のものとはなってはならない」「「〝自分史学習〟（中略）」という学習方法こそが絶対であり、オールマイティであるなどと錯覚することがあってはならない」と自分史学習の課題を3点示した[23]。

特に、「ブームとしての「自分史」の波に溺れるようなことがあってはなら

第Ⅱ部　「社会教育」のなかの歴史学習

ない」という警告は、商業ベースで様々に「自分史」が宣伝される今日、重要な視点であろう。

## （2）平和学習の一環として

アジア太平洋戦争において多くの国民が戦禍に遭い、また同時にアジア諸国・諸地域に多大な被害をもたらした日本において、戦後社会教育における歴史学習は平和学習の一環として、近現代史を中心に平和意識や人権意識を高める学習としても行われてきた。

東京都の三多摩地域を中心に、平和・人権の視点から各地の公民館の歴史講座で講師を務めてきた川村善二郎が「いま日本近代の歴史、とくにファシズムと戦争の時代を省みて、歴史の教訓を明らかにし、その教訓に深く学ぶことは、戦争の時代を生きた戦前・戦中の世代はもちろん、戦争を知らない戦後世代にとっても、大いに必要な今日的学習課題なのである。」[24]と語るように、歴史を学ぶ意義として、戦争を重ねてきた近代史を反省し、平和な社会を形成する主体としての力をつけていくことは欠かすことができない。

こうした平和教育として行われた社会教育における歴史学習の一例を挙げれば、神奈川県川崎市の陸軍登戸研究所の戦争遺跡保存運動がある。この運動は、元々川崎市が行った川崎中原平和教育学級で1987年から地域にある戦争遺跡を調べ始めたことにあった。参加した市民が調査や当時研究所にかかわっていた地域の人たちへヒアリングを行う中で、それまで知られていなかった多くの史料や歴史的事実が明らかになっていき、その活動は高校生たちにも引き継がれていくことになった[25]。この取組に関わった元高校教諭の渡辺賢二は、「ここから考えられる平和教育の課題は、こうした秘密・謀略戦のための研究所でさえ、地域の支え無しで存在し得ないということを把握することの大切さである。このことは、地域から戦争の事実を掘り起こす時、戦争の構造や実態を解明することが可能であると同時に平和な地域を創造する上でも重要であることを私たちに教えている。」[26]とその意義をまとめている。

また、大阪府の大阪府婦人会館は、前身が国防婦人会館だったことから開館

第1章　社会教育における歴史学習の展開

20周年事業に関係づけて、市民ボランティアとともに国防婦人会の歴史を掘り起こし、最終的には麹谷美規子著『戦争を生きた女たち―証言・国防婦人会』（ミネルヴァ書房、1985年）という成果をまとめている[27]。

地域に残る戦争の歴史を市民自身が丹念に掘り起こし、学ぶことが歴史を反省し、平和な社会の形成に向けた行動力となっているのである。

ただ、近年は社会全般の右傾化・保守化の影響もあってか、公的社会教育の場で平和問題を意識した歴史学習が少なくなっている。今世紀に入り、テロという形の新たな戦争・平和問題が起こり、また中国や韓国など近隣アジア諸国との間にも未解決の歴史問題が残されているだけに市民の歴史認識を深める学習の場が求められよう。

（3）地方史学習・郷土史学習として

中央政権をめぐる政治・経済・社会・文化を中心に綴られる通史的な歴史叙述に対して、埋もれている地方の歴史を掘り起こす歴史学習も公民館や博物館を中心に社会教育の場では数多く行われてきた。

国民文化の創造を大きな研究課題として追究した北田耕也は、「地域に根ざす国民文化の創造にとって、地方史の学習が欠かせないものであることは明らか」[28]とし、「学習主体の変革と結びついた地方史学習の経験の蓄積が当面の課題である。」[29]と提起した。

こうした社会教育の場における地方史・郷土史の学習によって、地域の文化・歴史的なアイデンティティや直面する地域の課題を解決していくヒントを獲得していった人たちは数多い。

茨城県玉里村教育委員会の社会教育主事（当時）であった池上昭は、村の農業青年たちが村の農業をめぐる戦後史を掘り起こし、学び合う中で、村のかつての青年運動や農協の先進的な伝統を自覚し、村の農業や村政に対して新たな行動を起こす力を獲得していく様子をいきいきと報告している[30]が、その実践を振り返り、「地域の歴史を学び、地域に対する認識を深める学習活動には、現在に対して連続性のある近・現代史を積極的にとり上げる必要を痛感する。

第Ⅱ部 「社会教育」のなかの歴史学習

その中から、現在の地域の姿を把握し課題を明確にするとともに、自らの生き方を問いなおし、これからの地域づくりに対する意欲とその方途についての確信を生み出してゆく。すなわち、住民自治の主体形成へとつながるものでなければならないだろう。」[31] と総括している。

　また、千葉県の君津市周南公民館では郷土芸能保存活動、郷土文化継承活動、地域連帯活動などからなり、地域課題追求のための地域再生の運動として行われてきた「ふるさと運動」が、1977年から20数年展開してきたが、これは1975年に開講した郷土史講座が原点になっているという[32]。

　このように地域の歴史を学ぶことが、地域文化・伝統を再発見・創造し、地域づくりの力につながることが実践で示されている。

　現在でも地域ごとの歴史を掘り起こして地域アイデンティティの確立や地域づくりへの契機にしようとする歴史学習は多いが、懸念されるのは「お国自慢」的な偏狭な郷土愛を背景にした歴史学習も多いのではないかということである。資料や史実の裏づけ、日本史全体における位置づけといった客観的・科学的視点が欠落してしまうと、地域の成り立ちや地域課題の歴史的背景を見誤り、地域づくりの方向性も誤ったものになりかねない。

## 3．社会教育の現場における実践事例

　さて、ここまで社会教育学の中で歴史を学ぶことについての議論、そして全国の社会教育の場において歴史学習がどのような形態や方法をとって展開してきたかを述べてきたが、筆者が企画した、あるいは筆者の身近で行われた実践について詳しく紹介し、社会教育の歴史学習についての展望につなげたい。

　ここでは、2004年度に筆者が勤務していた新潟県十日町市の公民館本館で開催された地域の歴史に関する2つの講座を紹介する。

### （1）地域の歴史講座—信濃川とともに歩む十日町

　この講座は、十日町市を流れる日本一の大河・信濃川と当地域の人々の生活

第1章　社会教育における歴史学習の展開

について近世から現代にわたって学ぶものであった。

　大学時代に歴史学を学んだ者として、歴史関係の事業を企画したいという思いはあったのだが、地域の歴史を平板に取り上げても、歴史を学ぶことと地域が抱える課題に対して主体的に生きることとが学習者にとってはうまく結びつかないのではないかという懸念があり、考えた末に決めたテーマが「信濃川」だった。

　この地域にとって信濃川は、かつては舟が往来する重要な水路であり、かつ洪水によって度々水害をもたらす自然の脅威でもあった。また、近現代においては国鉄・JRの取水による水枯れ問題など様々な地域課題を提示してきた。そうした地域の人々と信濃川との関係を学び、地域の将来を考える講座として、表1のようなプログラムで企画・開催した。

　具体的には、信濃川と地域の人々の暮らしをその時代ごとの中心的な話題を題材に学ぶようにし、各回の講師は市史編纂に携わった地元の郷土史家の方々に依頼した。

　各回とも豊富な史料が用意され、船着場だった地域の繁栄ぶりや洪水による災害の甚大さがよく伝わってきた。また、第3回は実際に信濃川の河川敷に降

表1

| 期日 | テーマ | 学習内容 | 講師 |
| --- | --- | --- | --- |
| 6/5（土） | 近世の信濃川の舟運 | 近世における信濃川の舟運の発達と地域の発展について学ぶ | 須藤重夫氏 |
| 6/12（土） | 近世の水害と人々の暮らし | 近世の信濃川の水害が人々の生活にもたらした影響について学ぶ | |
| 6/19（土） | 現在の信濃川の姿を見つめる | 歴史の中の信濃川と現在の信濃川の違いを現地で学習する | 樋熊清治氏 |
| 6/26（土） | 近代の信濃川と地域の発展 | 信濃川の漁場や航路開発などを近代以降の地域の発展について学ぶ | 上村政基氏 |
| 7/3（土） | 現代の信濃川と私たちの暮らし | 信濃川の大改修や水利用問題など現在に至るまでの動きを学ぶ | |

り立ち、目の前に流れる信濃川の姿を見つめながら、歴史の中の信濃川と地域の人たちの生活に思いを馳せた。

　市民にとっては身近な存在である信濃川だが、史料に基づいてその歴史を学んだことによって、現在の信濃川とは違う姿が見えてきたようで、受講者の一人T・Mさんは「日頃忘れている地域とともに流れている信濃川の姿を実感いたしました。」[33]と感想を綴った。

　加えてT・Mさんは、おそらく信濃川の取水問題などをふまえてであろうが、「私達の故里は、私達で守っていかなければならない。ここに住む人達の勤め(ママ)であると思いました。」[34]と、今後の決意を述べている。

　また、O・Kさんは、戦後、信濃川の堤防建設に尽力した中山龍次町長を引き合いに出し、「「十日町には何もない、この町は元気がない」と言われて久しいが、先人の苦労努力を知ればそんな呑気な事を言っている暇はないはず。(中略)今のように方向が見えないと言われている時代は、地域の歴史を学ぶ中に活路が見えてくるのではないでしょうか。」[35]と述べ、地域の将来を切り拓く意欲を見せてくれた。

　地域の歴史を学ぶことによってこのような意識が生まれてくることは、2の(3)で論じたような住民自治の主体形成や地域づくりを進める上での力につながっていく。この講座の開催当時、十日町市ではJR東日本の発電所での取水による影響で信濃川の水枯れ問題が大きな問題[36]となっていて、「信濃川をよみがえらせる会」などの市民団体の活動も活発に行われ、市民の大きな関心事であった。この講座はそうした地域課題に歴史的観点から迫るものでもあった。その意味で講座の内容と参加者の反応からは、企画した者として一定の手応えと成果を得ることができた。

## （2）妻有(つまり)の女性史講座—女性達が綴った妻有の歴史

　この講座は、近世以降、織物産業を根底で支えたこの地域の女性たちの労働や生活文化・風習などの日常世界を史料から学び、女性の生き方や社会のあり方を考えることを目的として筆者とは別の職員が企画し、表2のような内容で

開催した。なお、講座名にある「妻有」は当地域に存在した妻有庄という荘園の名に由来している。

1回目は、織物産地であった当地域の女性たちの労働とその経済力などを近世から近代にかけて学んだ。女性の機織に対する賃金は高く、家計の相当部分を占めていたことから女性の地位が高かったことなどは、参加者にとっては意外な事実であったかもしれない。

2回目は、女性が担っていた当地域の生活文化や風習について当時の写真を教材に使って学習が行われた。

3回目は、36豪雪（1960年12月26日から1961年1月6日）の時に、中京の紡績工場から年末で帰省中だった女性たちが遭遇した栃窪峠（現十日町市と南魚沼市の境にある峠）での遭難未遂事故を通して、当時の女性たちの工場労働の実態などを明らかにした。

最終回は、この地域の生活記録の実践『豪雪と過疎と』（未来社、1976年）が書かれた時代背景を学び、また当時実際に生活記録を書いた女性たちから生活

**表2**

| 期日 | テーマ | 学習内容 | 講師 |
|---|---|---|---|
| 1/22（土） | 越後縮から絹織物へ―織物産地を支えた女性達の情熱と悲哀 | 近世～近代にかけて織物産業を根底で支えた女性達の労働と織物に対する思いについて学ぶ | 佐野良吉氏 |
| 1/29（土） | 妻有の女性達が受け継いだ生活文化や風習 | 近代における女性の衣食住を中心とした暮らしぶりや育児等について学ぶ | 駒形覐氏 |
| 2/5（土） | 家族の稼ぎ手として女工に出た娘達 | 昭和30年代、紡織工場等に働きに出た娘達の苦労や生活について学ぶ | 住吉順二氏 |
| 2/26（土） | 高度経済成長期、豪雪と過疎の中に生きた妻有の女性達 | 生活記録『豪雪と過疎と』を全国的な視野から検証し、その時代を生き抜いた女性達の体験談を聞く | 堀恒一郎氏 |

体験を語ってもらうことによって女性の生き様を学んだ。

　講座終了後、受講者は「雪との戦いは、母から聞いていましたが、今のお婆さん世代の苦労も解りました。」「家事仕事の他に好きな事に夢中になる。この様な生活を生がい続けたい」「出かせぎ、出機（はた織り）、豪雪の中での道つけ、私達の先ぱいの女性達は、苦労しながら、でもその中で自分を高めるべく努力・学習していたことに感動しました。（中略）現在、テレビ、ラジオ、沢山の本、回りに余りにも多くある（学習の場）中で、もっともっと学ぶ努力をしていきたいと思いました。」（原文ママ）[37]といった感想を述べた。

　ここから読み取れるのは、この講座から浮かび上がってきた地域の女性たちの生き様—それは単に男尊女卑の風潮の中で生きてきたというだけでなく、冬の豪雪や織物産業での労働という十日町地域特有の条件に規定された女性たちの生き様—をとおして、今の女性たちは先人たちの苦労と創意工夫を学び取り、これからの自分の生き方を主体的に考えていく契機となったということである。これは学習方法こそ違うが、歴史学習を通して女性たちがその生き方を切り拓いていくという意味において、前述した草加市での自分史講座などと共通する学習成果といえよう。

### （3）2つの実践事例を通して

　このように公民館を中心とした公的社会教育の場では、様々なテーマの歴史学習の機会を創り、そこで学んだ市民一人ひとりが主体的な生き方を確立していく一助となり、また地域づくりに向けた力を培っている。

　ただ、この2事例の反省点を挙げれば、個々の参加者に一定の意識変容を生みながら、参加者全体として何か実践や行動を起こすような集団的力量を育てるまでにはならなかった。そのことは学習内容や学習方法のあり方はもちろん、講座企画時の目標がそこまで見据えて設定されていたのかが問われる。また、このような講座を何年か繰り返し開催し、参加者の歴史認識や参加者同士の人間関係がより深まってこそ、具体的な行動や実践につながるという面もある。

第 1 章　社会教育における歴史学習の展開

　いずれにしろ生活課題や地域課題を解決する力を育むことが問われる社会教育の場において、歴史学習を通しての個々人の意識変容と現実の課題解決を実践・行動していくための集団的力量形成との橋渡しをどのように行うか、実践の場で創意工夫が一層求められる。

## 4．今後の歴史学習の展望と課題

　世界的に見れば、経済のグローバル化、環境問題の深刻化、情報化の進展、国内においては政権交代が起こり、一方で地方都市や農村を過疎・高齢化が待ったなしで押し寄せる。そのような激動の時代だからこそ、市民一人ひとりが今起きていることや自分自身の存在を歴史的にとらえて、目の前の現実や自分がどのような歴史の流れから生まれてきているのか認識し、暮らしや社会の課題に対峙して行く必要がある。そのためにも、学校教育のみならず社会教育の場でも歴史を学び、自分なりの歴史認識とそれに基づいた自己認識を確立し、主体的な存在として生きるための学習機会が求められる。

　より具体的に言えば、学校教育で日本と世界における歴史の流れについてしっかりと把握した上で、社会教育の場においては、自分自身の歴史や地域の歴史を掘り起こし、あるいは学ぶことによって、自己・地域・日本・世界を相互に規定しあった歴史的な存在として把握し、歴史の財産や教訓を活かし、平和創造の主体として、地域づくり・自治体づくりの主体として、そして自分自身の人生を自ら切り拓いていく主体として生きていく力をつけていく歴史学習の展開を期待したい。

　しかし、「現代認識の問題性」の中での「日本の大衆における「学習」が、啓蒙主義、教養主義の域を脱し切っていないことが、大衆の弱点を形成しているのだ」[38]という上原専禄の指摘を振り返ると、私が関わった実践も地域の課題に立ち向かう力となるにはまだ十分ではないし、社会教育の場で行われている多くの歴史学習はそのような弱点を現在も脱しきっているとは言えないだろう。

第Ⅱ部　「社会教育」のなかの歴史学習

　またそれ以前に、公民館をはじめとする公的社会教育の場では、近年歴史学習の場が次第に少なくなっている感が否めない。中でも、平和・反戦を意識した歴史学習は公的社会教育の場では特に少なくなっている。

　あらためて多くの社会教育の場で歴史学習が展開されることが望まれると同時に、学習者の主体形成まで見通した、質の高い歴史学習の展開が望まれる。

　そのためには2つの課題が考えられる。

　1つは学習者の主体形成を見通した歴史学習の機会を企画できるだけの専門性をもった社会教育職員が自治体の社会教育の現場に配置されるとともに、社会教育職員の養成・研修課程において歴史学習の意義をきちんと学ぶ機会が用意されることである。

　もう1つは、地域の歴史を伝えることができる人材の養成・確保である。筆者が紹介した2つの事例においても講師の方々はかなり高齢になっており、地域の中ではあの人たちが亡き後は、誰が地域の歴史を語り継ぐのかという不安の声は大きい。これはおそらく全国的に共通する問題ではなかろうか。

　日本の近代や戦争体験をリアルに語り継いでゆく人材の減少は、社会状況や社会教育職員の力量と合わせて、歴史学習の機会が社会教育の場から減りつつあることの要因ではなかろうか。そのためにも歴史学関係者には、学校教育だけではなく社会教育の場においても歴史学の研究成果を活かしたり伝えること、地域住民と地域史研究を共同で行う過程において地域史を語り継ぐ人材を育成することに問題関心を一層強くすることが求められる。実際、『歴史学研究』や『歴史評論』の全掲載記事を国立国会図書館の雑誌記事索引によって「社会教育」「生涯学習」「公民館」などの語で検索しても、本論の冒頭で紹介した『歴史評論』の特集記事以外は、片手の指で数えるほどしか見つからないのが現状である。

　生涯学習社会の実現が叫ばれる今日において、生涯学習社会実現のための中心的な役割を果たす社会教育における歴史学関係者の貢献をぜひ期待したい。

第1章　社会教育における歴史学習の展開

1）「特集にあたって」(『歴史評論』2008年9月号)、1頁。
2）公的社会教育における歴史学習の場として博物館もあるが、ここでは公民館等における社会教育実践を中心に記述する。
3）長野県飯田・下伊那主事会「【提案】公民館主事の性格と役割」(小川利夫編『日本の社会教育　第9集　現代公民館論』東洋館出版社、1965年)、181頁。
4）同上。
5）同上、181頁及び185頁。
6）室俊司「学習者の理解」(碓井正久編著『教育学叢書16　社会教育』第一法規、1970年)、105頁。
7）同上。
8）同上、107頁。
9）同上。
10）同上。
11）上原専禄「現代認識の問題性」(『岩波講座現代1　現代の問題性』岩波書店、1963年)。
12）「学習権宣言」(1985年3月、国民教育研究所訳)。
13）同上。
14）鈴木敏正『自己教育の論理　主体形成の時代に』(筑波書房、1992年)。
15）同上、115頁。
16）同上、106頁。
17）同上。
18）自分史学習や生活史学習の系譜については上田幸夫「「生活」と「歴史」をつなぐ「自分」の発見―「自分史学習」の系譜」(横山宏編『社会教育実践双書2　成人の学習としての自分史』国土社、1987年)に詳しい。ここでの記述もそれによる。
19）横山前掲書、11頁。
20）宮澤郁子「女性と自分史学習」(横山前掲書)。
21）横山前掲書、78頁。
22）同上、79頁。

第Ⅱ部　「社会教育」のなかの歴史学習

23) 同上、99〜101頁。
24) 川村善二郎「公民館における歴史学習と平和学習―講師の立場から―」（『月刊社会教育』1989年7月号）、18頁。
25) 渡辺賢二「戦争遺跡保存運動の取組みの意義と広がり―登戸研究所を中心に」（『月刊社会教育』2008年8月号）この運動の結果、明治大学平和教育登戸研究所資料館が2010年3月29日に開館された。
26) 同上、24頁。
27) 井口容子「平和な世界創造に立ちあがった、なにわの女性たち」（藤田秀雄編『社会教育実践双書6　平和学習入門』国土社、1988年）。
28) 北田耕也「国民文化論―地域に根ざす国民文化創造の課題―」（小川利夫編『講座・現代社会教育Ⅰ　現代社会教育の理論』亜紀書房、1977年）、381頁。
29) 同上、382頁。
30) 池上昭「地域の現代史を学ぶなかから」（『月刊社会教育』1980年6月号）、後に、池上昭編『青年が村を変える　玉川村の自己形成史』（農山漁村文化協会、1986年）に所収。
31) 同上、42頁。
32) 中野町子「住民主役の「ふるさと運動」」（長澤成次編著『公民館で学ぶⅡ　自治と協同のまちづくり』国土社、2003年）。
33) 講座終了後のT・Mさんの感想文より。
34) 同上。
35) 講座終了後のO・Kさんの感想文より。
36) その後、この問題はJR東日本の信濃川発電所において不正プログラムによる違法取水が発覚し、2009年2月に国から水利権を取り消された。JR東日本はその後、十日町市など信濃川沿いの自治体に謝罪及び水利権再申請のための協議を行い、2010年4月に国土交通省へ水利権の再申請、6月に許可された。今後、地域の自然環境との共生が注目されている。
37) 「女性達が綴った妻有の歴史講座」受講者アンケートより。
38) 上原前掲書、36頁。

# 第2章 「ちぎられた心」のすがた
—— 癩（らい）を病んだ子どもと「絆」——

西 浦 直 子

## はじめに

　フロレンス・ナイチンゲール『看護覚え書き』[1]には、苦痛を訴える言葉を持たない子ども（乳幼児）の看護、なかでも「観察」の適切さに、その看護婦の資質が最もよく現れると書かれている[2]。

　筆者が勤務している国立ハンセン病資料館の2008年度秋季企画展「ちぎられた心を抱いて─隔離の中で生きた子どもたち─」において展示した子どもたちの多くは、癩[3]という病による心身の苦痛をいたわられなければならない、そのために頼り甘えることができる人から見守られなければならない、つまりナイチンゲールのいう「観察」が、長期にわたって必要な存在であった。

　現在の日本はもとより、この企画展で主たる対象時期とした1910年代から1950年前後の日本では、子どもが病んだ時の「観察」の担い手は親、ことに母親であったろう。戦後、小児科医であり思想家として子と母、家族のありようについて発言し続けた松田道雄は、ベストセラーとなった『育児の百科』[4]の中で幾度となく「母親はもっともすぐれた観察者である」と繰り返し、子どもの異変に対する「慧眼な母親」の役割を強調している。子はそうした存在に保護され、頼りながら、病を乗り越え─あるいは病と共に─育つ。

　しかし癩を病んだ子は、その存在から引き離されて療養所に隔離され、「頼る」「保護される」居場所を失った。それは生き別れであった故に、子どもの心を引きちぎった。幼くしてこの病を発症するということは、らい菌に対する免疫能の低いこと、つまり症状が重くなりやすいことが多く、それだけでも子どもの心身の苦しみは大きかったろう。それに加えて、こうしてちぎられた心

を抱いたまま生き続けることを強いられた子どもたちの姿を描く、それがこの企画展のテーマとなった[5]。

　ハンセン病資料館の常設展示では、1993年の設立以来リニューアル後を含めて、患者であった子どもたち[6]について「学校」という視点から構成しており、子どもたちの暮らしや思いをそれとしてとりあげた展示は必ずしも行っていない。それ故に展示からこぼれ落ちた、ただ癩を病んだだけの子どもの姿を展示するという構想は、常設展示の豊富化を目指すと同時に、限られた常設展示室内で取り上げることが難しいテーマを切り出すという企画展示の性格にも合致し、2007年より立案され翌年開催されることになった。対象とする時代の設定は、初めての公立癩療養所が設置された1909年から、治療薬開発後まもなく（1950年前後）までを主とした。1950年代以降に入所した子どもたちは多くが治癒して社会復帰を遂げ、その姿に大きな違いが生まれるためである。

　本企画展展示図録（以下『図録』）の解説で述べたとおり[7]、子どもたちはある日突然、ときには全く自分の病について知らされずに、癩療養所という生涯の隔離の場へ連れて行かれる場合が多かった。たとえ病名を知っていても、それが家族との終の別れになるとは思わずに「きっと治って帰る」という希望を持って入所した子どもたちがほとんどであった。しかしその後の人生は、子どもたちにとって支えとなる人との距離をかみしめながらの時の積み重ねとなった。そのくらしと思いのすべてをとりあげることには無論限界があるため、本企画展の課題は子どもたちの日常のあらましをたどりながらも、子どもたちの心の底に流れ続けた、生きる支えとなったものをとりだすことに重点を置いた。

　本章では、展示制作の過程を追い、かつその中でも重点を置いた「心の底」[8]の様相について検討したい。

## 1．立案・制作の過程から

　本企画展の直接の端緒は、立案から数年前に、療養所に入所していた小学3

第 2 章　「ちぎられた心」のすがた

年生の男の子の詩を読んだことにある。詩は「ばら」というタイトルで、赤、黄色、白、それぞれに咲いたばらの花について綴り、赤いばらを讃えた後に「白いばらが一ばんすきだ」と書いていた。赤いばらをきれいだと誉めながら、この子はなぜ、白いばらを好きだとだけ書いて、その理由を書かないのだろう？　この子どもにとって、大切な記憶が白いばら、あるいは白い花に結びついているのではなかろうか？小学生で入所しているのであれば、親と離れて少年舎でくらしている可能性が高い。筆者の想像を裏付けるものは何もないが、この詩は、手の届かない記憶をうたったものかもしれない、とその後もたびたび思い出された。

　もう一つのきっかけは、うどん縞の袷を着たひとりの少女の写真であった。本企画展広報および『図録』表紙に掲載したポートレイト（写真）である。この写真は、ハンセン病資料館がリニューアルする2007年以前から、常設展示室内で医学的見地からみた隔離政策の誤りに関する記述や医療器具などの傍らに、軽症の例を示す資料として展示されていた。写真の背景にある建造物や着用している療養所からのお仕着せの着物等から推して、おそらく1920年代から1930年代に撮影されたものであろう。少女の引き締まった眉と大きな瞳は、何かを見つめるように一点に向けられている。首筋から頬にかけての皮疹の症例記録と思われるこの写真について、2005年までの展示では次のようなキャプションが付されていた。

　　頸の辺りに早期の皮疹がみえる。これほど早期で軽ければ、隔離は必要なかったろうし、自然軽快の可能性も大きかった。連れてこられたときは、女の子らしい着物姿で来たのだろうが、貧しいうどん縞の着物を着せられている。勝ち気そうな子だが、肉親から引き離された運命を解しかね、どことなく淋しさの漂う様子が哀れである。

第Ⅱ部 「社会教育」のなかの歴史学習

　撮影当時の目的とは別に、写真から隔離の当否と、少女の思いを引き出そうとしたこのよみとりは、一入所者の症例写真として通り過ぎられてしまうかもしれなかった資料をすくい出した。

　これまで「患者としての子どもたち」についてまとめられたものは、学校という場からの叙述が多い[9]。子どもたちの暮らしについても、隔離の衝撃や狭い病児の社会の陰湿さなど、「いかに苦しく辛かったか」に目が向けられる傾向があった[10]。しかし設立以来、ハンセン病資料館が、苦しく辛い思いだけでは生きてゆけない患者・回復者の人間像を示してきたこと[11]、被害と苦痛のみが回復者の現実ではないこと[12]を踏まえれば、病んだ子どもなりの生きる支えの存在[13]と、辛く苦しいだけでは構成できない―生きられない―世界が子どもたちの中にもあったことを示すことが必要と考えた。そしてそれも含めて、療養所に生きた子どもたちの哀しみとは何かを改めて見直すことも課題となった。

　ただし展示として立案・制作するにあたっては難点が多かった。例えばベースとなる子どものくらしを特徴付けるモノとしての資料が少ない。それは第一に、療養所入所者は個人のスペースが限られていること、加えて居室移転の多い療養所という環境では自分の手元にものを残すことが難しいことによる。残していたとしても、そうした環境下で子どもの頃から手元に持っているものは、自分の存在を隠す家族からの手紙や生家での写真など、故郷や身内にかかわる大切なもの、簡単には他人に見せられない品となる。第二に、子どもが入所していた時代の療養所では、子ども用の物品が用意されていたことは少なく、和装であれば着物は大人向けのものを肩上げし、食器も大人と同じものを用いていた。鎌や鍬などの作業道具も然りである。無論これらを通して子ども用のものがない世界に生きる子どもを展示することはできようが、それでも療養所に子どもたちがくらしたことを跡づける展示をいかにするかの問題は残る。少年・少女団の制服などはあったが、現在館内外で入手することは困難であり、結局寺子屋式の学園を含めた学校で用いた資料が多くを占める。このような場合に、それ以外の「子どものくらし」を特徴づけるものを求めれば、テ

第2章　「ちぎられた心」のすがた

キストや画像、証言に依拠せざるを得なくなる。

　しかしテキストや証言に依拠した展示の場合、テキストにはそれをふるいにかけ添削する同時代の大人（入所者・職員）の存在があり、証言は証言者が大人になってからの何十年も経た回想である。またテキストは主に、戦時期までの所内の「学園」、あるいは教育基本法施行後に所内に設けられた療養所所在地の公立小学校・中学校の分校で盛んだった文芸活動の成果である作文・短文芸だが、原稿等の文書資料として存在するわけではない。少数の作文集、もしくは各療養所の入所者自治会機関誌などの活字媒体からの引用になる。一方画像は、多くが職員によって撮影された記念写真的なものであり、従って季節の行事や慰問など、儀式的な部分を切り取っていた。

　こうした状況で果たして何を展示できるかを検討しながら、子どもの像を掘り起こす作業を並行して進めた。自治会機関誌に掲載された子どもたちの作文・短文芸、あるいはその抜粋としてまとめられた文集の「読み直し」と、10代前半までに入所した回復者からの聞き取りである。しかしこの過程で、ある落差に気付いた。それが、前述した、辛く苦しいという枠に子どもを押し込めず、かつ子どもたちが心の底で求め続けたものを拾い上げることにつながった。

　落差の一つは、文集に掲載された作文・短文芸の多くが、ふるさとや家族への思いをどこかに忍ばせているのに対して、写真では子どもたちの笑顔、誇らしげな姿が残されていることであった。当時の写真撮影が主に行事などの記念撮影であったという前述の状況を思えば、例えば七夕の笹飾りをつくる楽しげな姿や、鯉幟を前にした子どもの笑顔は当然のことであろうし、行事そのものは確かに単調な療養所の生活に色彩をつけるものだったであろう。しかし同時に、

　　皆んなで鯉幟をたてました
　　うれしいような悲しいような
　　へんな気持ちになりました
　　故郷で兄弟と楽しく立てた時の

第Ⅱ部 「社会教育」のなかの歴史学習

　　事が目前にありありと浮かんできた
　　故郷の方もきっと幟を立てて
　　私の事を思っているにちがいない
　　幟を立てたその晩は、夢で
　　お母さんが幟を立てた下で
　　私を呼んでました
　　私は、はっと思って
　　目がさめた[14]

という詩のように、節句や盆暮れを中心とした行事に関する作文や短文芸には、かつて故郷で同じ季節・祭を祝った思い出が多く綴られていた。つまり文を綴るときに改めて言葉になる故郷への思いと、行事の場での表情との落差が浮かび上がるのである。大人になってから発症した患者が、癩の宣告に絶望し、信仰や放浪の虚しさと世間の心ない視線に疲れて絶望の果てに孤独に入所し、故郷を半ば諦めと同時に遠く想う姿とはうらはらに、子どもの故郷への思慕は、こうした文芸の形でたびたび表出する。子どもながらの祝い事や何気ない遊びの場が、却って子どもたちの故郷での記憶を絶えず思い起こさせるという「日常」。どの角度から「底」をみるのか、について、この落差が教えてくれた。

　もう一つは、大人の入所者（寮母・寮父、あるいは補助教師という立場から子どもに関わった人たち）の記録にあった。多くは散文として残されているが、そこに記された大人の気づきは、文中の場面に織り込まれた存在である子どもから見直した時、全く別の様相を呈することがあった。多磨全生園で戦後長く少女舎の寮母をつとめた津田せつ子は、「『おばさん』と呼んではあわてて『おかあさん』と言い直しをしていた小学四年の少女が、すぐに親しんで、おかあさん、おかあさんとまつわりついてくれるかわいさに、私はうれしさを隠しようがなかった」[15]と書いている。寮母は子どもたちにとって多かれ少なかれ大切な「隣る人」[16]であったろうし、子どもを持つことを許されなかった療養所に生きた女性の切なさをも語る場面ではあるが、少女はこのときどんな思いで

第 2 章 「ちぎられた心」のすがた

「おかあさん」とまつわりついていたのだろうか。

　これらの落差を鮮明にするため、当初の構想にはなかった、かたちにならない思慕を「絆」というタイトルの一つのコーナーとして独立させることにした。この新たな構成割を活かすためにも、展示では、テキストそのものをメインの資料とした。そして通常の展示とは逆に、モノ資料はその状況を示す補完的存在とし、テキストから立ち上がる思い、風景を想像することを第一の目的にした。写真の大部分はむしろ、テキストとの落差を見る者に感じさせること、およびモノ資料と同様に子どもたちの生活の説明的な役割を持たせることとした。テキストパネルの統一された背景色であるオレンジのグラデーションは、聞き取りに応えて頂いた一人の女性の、家を離れるときに見た最後の夕焼け空の強烈な印象をモチーフにした。

　コーナーの構成は、展示室を2つのスペースにくぎり、前半を「入所」「子どもたちの世界」「少年舎・少女舎」「治療・作業」とし、入所前のいじめ、療養所に置きざりにされる恐怖やきっと治って帰るという希望、入所後のくらしについて展示した。ここでは、大人が入所してくる場合との違いを随所に挟みながらも、癩療養所という場の基本的な要素を子どもも経験することを主眼とした。後半は「読み書き、学校」「遊びと四季」「手紙、面会」「絆」とした。子ども特有の世界を構成するものを集め、前述のような落差とともに、前半部分のスペースにもかかる壁面を利用して最後のコーナーである「絆」を配置した。「手紙、面会」「絆」は活字に起こしたテキストのみという異例の展示になったが、結果的にはここをじっくりと読み込む来館者が多かった。そして1番最後に、ある入所者が大切にしていた入所前の母との写真、そして一部の作文の出典となった子どもたちの文集を展示した。

　こうして振り返ると、計画段階では想定されなかったテキスト中心の展示というスタイルにしても、展示の着地点にしても、「絆」というコーナーの存在が要となった。この「絆」のありようについて、癩以外の病を負った子ども、その親の姿もひきながら以下で考察したい。

## 2．「絆」について—共感の可能性

「まあ、半年くらいしたら帰れるようになるから、っていうことで連れて来られて。それで、朝、目が覚めたらもう両親はいなかったと。」[17] こうした突然の別離は、子ども時代に入所した回復者にとって決して珍しい話ではない。しかも入所後には、少年・少女舎の、同じく患者である寮父母を父、母として暮らす生活が待っている。「親（寮父母）はもう、完全だったね。お寮父さんはお父さん、お寮母さんはお母さんって言うてね、そう思って少女舎過ごしたからね。」[18]

それでも子どもたちは故郷の親を恋う。

> 私はふと悪戯に小さい子に「お母さん……って呼んで見なよ！ あんた兵庫県だろう？ 聞こえるかも知れないよ…」と私が言うとその子は「聞こえるかなあ！ 本当に…」と驚ろいた様に、そしてしかし、人をはばかり乍らも立って「お母ァさんー」と口を尖らして叫んだ。他の子が其の子の妙に必死そうな声に半ばあわてて「…聞こえっこないよ。あんた、馬鹿やなあ」と突然言った。すると「ちぇッ…聞こえんのか？」と、其の子は大きな目を瞠って、照れ臭そうに言った。私は其の子を笑った友達を見た。そしてその友をにくんだ。必死な叫びを以て、あるものを期待している其の子の楽しみを惨にも奪ってしまった事を…[19]

この文が書かれた岡山県の長島愛生園は瀬戸内海に浮かぶ離島にあり、兵庫県まで声が届くはずはない。しかし「聞こえるかなあ！」と言ったとき、その「小さい子」には戸惑いと同時に確かに喜びがあったはずである。

その思いを喚起する親のありようについて、J. ガンサー『死よ 驕（とう）るなかれ』[20] は一つの示唆となる。この書では彼の10代半ばの息子であるジョニーが、死をもたらす病（悪性の脳腫瘍）と闘う姿が綴られており、そこではジョニーの親に対する視線よりむしろ、親が闘病する子に向かい合うときの苦しみ、あがき、そして子への尊敬が描かれている。そのなかに、子が親を絶えず思いや

第 2 章　「ちぎられた心」のすがた

り、少しでも病児を看ることの苦悩から両親を解放しようとする姿がたびたび織り込まれているのは、本書が自分の子の闘病をとおして人間が死と闘うことの尊厳を訴えようとすることに依る部分が大きい。この点は大きな感動を呼ぶが、一人の親としてこの書を読むとき、こうした感動が、読者が「親たることの苦しみ」を体感していることによって増幅され、またそれでこそジョニーの心遣いも読み手の心を打つことに気づく。それは喜びの声をあげ笑顔を見せる子どもの姿と、病に苦しむ子どもの姿の両方についての、具体的な記憶を持っているからこその感動であり、病児に寄り添って手を握り、熱に乾ききった唇を見つめた経験を持つ親——おそらく子を育てれば数度は経験するだろう——として持つ記憶がそうさせるのであろう。ジョニーの両親は、その中にいてさらに病む子の思いやりを受けたからこそ苦しかったに違いない。逆にジョニーは、自分のために悩み、尽くす両親の毎日を支えることによって、自らの闘病を生き抜いた。

　ジョニーの母は、「私たちはもっとジョニーを愛しておきたかった」とふりかえり、世の親たち——子どもの養育に伴うせわしさやいらだたしさを感じているであろう親たち——に言う。「でも、お子様は生きておいでになるではありませんか。」「あなたはお子様に触ってご覧になることができるのです」[21]。しかし癩患者として療養所に赴かねばならなかった子どもの親は、子どもが生きていてもその肌にふれることは叶わなかった。

　ここには、手放したくない、と思っていても、子どもとの生き別れを選ばねばならない親の苦悩が隠されている。「もっとジョニーを愛しておきたかった。」という、決して慰められることのない思い、しかも死別より辛い別れが、療養所に子を送った親の思いとして想像されなければならない。子どもを療養所になど入れたくない、隣近所から隠してでも手元に置きたい、だがそうすれば周囲が黙っていないだろうという恐れと逡巡の果てに、「一年か二年したら帰ってこられるから」と言い聞かせて子どもを手放す。さらにその後には、遠く離れた子を思う苦しみと、家から癩を出したことを隠し通す（知られていれば誹謗中傷に耐える）ために周囲に哀しみを見せられない苦悩が待っている。

第Ⅱ部 「社会教育」のなかの歴史学習

　しかし、送り出す前、あるいは別れ際の親の嘆きと、入所してからの手紙や面会を通して親の涙を目の当たりにする子どもたちは、むしろ親の嘆きを自分が愛されている証として生きた。ある70代の回復者は、聞き取りの場で私がもらした「ご両親は、本当は（あなたを）手放したくなかったでしょうね」という言葉に、間髪を入れず「そりゃ、そりゃそうでしょうよ」と言った。何を当たり前のことを言うのか、という口調であった。親の涙は子どもの哀しみであると同時に生きる支えであり、療養所に生きた子どもたちの日常の底に流れるもの、すなわち絆だった。

　　てすりにもたれている友
　　目かくししようと思って
　　そっと後ろに回ったら
　　手紙をもって泣いていた[22]。

　子どもにとってつらかったのは、その絆を繋ぐ、すなわち生きる支えの表現が自身の涙だったことだろう。そしてその涙は、おおっぴらに流せるものではなく、秘められたものになりがちであったことが、さらに子どもたちの苦しみを深めただろう。

　もちろん他の病の子どもにもその思いはあった。鈴木聡子『さと子の日記』[23]は、先天性胆道閉鎖症の少女聡子が、14年4ヵ月の生涯の約半分を綴った日記をまとめたものである。聡子は生後1年保たないと言われた命を生き延び、しかし自宅から地元の「普通学級」には通えずに、県内の国立療養所天竜荘（現：独立行政法人国立病院機構　天竜病院）に入所し、病院から200メートルほど離れた天竜養護学校に入学・通学することになった。大人と子どもが入り交じった病棟に暮らし、ネフローゼ、腎炎、肺結核、自律神経失調症、ぜんそく、リューマチなどの病気を持つ小中学生が通っている学校である。日記には、本が好きで作文が好きで、さまざまな思いを綴った一人の少女の思いが断片的に描かれている。

　聡子は夏休みと冬休み、自宅に帰省した。入院して2年目、聡子は短い帰省の後に天竜荘へ戻るときの様子を次のように綴っている。

## 第2章 「ちぎられた心」のすがた

　一月七日（火）　また天竜の養護学校にかえってきました。送ってきたお母さんたちがかえるとき、私は、なみだが、ポロポロ出て、泣き出してしまいました。あとで、どうしてあんなに泣いたのかなあと思いました[24]。

「どうしてあんなに泣いたのかなあ」という思いに、生きるために吹き上がる思いを、生きるために「忘れる」聡子の、「慣れてきた」姿がみてとれる。しかし、12歳になったばかりの夏、短い帰省期間も過ぎて家を後にした日、聡子はこんな日記をつけている。

　八月二十日（日）　はれ　きょうは、天竜荘に帰る日です。十日間の外泊も終ってしまいました。朝から、持っていくものの仕たくをしたり、名まえをつけたり、一日がとても短く終ってしまった。まだ、家でやりたいことも、いっぱいあったし、食べたいものもあった。でも、それも今日かぎり。
「今日は、お姉ちゃんの家へ帰るんだね」
と妹にいわれて、返事ができなかった。天竜荘なんて私の家なんかじゃない!![25]

　聡子の日記はほとんどが天竜荘での生活の様子や、友達や先生との（葛藤も含めた）つながり、そして病状に関する記述で占められているが、帰省のときの日記には町なかの人びとによる症状への冷視や、常に家で暮らしていない故に味わう悲しい思いがつきまとっている。しかしそれでも、これだけ激しい筆致で書いているのはここだけである。聡子は続けて、妹がそう言うのも仕方がない、と書いているが、自宅と療養所を往復し続けることが定められた子どもだからこその、後ろ髪をひかれる思いと諦めが交錯している。

　この諦めと「どうしてあんなに泣いたのかなあ」という「慣れ」は、後ろ髪を引かれる思いと交錯しながら子どもの心を引き裂かれた状態に置きつづける。癩療養所の子どもたちにも同様の、囲いの中の日々に「慣れ」る中にも折々に浮かぶ故郷での記憶がよみがえるという背反性がここにある。しかし生きる支えになったのは、あくまでも故郷での記憶、親とのつながりであった。

　癩療養所では、子どもたちは年3回も帰省することはできなかった。しか

し、その子どもたちも、決して「家」と「療養所」との淵を覗かなかったわけではない。少年少女舎の子どもたちが寮父・寮母を「おとうさん、おかあさん」と呼ばねばならなかったときに感じた反感を、ある回復者は次のように語る。「だからね、私も（成人後に）少年舎の世話係で行けって言われてね、夫婦で行ったの。それでまず子ども集めて何を言ったか。僕の経験だけど、他人の人にお父さん、お母さんっていうことを言わなきゃいけなかった。それが僕は非常にショックだったと。これほどいやな思いをしたことはなかったと。僕にも父も母もいるのに。君たちにもいるはずだと。それを何で、他人にお父さんお母さんということを言わなきゃならないかと。これを僕は非常に後悔してるから君たちに言うと。おっさんと呼べと。うちの女房におばさんと呼べと。」[26]

　語り手はかつての痛みを想起してそれに向き合い、「この子たちも同じ痛みを感じるだろう」と思う。ここには子どもの頃に心に抱え続けた哀しみを大人として反芻する姿があり、大人になってからも、さわるとすーっと閉じるネムの木を見るたびに、この葉のように親に抱かれたい[27]、という思いを持ってきた、「子ども」の心を持ち続けて生きる姿を示す。これは、特に大人の来館者がみたときには、子を持つか否かに関わらず、親を愛し、親から愛され、あるいは愛されなかった記憶と今の思いを重ねる「呼び起こし」になる可能性を秘めている。

　正村公宏『ダウン症の子をもって』は、生後間もなくダウン症および心室中隔欠損と診断された息子「隆明」を育てる日々を、その母と父（正村）が静かに暖かく記しており、こうした愛し愛される喜びを、いくつも見つけ出してきた軌跡を見事に描いている。

> 　隆明が寝ようとしているころに、父が帰ってきました。私がいろいろ説明していると、隆明が父に向かって、二階を指さしてから、お辞儀をして見せました。
> 　父に、「そうか、お月様にお参りしたのか。よかったね」と頭をなでられ、ニコニコしていました[28]。

第2章 「ちぎられた心」のすがた

就寝前には、こんな挨拶をする。
> 私は、着替えもしないで、まず二階へ上がっていってみる。彼は寝床のなかでニコニコしている。私が手を出すと、握手をする。二言、三言、その日、学園で何をやったのか、というようなことをきいてみる。
> 彼の「うん、うん」という返事のかなりの部分はあてにならない。しかし、この会話は、情報の交換なのではなくて、親愛の交換なのである。
> 最後に、「おやすみ」をいうと、彼は「オヤピー」を返してよこす。「もう遅いから、黙って寝るんだよ」というと、素直な声で「うん」という。そういうふうにして、彼の一日が静かに終わるのである[29]。

ここに見られる親と子の「心のつながり」(引用部分の章タイトルでもある)は、重い障害を持って生まれてきた「隆明」との戦争のような日々のなかで少しずつ紡いだ、親子の「親愛」の情を私たちに見せてくれる。お月見の出来事を親に報告して頭をなでられ、親との愛の交換をして一日を静かに終える子どもは、一人の子どもとして十分に幸せであろう。正村はその幸せを示すことで、どのような病や障害があれ、その子は一人の子どもでしかないことを十分に表し得ている。

癩療養所の子どもたちは、この幸せを求めていた。前出の津田せつ子は記している。

> いじらしかったのは、夜床に就く時(小学生は九時にやすませていた)、
> 「おとうさん、おかあさん、おやすみなさい」
> と私の部屋に挨拶に来て、床に入るその小さな後ろ姿を見る時だった。私が京子の枕元で本を読んでやり、眠ったようなので、布団の周りを手で押さえるようにしてそっと部屋を出ようとすると、
> 「おかあさん、おやすみなさい」
> と声をかけてくる。
> 「おやすみ…」
> 返事をして廊下に出ると、
> 「おやすみなさい」

と追いかけるように言う。その声音がなぜか、私の心に引っかかった。胸がじんと熱くなるような思いがした。母を離れている淋しさを、友だちのない一人ぼっちの淋しさを、こらえているような、そしていくらか私たちに甘えているような、そんな思いがその声音にこもっているような気がしてならなかった[30]。

　津田のふるまいと思いにみられるように、子どもたちが幸せを願う姿に、親でなければ共感できないわけでは全くないだろう。

　たしかに、子を育てるという経験は、自分の子をいとしく思った場面の想起から親を恋う子どもの思いへの共感を促すだろう。企画展を見たある来館者は「おそらく自分が今、幼い子供の母になっていなければ、こちらの企画展の写真（93頁掲載写真…筆者註）に心を動かされ来館することはなかったかもしれません。子供を持ち、子供と離れなくてはいけない親の気持ち、また子供が親と離れどれだけの涙を流し、乗り越えて大人になっていき、病気とたたかったか想像すると胸が痛みます。」（33歳・女性）とアンケートに綴っている。場合によっては、「企画展は子を持つ親として何とも切ない気持ちで写真を見、子どもたち（今では高齢者ですが）の文章を読みました。文章の背後にある言葉では言い尽くせない万感の想いを推量すると辛く、悲しく不覚にも涙してしまいました。」（53歳・男性）という感想文のように「文章の背後まで」想像させるほどの力が、親としての経験にはある。

　しかし子どもたちの、あるいはかつてそうした子どもたちであった人の言葉は、ハンセン病を病んだか否かに関わらず、かつて子どもであったすべての人の哀しみを喚起する。「子どもたちの文、泣けて泣けて。あたり前の自由、幸がない毎日はどんなに辛かったでしょうか。私も小さい時に両親をなくし親戚に預けられ結婚してからも苦労のしどうしでした。32年前に別れ、昼夜働き子ども2人を育て、今はようやくの思いです。この子供たちにせめてもの思いをどのように表したらよいのでしょうか」（70歳・女性）「ハンセン病の療養者さんの小さい頃の話が、切実に書かれていて胸に迫る思いを感じました。子供にはいつの時代であっても笑顔で幸せであってほしいもの。両親と離れて暮らす

第2章 「ちぎられた心」のすがた

心寂しさ、うつろな瞳を見て"ちぎられた心"という言葉が身にしみました。」（30歳・女性）これらの感想をもった時、そこには「癩を病んだ子」ではなく哀しみを抱いて生きたただの「子」への共感があったのではないだろうか。

20代前半の来館者は、次のように綴る。「私は一人で来たのですが、小学生や幼児を連れた親子が来ているのを見て、彼らは我が子と重ね合わせてみて、どう感じるのだろうか…と思わずにはいられませんでした。（後略）」（20歳・女性）。来館者が展示を見ている「今」と、展示にある子どもたちの声は長い時を隔てているが、現在生きる人びとの思いを呼び寄せ、今を問う力を持つ。「病院のポスターを見て来ました（中略）私の所も重心（重度心身障害者施設…筆者註）で周囲からの視線が冷たく、親、兄弟の面会がほどんと無い方もいます。様々な疾患を理解していただけるような力になりたいです。」（22歳・女性）

## おわりに

来館者に、哀しみという隠しがちな、そして「暗い」といわれがちな感情に浸りきることを通して、その哀しみを支えとして生きることを強いた無残さへのためらいはないか、と問いかける。そのためらいが細い糸となって、いつかそれに抗う力になることを促す。人として感じるあたりまえの感情を喚起し続けることは、人が人として生きられないことへ抵抗する拠点として、欠くことができない要素である。誰もが子どもという時代を生きるが故に、病んだ子どもたちの声から受ける心の共振は大きな力を持つだろう。

治療薬がなかった時代には、幼少期にハンセン病を発症した場合、重症化して死亡するケースも少なくなかった。冒頭に示した少女も、同時代に少女舎に入っていたと思われる入所者に彼女の記憶がなかったことから、入所後間もなく夭折したことを窺わせる。しかし、今回の企画展では取り上げなかったが、特に治療薬が出来た後に発症した子どもたちには、その後の人生を歩んでいった足跡がある。1979年、多磨全生園内の中学校で事実上最後の卒業生となった

第Ⅱ部　「社会教育」のなかの歴史学習

子どもが次のようなエピソードを残している。

　　植物園へ行ったとき登美夫君が押す車椅子の隅さんをたまたま見たどこかの幼稚園児が「おじさん足どうしたの？」と聞いた。隅さんはすかさず「あれ、しまった、足をうちに忘れてきちゃった」と笑いながら答えると、その子どもは「あ、そう」と納得した顔で立ち去った。登美夫君は、その光景を目撃して心をゆさぶられた。これから生きてゆかなければならない人間としての姿勢を教えられたと彼は語った[31]。

「登美夫君」はもちろん、「隅さん」のように足を失っていたわけではない。しかしここにはハンセン病という痛みを背負った自分のこれからを、常に心の底において生きていく自分へのほのかな覚悟がある。それはすなわち、ハンセン病であるかどうかをはみ出して、人と人がどのように関わってゆくのか（隅さんと幼稚園児は祖父と孫ほどの年齢差があるにせよ）を、一瞬のやりとりの中から読み取った少年の構えでもあっただろう。

このように、幼少時からハンセン病を病み、また病んだ人びとに囲まれて育った子どもたち、人であることの学びを重ねたであろう子どもたちの「その後」をどのように描くか。「ちぎられた心を抱いて」の展示を見て、「邑久新良田高校については展示していないのか？」という声を数回いただいた。また療養所の中で生きることに抵抗し、垣根の中の高校へ進むことを拒んだ子どももいた。手法を含め、いかにその姿を展示するか、彼女ら／彼らの声を残してゆくか、課題として取り組みたい[32]。

---

1）F.ナイチンゲール著、西田晃編・訳『要約　看護覚え書き』（厚生社、1991年）。なおナイチンゲールの『看護覚え書き』はさまざまな訳・編集で出版されている。

2）前掲、F.ナイチンゲール『要約　看護覚え書き』75頁。

3）本章においては、「癩」、「らい」、「ハンセン病」の用語を時期・主たる対象によって適宜用いる。特に日本において幼少期にハンセン病を発症する

第 2 章 「ちぎられた心」のすがた

ケースは1970年代までに止まっていることから、同時期までのハンセン病のとらえられかたを踏まえることも含めて「癩」、「らい」の用語を用いる。
4) 岩波書店、1967年。その後改版を重ね、松田の逝去の後定本として現在も刊行され続けている。
5) 癩（らい）と子どもをめぐっては、患者としての子どもだけでなく、患者を親に持ち、共に療養所に入った子ども（いわゆる「未感染児童」）、患者を家族に持ち自宅で暮らした子ども、子どもを持てなかった患者等の問題があるが、ここでは「癩を病んでも一人の子どもである」ことに焦点を絞って、患者として入所した子どもについてとりあげた。
6) ここでの「子どもたち」は、10代前半までの年齢の患者を指す。療養所では15歳くらいまでの患者は少年・少女舎に、それ以上の患者は成人の舎に住むのが通例であった。1979年に多磨全生園から15歳の少年2人が岡山県の長島愛生園内に設置された県立邑久高校新良田分校（通称邑久新良田高校）に転園・入学し、15歳未満の入所者の最後となった。
7) 拙稿「解説」（『秋季企画展　ちぎられた心を抱いて　—隔離の中で生きた子どもたち—』国立ハンセン病資料館、2008年）。
8) この観点から、阿部安成は2009年、『「底」をみつめる—国立ハンセン病資料館企画展「ちぎられた心を抱いて」展によせて、大島療養所の逐次刊行物『藻汐草』から子どもの作品を転載する—』（滋賀大学経済学部 Working Paper Series No.114、滋賀大学経済学部、2009年8月）において本企画展について考察している。
9) 学園（学校）という場面での子どもの姿をおそらくもっとも丁寧に拾い上げたものとして、ここでは鈴木敏子『「らい学級の記録」再考』（学文社、2004年）を挙げておく。学校の教室という場にまではみ出してきた「絆」（後述）について、本企画展は取り上げなかったが、本書はその姿を多磨全生園内の分校の派遣教師という立場から、生徒の言葉やふるまいとしていきいきととらえている。なお熊本県合志市の菊池恵楓園における分教室については、やはり派遣教師の藤本ふさ子『忘れえぬ子どもたち　ハンセン病療養所のかたすみで』（不知火書房、1997年）が記録を残している。
10) 埼玉大学障害児教育史ゼミナール集団著・清水寛編『ハンセン病療養所に

第Ⅱ部　「社会教育」のなかの歴史学習

おける子どもの生活・教育・人権の歴史　第1集　国立療養所多磨全生園を中心に』(埼玉大学教育学部障害児教育研究室、1999年) に掲載された冬敏之の証言はその典型的な一例といえる。なお埼玉大学障害児教育史ゼミナール集団著・清水寛編『ハンセン病療養所における子どもの生活・教育・人権の歴史　第2集　国立療養所多磨全生園を中心に』(埼玉大学教育学部障害児教育研究室、2001年) 3頁には、「ハンセン病児問題」をめぐって検討すべき12の課題を挙げているが、その中には、療養所に生きた子どもたちの心的過程、生きる支えとなったものの検討はない。清水らの研究はそれまで注目されることのなかった癩(らい)療養所の子どもの生活に焦点をあて、回復者からの聞き取りなどを多く集めた貴重な業績であるゆえに、そこから引き出される可能性はまだ多く残されているであろう。

11) 高松宮記念ハンセン病資料館編『高松宮記念ハンセン病資料館10周年記念誌』(社会福祉法人ふれあい福祉協会、2004年) 130〜149頁「生きがいを創る」参照。なお国立ハンセン病資料館編『こころのつくろい　―隔離の中での創作活動―(2007年度秋季企画展図録)』(社会福祉法人ふれあい福祉協会、2007年) も参照のこと。

12) 拙稿「当事者の人生を非当事者が展示するということ　―ハンセン病資料館のリニューアルを通して―」(『博物館問題研究会会報』31号、2008年) 参照。

13) 細谷亮太『小児病棟の四季』(岩波現代文庫、2002年) には、小児ガンの子どもたちの生きがいが多く記されている。

14) 平美佐子「鯉幟」(『愛生』長島愛生園、1949年9月号)。

15) 津田せつ子『曼珠沙華』(渡辺立子発行、1981年)。

16) 菅原哲男『誰がこの子を受けとめるのか　光の子どもの家の記録』(言叢社、2003年) を参照。

17) 2007年9月、H・Gさん (長島愛生園) より聞き取り。

18) 2007年11月、有明てるみさん (菊池恵楓園) より聞き取り。

19) 田島康子「秋の感想」(長島愛生園教育部編『望ヶ丘の子供たち』(長島愛生園、1941年)。

20) ジョン・ガンサー (John Gunther)、中野好夫・矢川徳光訳『死よ　驕るな

## 第2章 「ちぎられた心」のすがた

　　かれ』（岩波新書、1950年）。
21) 同上、285頁・294頁。
22) 千代子「友だち」（『愛生』1937年3月）。
23) 鈴木聡子『さと子の日記』（ひくまの出版、1982年）。
24) 同上、74頁。
25) 同上、147頁。
26) 2007年11月、工藤昌敏さん（菊池恵楓園）より聞き取り。
27) 同上。
28) 正村公宏『ダウン症の子をもって』（新潮社、1983年）、134頁。
29) 同上、147頁。
30) 前掲『曼珠沙華』99〜100頁。
31) 氷上恵介「感傷旅行」（氷上恵介『オリオンの哀しみ』氷上恵介遺稿集出版会、1985年）、52〜53頁。
32) 佐久間建「近現代日本ハンセン病史における「子ども」と「教師」――"負の経験"をこれからの人権教育に生かすために――」（上越教育大学修士論文、2007年3月）第3章「「ハンセン病の子ども」の青年期における「生きる力」の獲得」は、「「ハンセン病の子ども」の成長と「生きる力」の獲得の過程」について、苦悩や自死も見すえながら人間として育ってゆく足どりを考察している。

# 第Ⅲ部　戦争史・現代史教育実践の試み

第Ⅲ部　戦争史・現代史教育実践の試み

# 第1章　冷戦後世代への歴史教育
―― 戦争学習と近現代史学習 ――

長　谷　川　利　彦

## はじめに

　私は、1980年代後半から、非常勤講師として中学校の公民的分野（以下『公民』と表記）や高校の『政治・経済』を担当し始め、のちに常勤となって高校の日本史や中学校の歴史的分野などで授業を担当してきた。それ自体は、様々な事情による偶然ではあるが、それによって、歴史教育と公民教育あるいは社会科教育との関係を考える機会を持った。本稿では、その課題には直接答えることは出来ないが、中学『公民』や高校『現代社会』で日本近現代史をどう取り扱ってきたかを述べ、その上で高校『日本史B』の授業実践で考えてきたことを述べていきたい。

　それは、現実の社会に対して能動的に参加できる主体を形成するための社会科の授業実践として、日本近現代史の授業を位置づけようというものである。言い換えれば、現実の問題を歴史的に捉えるという資質を養っていきたいと言うことである。その場合、授業実践を1時間の授業ではなく、一連の歴史的流れの中で何を主要なテーマにしていったかを検討の対象にしている[1]。1の（1）～（3）は、中学『公民』と高校『現代社会』の実践を紹介しているが、現代社会を日本近現代史のなかに位置づけるという観点で、15年戦争史を描く基本的枠組みを紹介している。（4）では高校『日本史B』での授業実践を、加害の問題を中心に紹介している。2は、戦争学習をどう進めていくのか、何が課題なのかについての問題提起を行っている。

第1章　冷戦後世代への歴史教育

## １．1990年代と2000年代の授業実践
　　　―『公民』・『現代社会』と『日本史』―

### （１）中学『公民』の実践（1990年度）
　　　―私立大学付属の中学・高校一貫校の中学１年―

　私立大学付属の中学・高校一貫の女子校で、中学『公民』を担当した。この学校は、生徒指導や学習指導の上で、特別な困難を感じることはなく、かつ比較的自由に授業を進めることができた。授業は、中学社会の公民的分野を直接始める形ではなく、15年戦争史の学習から『公民』学習にはいるかたちをとった。15年戦争史学習については、安達喜彦編著『15年戦争史学習資料（上・下）』[2] の資料を多用し、自作プリントを中心に授業を進めた。ただし、提示した史料を歴史の文脈に位置づけるために歴史的分野の教科書[3]も適宜利用するようにした。たとえば、柳条湖事件を報じた『東京朝日新聞』の1931年9月19日付の号外を提示し、「暴戻なる支那軍が満鉄線を爆破し我鉄道守備隊を襲撃したが我軍はこれに応戦した」[4]という記事を読ませ、この事件について教科書ではどう書いてあるかを比較させた。それによって国民に真実が知らされなかったことに気づかせた。また、記事には「急行列車が奉天に午後十時に到着した直後に行はれたもので右列車は危うく難を免れた」とあるが、これも実際には爆破のあとに急行列車が通っていることを、奉天特務機関員花谷正の手記を利用して提示した[5]。教科書は当時の報道と真実が異なることを示し、かつ事件の歴史的意義をおさえるために利用した。教科書は、通史のなかで歴史事象を位置づけるためには有効であり、次項（２）の高校『現代社会』では、歴史の教科書を使う条件がなかったために、歴史的説明に苦慮した。

　この一連の授業における基本的な枠組みは、現代社会を読み解くために15年戦争史を学ぶというものである。第１に、言論の自由、思想の自由が奪われている中で戦争へ突入していったことを指摘した。とりわけ、治安維持法下で、戦争の真実を知らされていなかった国民が戦争を支持していったことを強調した。第２に、国民が戦争を支持していった背景として昭和恐慌下の社会をおさ

第Ⅲ部　戦争史・現代史教育実践の試み

え、かつ日本人の中国・中国人蔑視の考え方があったことを強調した。第3に、戦争の下で障害者の人権が踏みにじられていったことを、『もうひとつの太平洋戦争』[6]を使用して強調した。同様に、第4に、現在につながる問題の1つとして、在日韓国・朝鮮人問題を扱った。この点は、生徒の中には在日コリアンと思われる名前を名乗っている生徒がいただけに正確に伝えていく必要があると考え、意図的に進めた。さらに、第5に、アジア侵略の実態をシンガポールの日本軍による虐殺事件、南京大虐殺事件などを通じて教えていった。その際には、軍票の実物や写真資料[7]などを多用した。第6に、広島、長崎への原爆投下を、アメリカがなぜ原爆を投下したかという視点で扱った。

　『公民』学習の重点を、基本的人権の尊重、平和主義の日本国憲法の意義におき、再び戦争を起こさないようにするために必要な条件を、過去の過ちの検証から考えていこうとするものである。その意味では、戦争の反省を現在に直接つながるものとして構想した。本稿では詳述できないが、経済学習に関わるものとしては、戦後改革が高度経済成長の基礎を形作ったことを強調し、戦後改革の意義を積極的に評価した。

## （2）高校『現代社会』の実践（1990年度）
　　　―東京都立高校の1年―

　前項（1）の中学『公民』と同じ年に担当した。この学校も、学力や生徒指導の上で困難を感じることはなく、卒業生の多くが大学や専門学校に進学する学校で、比較的自由に授業を進めることができた。また、『現代社会』は、まだ受験をあまり意識しなくともよい高校1年生の科目と言うこともあって、中学校における近現代史学習をもう一度なぞりながら、現在の問題を扱うことにした。前年の1989年には昭和天皇の死去、平成への改元があり、この年の1月には本島等長崎市長の狙撃事件、8月にイラクのクェート侵攻、10月にドイツ再統一などがあり、適宜、新聞記事などを使って授業を行った。

　基本的な授業の枠組みは、（1）の中学『公民』の授業と同様で、ときには同じプリントを使ったりして授業を行った。第1に、15年戦争史学習では言論

第1章　冷戦後世代への歴史教育

の自由、思想の自由が奪われていた中で、国民が戦争を支持していったことを示した。この点は、言論の自由の現状を考える手がかりとした。たとえば、本島長崎市長の狙撃事件は、5・15事件、2・26事件後の言論の萎縮という点から考えさせた。第2に、戦争責任の問題をアジア侵略の実態から問い、昭和天皇の戦争責任がなぜ問われるのかを考えさせた。第3に、家永教科書裁判の第3次訴訟の東京地裁判決（前年10月）を使用して、教科書検定問題を扱った。侵略の記述をめぐる争点を教えた上で、学問の自由が戦前において奪われた例として滝川事件・天皇機関説事件をとりあげた。第4に、戦争下の国民の「抵抗」の側面を取り上げた。戦争を押しとどめることはできなかったにしても、戦争を批判したり、疑問視する視点を歴史のなかで見いだそうという試みでもある。

　この「抵抗」の側面については、プリントのなかで《考えてみよう》という表題で、次の①〜③のテーマを与え、〔1〕〜〔4〕の資料を提示した。

　　　　《考えてみよう》
　①兵役を拒否した村本一生の行動について、あなたはどう思うか。
　②「不穏言動」・「落書き」などは何を意味するのだろうか。
　③「徴兵忌避」をした三国連太郎とその母親の行動について、あなたはどう思うか。

　　　資料
　〔1〕村本一生の兵役拒否──「私の銃はお返しします」──[8]
　〔2〕「不穏言動集」──内務省警保局保安課『特高月報』より──
　〔3〕「落書きにみる反戦・厭戦の声」[9]
　〔4〕むすこを売った母親──「家のために」──（『朝日新聞』1980年12月8日付）[10]

《考えてみよう》は、解答を直接求めるものではなく、実際に文章化させるなどはしなかった。この時期に作成したプリントは、何らかの解答を求め、その中から定期試験の問題にする〔課題〕あるいは〔問題〕という表題の設問と、《考えてみよう》というある程度自由に考えてもらおうというものを冒頭

第Ⅲ部　戦争史・現代史教育実践の試み

に掲げている。

　この年の授業では、生徒に感想文などを書かせることができなかったが、中学校までの授業ではあまり知らなかった内容で、生徒の反応は積極的であった。戦争に対する国民の様々なあり方を知る、発見のある授業であった。

## （3）中学『歴史・政治経済』[11]の実践（2001年度）
　　　—中学・高校一貫校の中学1年—

　この学校は、私立の中学・高校の一貫校で、ほぼ全員が大学に進学する共学校である。中学3年は、『歴史』を大日本帝国憲法の発布から継続して学習し、その後に『政治・経済』（中学『公民』）にはいった。その点では、現代社会の問題を歴史的に捉える学習を実践することができた。

　前2校の実践から10年近くを経ているが、基本的な枠組みは同じ枠組みで行った。15年戦争期の学習にはいったのは2学期からであったが、1学期末の試験休み期間である7月19日の校外学習で、国会と最高裁判所の見学、江戸東京博物館の東京大空襲などの展示見学を行っている。東京大空襲の展示見学では、江戸東京博物館の学芸員による展示ガイダンスと大空襲経験者の証言を聞くとともに、博物館の展示シートをもとに作成したプリントをつかった見学を行った。

　1年間の授業の方法は、教科書・資料集を使いながら、講義を中心に板書し、適宜発問するという形式ですすめた。ただし、「15年にわたる戦争の始まり」（柳条湖事件）と「敗戦への道（沖縄戦と原爆投下／ポツダム宣言受諾）」などについては、とくにプリントを作成した。プリントは、1問1答の用語集と《学習テーマ》という表題で短文の記述を求める問題を並べたものを配布した。《学習テーマ》は、定期試験で正誤問題にして出題したり、そのまま1～2題出題するようにした。

　プリントのこの構成は、基礎的・基本的事項を覚えることと歴史を考えることの2本の柱が外せないと考えたからで、次に示したのは、《学習テーマ》の例である。

第1章　冷戦後世代への歴史教育

2学期の中間試験前のプリントから
　1．1918年に米騒動が起きたときの社会状況について説明しなさい。
　2．関東大震災のとき6000人以上の在日朝鮮人が虐殺された。なぜ、このような事件が起きたのか、その原因を歴史的に考えてみよう。
　3．吉野作造が、デモクラシーを民主主義ではなく民本主義と訳したのはなぜか。
　4．大正デモクラシー期に「文化の大衆化」が進んでいったのはなぜか。
　5．金融恐慌によって日本経済はどのように変わったか。
　6．昭和恐慌は特にどのような産業分野や人々に打撃を与えたか。
　7．昭和恐慌期に軍部や右翼がおこなった「満州は日本の生命線」という主張は、どのような歴史的意味を持ったか。
　8．満州事変に対して国民の多くはどのような意見を持ったか。また、それはなぜか。
　9．リットン調査団はどのような結論を出したか。
2学期の期末試験前のプリントから
　1．5・15事件をおこした海軍の青年将校らのねらいは何であったか。
　2．2・26事件をおこした陸軍の青年将校らのねらいは何であったか。
　3．盧溝橋事件は、どのような事件か。
　4．国家総動員法は何のために作られたか。これに基づきどのようなことが行われたか。
　5．大政翼賛会の成立で社会はどのように変わったか。
　6．1939年の独ソ不可侵条約では、どのようなことが決められていたか。
　7．1940年、日本軍がフランス領インドシナの北部に進駐するなど、日本が東南アジアへ進出したのはなぜか。
　8．1940年に日独伊三国同盟を結んだ意図は何か。
　9．隣組はどのような役割を果たしたか。
　10．アジア太平洋戦争では、東南アジアの日本軍はどんなことを行ったか。

11. ヤルタ会談では、どのようなことが決められたか。
12. 沖縄戦では、どのような事があったか。
13. 原子爆弾の投下の目的は何であったのだろうか。プリントの年表を参考にして考えてみよう。

これらの《学習テーマ》の多くは、前2校の実践でも適宜提出していたものと同じで、一見して気がつくように「どのようにして」、「どのような」という表現が多い。それは、「なぜ」という発問であると、時として紋切り型の解答で終わってしまうことが多いためである。より歴史的に、歴史の流れのなかで歴史事象をとらえる視点を身につけさせることをねらいとした。

また、前2校でも使用した『もうひとつの太平洋戦争』[12]を示して、戦争と基本的人権についての考えを書く問題を、2学期の期末試験で出題した。具体的には、「1．1945年の広島・長崎の原爆投下の目的は何だったのだろうか。原爆投下に至る経過をもとに、自分の考えを述べなさい。2．次の史料を読んで、『戦争と基本的人権』というテーマで小論文を書きなさい。」の2つのうちのどちらかを解答させる選択問題にした。答案の返却時には、解答のうち、いくつかを選んでプリントにし、生徒に解答例として示した。この学校では、返却の際には担当教員が問題・解答の解説を行う時間が与えられているため、返却時に個々の生徒への簡単なコメントと全体への説明を行った。

設問1の原爆投下については、原爆投下の目的はアメリカが戦後世界に力を持ちたかったためである、という解答が平均的であったが、それ以上に踏み込んだ意見を述べているものもあった。次のA～Cは、その解答例である[13]。

A．日本を中心とした運動で核がこの世から無くなれば死んだ人々への少しは供養になると思う。
B．原爆は実際に戦争を終わらせるものだと思っている。だが、原爆を落とされたのは、日本が引き際を間違ってだらだらと戦争を続けていたせいもある。原爆を落とされなかったら、平和主義なんてできなかったと思うが、原爆を落とされないうちに戦争をやめていたら、どれだけ被害が少なくなっただろうか。そう思うと、アメリカに原爆を落とさせるま

第1章　冷戦後世代への歴史教育

で戦争を続けていた日本にも責任があると思う。
- C．自分が原爆投下の決断をする身であったなら、迷いはするが、結局同じ事をするだろう。こんな事も自分が原爆を体験していないから言えるだけ。人間はそんなものだと思います。

　むろん、原爆によってようやく戦争が終わったという認識がみられたり、「日本にも責任がある」という言い方には戦争指導者と民衆を同一視していいのか、などの疑問もあるが、歴史のなかに身を置こうという姿勢もみられる。あえて疑問のある解答もプリントして全体に紹介したうえで、問題解説のなかで疑問を述べたりしている。

　設問2の戦争と基本的人権については、15年戦争期の中で考えるという視点が薄く、「かわいそう」という感情が先行している例が多かった。しかし、それ自体は誤ってはいないし、こうした感性を豊かに育てることも平和学習の大切な課題である。次のD〜Fは、前掲のA〜Cと同様に生徒の解答例で、プリントして生徒に示したものである。

- D．その当時の日本は、ひたすら「戦争の勝利」を掲げ、上で指令していた軍部の人々はこのような社会的弱者を見捨てて、多くの犠牲者を出した。言うまでもなく、このことは許されないことだが、このことを教訓にどうしていくのかが問題だ。現代の私たちは、バリアフリーなどをしつつも、障害者の差別はいまだ色濃く残っている。戦争を振り返ることによって、「戦争の悲惨さ」を学ぶだけではなく、障害者のような社会的弱者の立場も学ぶ必要があると思う。
- E．戦争の中では、基本的人権が全くないと思う。「国のために〜をしなさい」とか「〜しない人は日本人じゃない」とかそういった考え方の中では個人を尊重できないだろう。人が人として生きるために必要なことは自由であることだと思う。今の世の中では、国のために死ぬとかそういった意志は全くないから、自分の意見も人に伝えられるが、戦争の中だったら差別を受けたくないがために思っていることも言えなくなってしまうと思う。そんな環境の中では、基本的人権は守っていけないだ

ろう。

F.「天皇の為に死ねる」という考えから、障害者は天皇に何もすることができないと、だいたいの国民が思っていたにちがいない。基本的人権を考えることは大切である。戦時中、このような事がいくつも重なったことにより、現在は、憲法の中に「基本的人権の尊重」としてあるが、まだ世の中には、こういった差別が残っていると思う。お互いが考え、また、世界どうしも戦争が起こらないように、もっと慎重に話し合いをするべきであると思う。

　解答例は、公民学習の柱の1つとして、戦後、日本国憲法で基本的人権の尊重がうたわれていった点を強調したことを反映している。無論、戦争中の障害者や社会的弱者の基本的人権は、必ずしも戦後の早い時期から顧みられたわけではない。また、戦時中に障害者の基本的人権が奪われていったことと、憲法に基本的人権の尊重がうたわれるようになったことに直接の因果関係があるとは言えない。ただし、「まだ世の中には、こういった差別が残っていると思う」と指摘している点は評価したい。

　これらの解答例のように、戦争と基本的人権、現代社会の問題を突っ込んで考えている例は、全体から言えば決して多くはなかった。しかし、同学年の生徒の解答を知ることによって、自分の考えを文章にして書くということに積極的になっていった。とくに、この学年は、国語科で中学3年生のこの時期に「卒業論文」を書くという実践を行っていたこともあって、「書くこと」に積極的であった。

## （4）高校『日本史B』の実践
　　―中学・高校一貫校の高校2年・3年―

　前項（3）の学校と同じ学校である。高校では、2年で文系・理系に分かれ、文系は『世界史B』の必修と『日本史B』・『地理B』の選択必修となり、3年で『日本史B』と『世界史B』のどちらかを選択必修するカリキュラムとなっている。2005年度までは高校2年で原始時代から幕藩体制の成立まで、高

第 1 章　冷戦後世代への歴史教育

校 3 年でそれ以降という流れであったが、2006年度の高校 2 年からは開国から現代までを先に履修し、高校 3 年で原始から天保期までというカリキュラムに変更した。

　2002年度の学年末試験で、予告なしで『きけわだつみのこえ』の木村久夫の遺書[14]をもとにした論述問題を出題した。2003年度は出題しなかったが、2004年度からは事前に予告する形で若干の変更は伴いながらも2009年度まで毎年出題している。資料としては、木村久夫の遺書[15]、「アジア太平洋戦争中の各国別人的被害（死亡者）」の地図と表[16]を提示した。資料は変更していないが、設問文は若干の変更をしている。以下は、その問題文で、波線部は年度によって変更した部分であるが、実際の出題時には波線は付けていない。

　　2002年度の学年末試験
　　　　この史料は、京都大学経済学部学生の木村久夫が、戦後1946（昭和21）年 5 月に戦犯として処刑される直前に、入手した書物の余白に記した遺書である。かれは、どのような思いで処刑されていったのであろうか。また、いっけん平和な社会に生きるあなた（私たち）にとって、かれの死はどんな意味を持っているのだろうか。A の文〔『きけわだつみのこえ』の木村久夫の遺書からの抜粋…引用注〕や下に示したアジア太平洋戦争中の人的被害（死亡者）に関する資料も参考にしながら、自らの考えを述べなさい。
　　2004年度の学年末試験の予告…波線部を変更した
　　　　（前略）かれは、どのような思いで処刑されていったのであろうか。また、いっけん平和な社会に生きるあなた（私たち）は、かれの死から何を学び取らなければならないか。（後略）
　　2005年度の学年末試験の予告…2004年度の問題文に波線部を付け加えた
　　　　（前略）かれは、日本の行為をどのように考え、どのような思いで処刑されていったのであろうか。また、いっけん平和な社会に生きるあなた（私たち）は（後略）
　2006年度以後は、この問題に関しては変更していない。ただし、2004年度の

第Ⅲ部　戦争史・現代史教育実践の試み

高校3年では「環境問題」と「国際社会における平和憲法をもつ日本の役割」というテーマでの論述問題との選択問題としている。また、2006年度の高校3年、2007年度の高校2年、2008年度の高校2年でも「環境問題」[17]との選択問題であるが、問題文は各年度で少し異なる。なお、2009年度は選択問題ではない。

「環境問題」との選択問題としたのは、日本の「経済大国」化と「軍事大国」化がすすむなかで、日本が国際社会でどのような役割を果たすべきかということを考えさせることを意図している。しかし、小泉「構造改革」で不安定雇用の若者が増え、「格差社会」化がすすむなかで、「平和な社会」の閉塞状況を打破する戦争を待望する声[18]が出てきている現状で、この発問が有効なのかどうか疑問を感じている。

青山学院女子短期大学の清水眞砂子は、「戦争体験者がうらやましい」[19]と言う学生に驚き、「若い人たちが今している生活は、ちょっと極論かもしれませんが、失って困る生活じゃないのではないかと思うようになりました」[20]と述べている。赤木智弘の発言にも言及し、「平和な社会」に対する閉塞感が戦争を待望する状況を生み出していると指摘している。そのうえで、「日常」が「案外面白いぞ」と思える感覚をもたせることを、「戦争を期待するという空気をつくらない」[21]ために心がけていると述べている。まだ、解答は用意していないが、再検討する必要があると考えている。

授業は、各年度ともに教科書、図版集、史料集とプリントをつかった講義形式をとっている。ただし、特別な授業を取り組んだ年度もある。

2008年度の高校2年では、〈敗戦への道〉というプリントをつくって学内の研究授業を行った。視点としては、8月15日を敗戦の日とする「常識」に揺さぶりをかけながら、沖縄戦や原爆投下の意味を考えさせることを意図した。また、戦後史の学習が「終わった」時点で、《過去と現在の対話》というテーマを設定して、プリント2枚をつかった3時間の授業とDVD鑑賞を行った。次のⅠ・Ⅱは、その表題である。なお、「『人を殺す兵士』になるということ」は、今野日出晴[22]の実践に学び、試みたものである。以下は、授業構成とプリントである。

## 第1章　冷戦後世代への歴史教育

《過去と現在の対話》

第1時　Ⅰ．終わらない「戦後」（同名プリントによる授業）

1．戦後補償を要求する訴訟[23]

　　韓国人の被爆者の補償要求（1987年）、マレー半島で殺害された華人家族の補償要求（1989年）、サハリン残留の韓国人の訴訟（1990年）、韓国・台湾人の元日本軍人・軍属の訴訟（1991年）、韓国・台湾人のBC級戦犯の訴訟、中国・韓国・台湾などの元「従軍慰安婦」の訴訟（1991年）、「強制連行」された中国人らの訴訟についての一覧表

　　一覧表のキャプションとして、「戦後補償について、日本政府は、平和条約などで賠償請求権は決着済みとしている。しかし、学界では、戦後補償を①国家に対する賠償と②個人に対する補償を分けて考える有力な学説がある。日本軍は、アジア太平洋戦争で何を行ったか。戦後、日本は被害者に対してどのように対応したか。」という文を付している。

2．「人を殺す兵士」になるということ―何を行ったか、何を目的としたか。―

　　〔資料1〕初年兵の教育
　　〔資料2〕陸軍第59師団の刺突訓練
　　〔資料3〕『聞き書　ある憲兵の記録』

　いずれも初年兵の刺突訓練についての証言で、前掲の今野日出晴『歴史学と歴史教育の構図』[24]からの引用である。

第2時　Ⅱ．終わらない水俣病（同名プリントによる授業）

　　2006年に『熊本日日新聞』の記者が、熊本学園大学教授の原田正純とともに水俣を取材したルポルタージュ[25]を資料としている。

第3時　DVD鑑賞―『水俣の子は生きている』（監督：土本典昭、製作：牛山純一）

第Ⅲ部　戦争史・現代史教育実践の試み

　　　　　　　このビデオは、1965年に日本テレビが制作したもので、水俣市の
　　　　　　ケースワーカーの視点で水俣病を扱っている[26]。
　この3時間の授業を行った上で、前述の木村久夫の遺書をつかった問題を予告した。

　2009年度の高校2年では、《過去と現在の対話─終わらない「戦後」》のプリント（前年度の「Ⅰ．終わらない戦後」と同一内容）を配布して、例年行っている木村久夫の遺書をつかった予告問題を出題した。

　解答例は、歴史的事実として疑問のあるものや、私の考えと違うものも含めて、議論したり、検討できそうなものを選んでプリントして配っている。また、すべての答案について何かしらのコメントを付けて生徒に返すようにしている。それは、前節でも述べたが、歴史について、「歴史用語を覚える」だけではなく「歴史を書く」ということを動機づけることをねらいとしている。

　以下は解答例の一部を抜粋したもので、生徒に配ったもののなかから選んでいる。文頭の数字は、本稿に掲載するに際して付したものである[27]。

2004年度　高3

1　誤ったことをしていると知りながら反論が許されない時代への諦観が表れている。私たちは、戦争が一部の「狂者」によって強引に推し進められたのではないことを忘れてはならない。

2005年度　高3

2　戦争中は誰もが被害者であると同時に、何らかの形で日本軍に加担する加害者でもあるのだ。

2006年度　高3

3　資料1で彼は理不尽に殺されたと言っても過言ではない。しかし、彼は日本人全体のためなら仕方なく、ただ軍部に対してのみ非難の気持ちを抱いている。これを見て思うことは、裁く側は裁かれる側を個々として見るのではなく、全体で1つと見なしていると言うことだ。そのため、裁く側は誰を裁いたとしても、日本人を裁いたとしか思わない。こういうことが起こる原因は自国の事情を知る敗戦国自らが裁くのではな

第1章　冷戦後世代への歴史教育

く、戦勝国といった他国が裁くという不条理である。また資料3より、多くの無関係の人間が強制的に巻き込まれ、殺されたことが分かる。その中で、戦争を始めた軍の上層部で生き残っている者もいるという不条理も存在する。<u>以上のような不条理が存在する戦争を人間が人間のために有効に使えるはずはない。だから私達は、自らの手に負えない戦争をしてはいけないのだ。</u>

2006年度　高2

4　彼が言うように、仮にまた戦争が起こりそうになったとき、私達はその場に流されるのではなく、その戦争を止めるように行動を起こさなければならないし、私達が今、平和に生きられるのは、彼らのような者が身代わりになってくれたのだということを決して忘れてはいけない。

5　今日私達が平和の下で暮らしているのは、過去にこのような悲惨な経験をし、戦争に対する恐怖が今の戦争放棄へとつながり、戦犯に問われた彼らの死を無駄にしないためにも、私達はこの先も戦争の恐ろしさと悲惨さを後世に伝えていかなければならないし、実際、日本という国がこれだけのことをしてきたということを決して忘れてはならないと思う。

6　彼の死から、私達は、戦争を経験した世代と経験を持たない世代の交流・協力を通して、戦争責任を問い続け、二度とこのようなことを起こさないようにしなければなりません。現在、日本は経済大国であり、また核兵器こそ保有してませんが、最新の技術を装備した軍事大国です。最近は、「自衛隊」の海外への派兵が始まり、憲法第9条を改悪しようとする動きを黙認してはいけません。

7　日本人にもアメリカの兵士にも家族や恋人が居るのであり、残される人のことを考えても、死ななければ幸せになれた人のことを考えても、戦争は二度と繰り返してはいけないと思う。

2007年度　高2

8　全日本国民が立ち上がったところで、戦争は避けられたのであろう

第Ⅲ部　戦争史・現代史教育実践の試み

か。たぶん、軍隊で鎮圧されるに違いありません。政治家にも軍部に立ち向かった人はいますが、5・15事件や2・26事件によって殺されてしまった。よって僕は、戦争による多数の戦死者には申し訳ないけれども、太平洋戦争は、あらゆる歴史における偶然の重なりのせいで、どうしても避けられなかったものだと思います。ただ彼の死から学び取れることとしては、今の日本社会は民主主義であり、主権は私たちにあるので、現在の日本の行動の責任は全て私たちにあるということです。したがって、私たちは、参政権を無駄にすることなく、責任感を感じながら、政治に参加すべきだと思います。

|2008年度　高2　「環境問題」|

9　ある水俣病患者がテレビを打ち壊し「チッソは私であった」と叫んだという資料を目にしたが、まさにそうなのだ。(中略)私には身を呈して環境保護に努めようと思いきる勇気がない。自分と同じ努力をする人が何万人と名乗り出て、それが続いてやっと解決するような大きな問題である。私は、その前で今の便利な生活を切り捨てられるか、と問われれば否と言ってしまうだろう。だが、誰にでも出来ることがある。それは考えることだ。テレビが、洗濯機が、ビニール袋が、その他身の回りの「力任せの便利」が、どこでどんな対価を払っているのか。それを皆が真剣に考える。まずは、それが必要だと思うのだ。

|2008年度　高2　木村久夫の遺書|

10　当時の"大日本帝国"なるものが進める国家総動員という政策に果たして全国民が賛成していたのだろうか。資料を読んでも分かるように、この政策に不満を持っていた人々は少なからずいたと思う。しかし、そのようなことを口にすることは許されず、みな口々に「天皇万歳」などと言い表されていたのであろう。(中略)資料をつづった学生も「全日本国民に其の遠い責任があることを知らねばならない」と締めくくっているが、きっと彼はそんなことは少しも思ってはいなかったのではないだろうか。その責任は政府にあると叫びたかったのではないだろうか。

第1章　冷戦後世代への歴史教育

死の直前でさえ彼の心を支配し、国益のための捨て駒へと作り上げた日本の非道さを忘れてはならないと思う。

11　戦争は誰もが加害者にも被害者にもなると思った、もし、自分が日本軍の兵士で上官に「殺せ！」と命令されたら逆らえないだろう。もし、ここで殺さなければ自分の身も危なくなる。また、殺すことに慣れていなければ戦えなかったのだなと思った。

12　250万人の死には、250万通りの死があると思う。それぞれの個人的な死に焦点を当てることは出来ないが、頭の中にはそれぞれの悲劇があったと言うことを留めておかなければならない。再び、このような悲劇を起こすことの無いように、私たちは受験の知識などではなく、自分の人間性を作る一部となるような学習をしなければならないと思う。忙しい受験勉強の中でも、決して忘れてはならない。このような人間性を高め、教養のある人になりたいと思っている。

|2009年度　高2|

13　日本が戦時中にやったことは決して許されていいものではない。日本が無理な戦争をやっていなかったら、こんなにも死者を出さずにすんだのは言うまでもないからだ。しかし、戦争に負けたおかげで憲法や今の日本をつくる源となったたくさんの改革が成し遂げられ、今日の日本の国際的な地位があるのだから皮肉なものである。

14　自らの意志ではなく、国家からの上官からの強要や殺さなくては殺されてしまうと言う絶対的な環境において、個人、個人に問う罪など存在しない。平和な下にいるから人道に対する罪などと言えるのだ。基本的には、そう考えて死刑に処せられていったであろう。しかし、「人を殺す」という事の罪の重さは、どこか心の中で理解してしまう。こういった複雑な感情の下に死んでいったのではないだろうか。このことを受けて、我々は「平和」について「死」について考えなくてはならない。「人を殺す」ことがやってはいけないこと。これは平和だからこそ言えるのかもしれない。戦争がもし起きたとして、「人を殺す」のは当然と

第Ⅲ部　戦争史・現代史教育実践の試み

化す。最近でもイラクなどで起きた戦争での死者の多さを考えると、そういうものなのであろう。だからこそ、世界は戦争をしてはならないと言うのだ。

　2008年度から始めた初年兵の刺突訓練についての授業は、やはり生徒の「知らなかったこと」のようで、加害の問題を自分に引きつけて考える契機になった。加害と被害については、たとえば2005年度の答案２のように、提示した資料を使ったり、授業の中でふれた従軍慰安婦や731部隊などの侵略の実態をもとに日本の加害責任について述べている。他の答案でも、日本の加害の実態を踏まえて、自分たちが二度と戦争が「起こらない」ようにしなければならない、という意見が多かった。

　そうした意見も貴重なものであるが、2008年度の答案11では「もし自分が日本軍の兵士で上官に『殺せ！』と命令されたら逆らえないだろう」として歴史のなかに「自ら」をおいて考察している。また、答案14では、「戦争」という「殺人」に対する根源的な問いかけを行っている。上記の引用文には含まれないが、アジアの人々に対する「罪をつぐなう」べきではあるが、「上官の命令に背くと逆に自分が殺されてしまうという状況ではしかたのなかったことと割り切ってしまう気持ちもわかる」としたうえで、「完全に戦争が無くなり、恒久平和が訪れることを望んでいる」（2008年度高２年の答案から）という「すっきり」しない形で終わっているものが生徒の「気持ち」を代表しているように考えられる。

　その点では、初年兵の刺突訓練を取り扱ったのは、生徒の歴史観に揺さぶりをかけることに成功しているように考えている。

## ２．近現代史学習を再構築するために

（１）戦争を学ぶ視点
　　　―「当事者」として考える―

　私の拙い授業実践の一部を紹介したが、何を考えて授業を進め、今何を問題

第1章　冷戦後世代への歴史教育

と考えているかについて述べて、問題提起と今後の展望を示したい。

　かつて戦争学習について、戦争の悲惨さを写真や絵画、証言などを通じて訴える「感性的認識」が大事なのか、あるいは戦争の原因や戦争を早く終わらせることが出来なかった理由を学ぶ「理性的認識」が大事なのかという二分法的な発想で戦争学習の方法論を考える傾向が強かった。どちらも必要ということでは、限られた授業数の中で行う授業実践に対する答えにはならなかった。

　しかし、その問題をこえる糸口としては、「もしも自分が、その場にいれば〜」という視点をつくっていくことが必要だと考えている。そして、その時代に生きた人の同時代の証言や、戦後をくぐり抜けた今語られている回想が入り口と考えられる。

　歴史叙述と戦争体験の継承について、吉田裕は『シリーズ日本近現代史（6）アジア・太平洋戦争』[28]を執筆するにあたって、次の2つの点を意識しながら書いたと記している。第1に、「問題意識の面では、戦争責任の問題を絶えず念頭に置きながら、戦争の中で、非業の死、無残な死を遂げた人々の死のありようを、出来る限り記録に残すということ」。第2に、「歴史叙述の方法という面では、大きな時代状況と一人ひとりの国民の戦争体験のディテールを交差させながら、戦争の時代を描くことに留意し」たという。

　第1の戦争責任の問題については、「加害」の実態の解明が、歴史学の大きな課題であるが、「『被害』と『加害』の関係は重層的に重なり合って」おり、「被害」の問題の「独自の掘り下げ」が必要であると論じている。第2の歴史叙述の方法について、日高六郎『戦後思想を考える』を引用し、体験者の語りがもつ「独特の感覚と生気」を歴史叙述に生かしたいと述べている。日高によれば、その「独特の感覚」とは「第一にはひとつの時代を支配している、全体的な雰囲気」であり、「第二には、その時代のなかで（同時にその時代のなかの『私』のなかで）生起した、ときには重要な、ときには平凡なディテール（こまごまとしたことがら）についての感覚である」[29]。

　歴史教育の中で考えると、歴史の現場にいた人々の言葉を読み解く授業の実践につながるのだろう。読み解く内容は、何があったかの史実の問題だけに限

第Ⅲ部　戦争史・現代史教育実践の試み

らず、体験者が何を感じたのか、またそれはなぜか、までを読み解くことである。初年兵の刺突訓練の証言を読み解くことは、土屋芳雄[30]という人が何を考え、どうして証言するようになったかまで突き詰めることである。

　初年兵の刺突訓練を取りあげた2008年度の高校2年の授業実践で、「戦争は誰もが加害者にも被害者にもなると思った、もし、自分が日本軍の兵士で上官に『殺せ！』と命令されたら逆らえないだろう。もし、ここで殺さなければ自分の身も危なくなる。」（解答例11）という解答例があった。この「もし」には、やや単純化され、ステレオタイプ化された構図を感じるが、「もしも自分が、その立場にいれば自分もそれを行ったであろう」という「感じ方」が大切だと考えている。

　戦争を「当事者」として考えるということについて、戦後生まれの日本思想史家である伊東祐史が「当事者意識」を感じる理由として、次のような点を挙げている[31]。第1に、「日本（大日本帝国）が戦争をした責任をとれるのは日本国民しかいない」ということ（「現存の国民国家の枠組み」）。次に、「自分がもし戦前に生まれていたら、間違いなく戦争をしていただろうという思いをぬぐい去ることができない。私がそう感じるのは、おそらく、戦争が親や祖父母などの身近な肉親によって例外なくおこなわれた行為だからである」（血のつながり）。そして、「戦争をした日本人の行動様式やメンタリティが、現在のわれわれにおいて変わっていない」ことなどから、「私は、戦後生まれの日本人も、戦争の『当事者』であると考える」と述べている。「血のつながり」を強調し、「日本人の行動様式やメンタリティ」が変わっていないとしている点は、単純化しすぎているが、戦後世代の「当事者意識」のあり方としては検討に値する。

　次に、戦争における被害と加害について考えると、吉田裕が述べているように現実は重層的[32]であり、被害の実相を追究することは加害の現実をさらけ出す可能性をもっている。国家によって戦争にかり出されることによって中国や東南アジアの人々を殺すようになるのであり、空襲で逃げまどった人々が墜落した米兵を虐殺するということが起きるのである。とりわけ、歴史をより長

第 1 章　冷戦後世代への歴史教育

いスパンでみることが、現実をありのままに捉えるためには欠かせない。その点では、朝鮮半島から強制的に戦争にかりだされた朝鮮人が、戦後にBC級戦犯として処罰され、さらに日本に送還された経験は、戦争の現実をもっとも先鋭に示しているとも言える[33]。

　さらに、証言者の目で歴史を見るという点では、水俣病の実践が手がかりを与えてくれる。1の（4）高校『日本史B』の授業では、2008年度に『熊本日日新聞』のルポルタージュと1965年制作のビデオを使用したが、そこでの証言者は、水俣病と取り組んでいった原田正純と水俣市のケースワーカーである。彼や彼女が水俣病の患者の現実に心を痛め、共感し、解決に向けて尽力する姿を、現代の自分が見て、感じ、考えるという授業実践に発展させようと考えている。

## （2）「戦争学習」だけでは完結しない
### ―「戦後」は「いま」につながるか―

　戦争が、「いま」の自分にとってどういう意味を持つのかは、前項の戦争に対する「当事者意識」とともに、戦後が「いま」につながるかという問題でもある。そのことについて、坂本昇は、現代史学習は、「『戦争学習』だけでは完結しない」として、被爆者の戦後やチッソによる水俣病、昭和電工による新潟水俣病などの「公害の歴史」を教材として提示している[34]。

　被爆者の戦後を取り扱った授業としては、2010年度の中学3年の『歴史・現代社会』と、授業としては担当していない中学2年の広島宮島体験学習の事前学習で試みた。中学3年については、広島宮島体験学習の事前学習として「憲法の平和主義と核兵器―被爆者の想いを心にきざもう」という表題で1時間の授業を行った。中学2年については、同じく広島宮島体験学習の事前学習として、特別講義を「ヒロシマの心を未来へ―想像力と創造力」と題して行った[35]。いずれも単発のものであるが、中学3年については「『核抑止力論』について、広島宮島体験学習を終えたあなたはどう考えますか。自分の考えを他の人に説得するつもりで述べなさい」という予告問題を定期試験で出題した。

131

答案では、「核抑止力論」に対する否定的な意見が多かったが、被爆者の戦後に踏み込んだ解答はみられなかった。その理由は、公民学習における平和主義学習のなかの1時間という時間的限界と、「公害の歴史」も含めた通史学習のなかで位置づけていないという点にあると考えている。

　一方で、「戦後」をどう考えるかについて、再検討が必要であると考えている。私自身の実践では、きわめて単純化すれば、「戦後改革」から「いま」を連続的に捉え、日本国憲法を始めとする「戦後改革」が何をもたらし、どのように変容していったかを中心に教えてきた。無論、戦後を単線的な連続性で捉えることは出来ないが、「いま」を捉えるための転換期をどこに求めるかの議論が必要なように考える。より広げて考えれば、通史の不在が指摘できるのではないだろうか。

　小林英夫は、「近年の日本近現代史研究でたいへん特徴的なことは、通史がなくなったということです」[36]と指摘し、「歴史学の蛸壺化」（12頁）が進んだとしている。小林は、「世界史の中の日本近現代史」を書くことを目的として、国際同盟関係を重視した時期区分をその通史に採用している。まず日英同盟を第1の区切りにして、ワシントン体制の成立、満州事変、1945年の敗戦をそれぞれ国際的なルール変更がされていった時期としている。戦後については、「激化する東西対立と『アジアの兵器廠』日本／アメリカ主導の世界再編と日本の復興／高度経済成長の時代—1950年代・60年代—／東西対立の終焉—1970・80・90年代—／今世紀の日本の位置」という時期区分がなされている。

　通史が書かれなくなったと指摘されているが、岩波新書から『シリーズ日本近現代史』が刊行されている。戦後については、雨宮昭一が第7巻「占領と改革」を、武田晴人が第8巻「高度経済成長」を、吉見俊哉が第9巻「ポスト戦後社会」を、それぞれ執筆している。そのうち吉見俊哉の第9巻では、「ポスト戦後」を1970年代後半から始まったとしている[37]。『シリーズ日本近現代史』第10巻でも、吉見は1970年代を転換点としている[38]。ただし、変化は「数十年単位のプロセス」としてすすみ、「グローバリゼーション」が顕著になるのは1990年代であるとも述べている。第9巻に掲げられている「『戦後』から『ポ

## 第1章　冷戦後世代への歴史教育

スト戦後』へ」という表でも、支配体制という項目には「ポスト冷戦」「新自由主義」「グローバリゼーション」をその指標としてあげているが、支配体制の転換は1990年代ということになるだろう。かりに著者の表をもとに考えるとすれば、歴史叙述としての日本近現代通史は支配体制の転換で時期区分をするべきで、1990年代を転換点ととらえるべきではないだろうか。

　このシリーズを批判する書を、もともと第10巻の編著者であった宮地正人が著している[39]。宮地は、吉見が「ポスト戦後」を1970年代からとしているのか、1990年代からとしているのか明白でないと指摘している。そのうえで、1945年の敗戦が「日本近現代史を二分する分水嶺」であり、その後今日まで「日本国憲法に従い、日本国家の交戦権を認めてこなかったという国家論の立場から」、「一貫性」を持ち続けている、と論じている。

　その宮地が監修している大日方純夫・山田朗・山田敬男・吉田裕著の『日本近現代史を読む』[40]は、開国以降を第1次世界大戦の始まりと第2次世界大戦の敗北で時期区分している。第2部「第2次世界大戦後の日本と世界」の最終章は、「21世紀を展望して―歴史の現段階」と題して1990年代から始まっている。その初めの節が「ソ連の崩壊と国際社会の激動」である。

　確かに自衛隊の海外派兵が「常態化」して日本国憲法の侵食がすすむなかで、9条改憲に手をつけさせないでいるということ、新自由主義的な「構造改革」の結果に対する批判が国民的な規模で広がっていることなどを考えると、戦後社会が蓄えてきたものが本質的な転換を遂げたとは言い切れない。その意味では、戦後は「一貫性」を持っている。

　そのうえで、教育実践の場で「戦後」から「いま」をどう描くのか、「ポスト冷戦」という世界史的転換点をどう描くのか、新自由主義的な「構造改革」をどう描くのかという問題を考えていく必要がある。

　そのとき歴史教育が依拠すべき「学界の共有財産」[41]はあるのだろうか。

第Ⅲ部　戦争史・現代史教育実践の試み

## おわりに

　自らの授業実践を振り返ると、こだわってきたものが何だったのかが見えてくるように思う。それは、ごく簡潔に言えば、日本のアジア侵略の歴史を日本近現代史のなかで、どう教えていくかである。言い換えれば、戦争学習を通史学習のなかで位置づけることである。誤解をおそれず述べれば、日本の侵略の残酷さを「告発」するだけに終わることなく、かつ戦争を日本近現代史の「逸脱」とだけ終わらせるのではない描き方を模索していくことである。課題は多く道のりは長いが、多くの人々の実践に学びながら進んでいきたい。

---

1）今野日出晴『歴史学と歴史教育の構図』（東京大学出版会、2008年）、29頁、参照。
2）安達喜彦編著『15年戦争史学習資料（上）・（下）』（平和文化、1985年）。
3）『中学社会・歴史的分野』（日本書籍）。
4）『東京朝日新聞』（1931年9月19日付号外）の原紙をコピーしてプリントにして提示した。本稿では旧漢字などを改めているが、生徒は旧字体の漢字に接しながら史料を実感する。
5）前掲『15年戦争史学習資料（上）』（75頁）を参考にして、原資料の『別冊・知性』（1956年12月号）から引用した。
6）脳性マヒ者の山北厚が、国民学校で差別された経験を記した手記を引用した。山北は、国民学校での軍事教練などの集団行動についていけず、軍事教練の教官に「こんな馬鹿は学校に来る必要はないのだ」とまで言われ、しまいには「一週間のズル休み」をしてしまう。一週間後に出席したとき、先生は「おまえ、それでも日本人か」と級友の前でいわれるのである。以上の部分を引用した。障害者の太平洋戦争を記録する会編（代表：仁木悦子）『もうひとつの太平洋戦争』（立風書房、1981年）、57～60頁。
7）シンガポールで発行された次の写真集を提示したり、コピーして利用した。

第1章　冷戦後世代への歴史教育

Archives & History Department "The Japanese Occupation: Singapore 1942-1945　日本統治下的新加坡"（Singapore News & Publications Limited, 1985）。

8) 灯台社の村本一生が、1939年に兵役を拒否したことについて解説文を作成し、資料とした。稲垣真美『兵役を拒否した日本人』（岩波新書、1972年）。

9) 「不穏言動集」・「落書きにみる反戦・厭戦の声」は、前掲『15年戦争史学習資料（下）』、53〜54頁より再引用した。原資料は原田勝正編『ドキュメント昭和史（4）』（平凡社、1975年）および稲垣真美『もうひとつの反戦譜』（三省堂、1976年）。

10) 前掲『15年戦争史学習資料（下）』、87〜88頁より再引用した。原資料は『朝日新聞』（1980年12月8日付）。

11) この学校は、いわゆるπ型のカリキュラムを採用しているが、中学2年までで歴史的分野が終わらないため、中学3年で継続して歴史を学習し、その後に高校の『政治・経済』を先取り学習していた。なお、経済分野については平行して別の教員が担当していた。

12) 注6) 参照。

13) 以下の引用文中の波線は、私がプリントにしたときに付けたものであり、また、明らかな誤字や脱字は直してある。のちのD〜Fも同様である。

14) シンガポールで行われたBC級戦犯裁判で、死刑判決をうけ処刑された木村久夫が文庫本に記していたものである。日本戦歿学生記念会編『新版・きけわだつみのこえ―日本戦歿学生の手記―』（岩波文庫、1995年）、443〜467頁。

15) 以下は、資料として引用した部分である（『同上書』、444〜446頁）。

　　「私は死刑を宣告せられた。誰がこれを予測したであろう。年齢30に至らず、且、学半ばにして、此の世を去る運命を誰が予知し得たであろう。……私は何等死に値する悪をした事はない。悪を為したのは他の人々である。然し今の場合弁解は成立しない。全世界から見れば彼等も私と同じ日本人である。彼等の責任を私がとって死ぬことは一見大きな不合理であるが、かかる不合理は過去日本人がいやというほど他国人に強いてきたことである。日本の軍隊のために犠牲になったと思えば死に切れないが、日本

第Ⅲ部　戦争史・現代史教育実践の試み

国民全体の罪と非難とを一身に浴びて死ぬと思えば腹も立たない。笑って死んで行ける。……苦情を云うなら、敗戦と判っていながら此の戦を起した軍部に持って行くより仕方がない。併し又、更に考えを致せば、満州事変以来の軍部の行動を許して来た全日本国民に其の遠い責任があることを知らねばならない。」

16) 前掲『15年戦争史学習資料（上）』、193頁。原資料は歴史学研究会編『歴史家はなぜ"侵略"にこだわるか』（青木書店、1982年）。表は図をもとに自作したものである。

17) 以下は、2008年度の高校2年生に課した「環境問題」についての問題文である。

「1960年、安保条約改定が批准されたあと総辞職した岸内閣のあとを受け発足した池田勇人内閣は、国民所得倍増計画を発表した。これは今後10年でGNPを2倍にすることを目標としたものだったが、1950年代後半から始まっていた高度経済成長の波に乗り、結果的に7年で達成された。

経済成長はその後も1964年を中心としたオリンピック景気、60年代後半からのいざなぎ景気と続いたが、1971年末の円切り上げ、73年の変動相場制への移行によって、経済成長を支えてきた輸出が鈍り、73年の石油ショックに際しては急激なインフレが起き、経済成長も戦後初のマイナスを記録した。

その間、日本のみならず世界の環境は悪化の一途をたどり、地球規模の温暖化や生態系の破壊から、各地域、特に日本の公害病まで多種多様な問題を抱えている。これらはいうまでもなく産業革命以来の資本主義の急速な発展のいわば「ツケ」であり、「豊かさ」の代償物であるともいえる。とはいっても、地球環境を守るために工業生産を停止あるいは減少させようとは、簡単にはいえまい。

21世紀に生きるわれら地球人にとって、このような世界で生きていくとは、いったいいかなる意味を持つのか。豊かさの恩恵を捨てて何百年か時代を元に戻せばいいのか、あるいは大量生産大量消費型の産業構造を変えて、廃棄物を出さないシステムにすれば解決されるのか。そのいずれにしても実現することは非常に難しいだろう。少なくとも、最低限こうした問

第 1 章　冷戦後世代への歴史教育

　　　題が存在すること、そして放置しておけば自分のみならず世界中の人々の
　　　生存にかかわる問題であることを忘れてはならない。」
18）赤木智弘「『丸山真男』をひっぱたきたい　31歳フリーター。希望は、戦
　　　争。」（『論座』朝日新聞社、2007年1月号）。
19）品川正治、清水眞砂子『戦争を伝えることば―いらだつ若者を前にして』
　　　（かもがわ出版、2010年）、62頁。
20）同上、74頁。
21）同上、83頁。
22）前掲『歴史学と歴史教育の構図』、195～202頁。
23）授業で使っていた副教材の『新詳日本史』（浜島書店）の各年版を引用し
　　　た。
24）前掲『歴史学と歴史教育の構図』、196～199頁。原資料は、〔資料1〕は新
　　　井利男・藤原彰『侵略の証言』（岩波書店、1999年）、〔資料2〕は絵鳩毅
　　　「侵略戦争―体験と反省」（『季刊・中帰連』創刊号、1997年）、〔資料3〕は
　　　朝日新聞山形支局『聞き書き・ある憲兵の記録』（水曜社、1986年）であ
　　　る。
25）熊本日日新聞編『水俣から、未来へ』（岩波書店、2008年）、2～9頁。
26）『公害の原点・水俣から学ぶ vol.17』（ジグロ、2006年）。
27）以下の引用文中の波線・二重線の下線は、私がプリントにしたときに付け
　　　たものであり、また、明らかな誤字や脱字は直してある。ただし、文章表
　　　現の上で不明確な部分などについては直していない。
28）吉田裕『シリーズ日本近現代史（6）アジア・太平洋戦争』（岩波新書、
　　　2007年）。以下の吉田による執筆に当たっての留意点の引用は、岩波書店編
　　　集部編『シリーズ日本近現代史（10）日本の近現代史をどう見るか』（岩波
　　　新書、2010年）、153～154頁による。
29）日高六郎『戦後思想を考える』（岩波新書、1980年）、28頁。
30）土屋芳雄は、1931年に関東軍独立守備隊に入隊し、1934年から関東軍憲兵
　　　隊の憲兵となり敗戦を迎えた。敗戦後はソ連に5年、中国に6年抑留され、
　　　1956年に帰国している。前掲『聞き書き・ある憲兵の記録』、「はじめに」
　　　より。

第Ⅲ部　戦争史・現代史教育実践の試み

31) 以下、伊東祐史の主張についての引用は、伊東祐史『戦後論—日本人に戦争をした「当事者意識」はあるのか』（平凡社、2010年）、275～277頁による。
32) 前掲『シリーズ日本近現代史（10）日本の近現代史をどう見るか』、154頁。
33) 内海愛子『キムはなぜ裁かれたのか—朝鮮人BC級戦犯の軌跡』（朝日選書、2008年）、同『朝鮮人BC級戦犯の記録』（勁草書房、1982年）などに学び、教材化を進めたいと考えている。
34) 坂本昇「なぜいま現代史を学ぶのか」（『歴史地理教育』762号、2010年7月増刊）、13頁。
35) 中学2年の歴史的分野は、近現代史まで進んでいないこともあって、授業とは別に学年全員対象の特別講義を行った。
36) 小林英夫『これから先はどうなるか　日本近現代史を読み直す』（新人物往来社、2010年）、6頁。著者は、複数の著者が課題別に書いた近現代史の本やそれぞれの著者がシリーズで1冊ずつまとめた例はあるが、単著はあまり見かけないと指摘している。以下、引用文の括弧は引用箇所を示す。
37) 吉見俊哉『シリーズ日本近現代史（9）ポスト戦後社会』（岩波新書、2009年）、9頁。
38) 岩波書店編集部編『シリーズ日本近現代史（10）日本の近現代史をどう見るか』（岩波新書、2010年）、208頁。
39) 以下、宮地の引用は、宮地正人『通史の方法・岩波シリーズ日本近現代史批判』（名著刊行会、2010年）、258～259頁。
40) 宮地正人監修、大日方純夫・山田朗・山田敬男・吉田裕著『日本近現代史を読む』（新日本出版社、2010年）。
41) 「学界の共有財産」については、次の文献をあげるだけにとどめたい。遠山茂樹「社会科の学習内容と学力—歴史学と歴史学習を中心に」（日本民間教育研究団体連絡会編『社会科教育の本質と学力』労働旬報社、1978年）、93～95頁。同『歴史学から歴史教育へ』（岩崎書店、1980年）。教科書検定訴訟を支援する歴史学関係者の会編『歴史の法廷—家永教科書裁判と歴史学』（大月書店、1998年）、218～220頁。君島和彦『日韓歴史教科書の軌跡—歴史の共通認識を求めて』（すずさわ書店、2009年）、130～131頁。

## 第2章　戦争をどう教えるか
――小中高を一貫する視点から――

### 1　小学校で『戦争』をどう教えるか
――「15年戦争」学習の実践――

坂　本　　　謙

## はじめに

（1）戦争学習の諸問題

　「15年戦争」および「アジア太平洋戦争」[1]についての歴史研究は、戦後多くの成果が蓄積されている一方、歴史教育においては戦争学習をめぐって近年問題が提起されている。「悲惨な被害体験や残虐な加害体験を情熱込めて伝えても、それが必ずしも〈戦争拒否〉の思想・感情に培うことにつながらず、逆に、もうそんな悲惨・残虐な話は聞きたくないという〈戦争話の拒否〉につながってしまう」[2]と指摘されているように、戦争学習に対する忌避感が子どもの側に広がっていることが挙げられる。また、アニメやマンガ、ゲームの影響によって、戦争に対する認識が歪んで受け入れられているといったことも危惧されている[3]。

　戦争体験者が、年々減少していく中、戦争体験をどのように継承していくかという状況に加え、子どもの変容によって戦争学習がより困難な状況に置かれていると言える。したがって、子どもが戦争を自分の問題として捉える「当事者性」[4]を意識して、戦争を主体的に学習していく態度をいかに培っていくかが、歴史教育の喫緊の課題となっている。

（2）歴史研究と歴史教育の関係

　戦争学習を進めていくにあたり、歴史研究と歴史教育の関係についての議論

第Ⅲ部　戦争史・現代史教育実践の試み

も看過することができない。

　歴史研究と歴史教育の密接な結びつきが必要なのは言うまでもないが、歴史小説などの歴史叙述の領域には、これまで歴史研究も歴史教育も深く踏み込んだ議論がなされなかった。

　「歴史研究や歴史教育にかかわる人がもっと積極的に歴史叙述という領域に入っていく、つまり歴史研究の成果や歴史教育のいろいろな実践が、もっと叙述の形で広まっていくということがあってもいいのではないか（中略）歴史叙述の領域を、どのように歴史研究と接合させていくかということが、歴史教育の重要な問題」[5]と言われるように、歴史研究と歴史教育は歴史叙述などのサブカルチャーにどのように携わっていくかが課題とされている。歴史教育が歴史学と歴史叙述をつなぐ役割であることを意識して、科学・実証の論理だけでは対抗できない領域に踏み込み実践していくことが重要になっていると言える。

## 1．「15年戦争」学習にあたって

### （1）子どもの「戦争」観

　実践したのは、2009年11月であり、勤務している小学校（宮城県大河原町立大河原小学校）の6年生に行った。この小学校は児童数約920名の仙南の地域では一番大きい規模の小学校である。東北本線と国道4号線が通過するため交通の要衝地に位置し、新興住宅地がある一方、すぐ近くには田畑が広がっており、古くからの家も建ち並んでいる地域である。その6年生に「戦争」に関する事前アンケートを行った（当日欠席1名により39名での実施）。

　「『戦争』という言葉から、あなたはどの戦争のことを思い浮かべますか。」という質問項目に対し、「太平洋戦争」12名、「第2次世界大戦」10名、「日中戦争」1名、「日本への原爆投下」4名と、15年戦争期に該当するのが計27名[6]を占め、戦後60年以上経過してもクラスのほとんどの子が15年戦争期の戦争のイメージを抱いていることがわかった。

　また、「日本が約60年〜80年前に外国と戦争をしたことを知っている。」と答

## 第2章 戦争をどう教えるか

えた児童のうち、「その戦争について、あなたは、誰から、または何で知りましたか。」という質問（重複回答あり）に対しては、家族14名、本（マンガも含む）15名、テレビ14名、学校の先生4名、友達1名、塾の先生1名だった。「家族」と答える子が多いことを予想していたが、本やマンガ、テレビから15年戦争期の情報を得ていることも目立つ結果となった。

「約60年～80年前の時期に、日本はどの国と戦争をしたのでしょうか」（自由記述形式で複数回答あり）という質問については、「アメリカ合衆国」26名、「イギリス」11名、「フランス」8名、「中国」7名、「ロシア」7名（「ソ連」と回答した児童は無し）、「朝鮮」4名、「ドイツ」3名、「イタリア」2名、「インドネシア」1名、「カナダ」1名だった。アメリカ合衆国と戦ったというイメージが強く、中国やソ連と戦ったという認識が薄いことがわかる。日本が、ドイツやイタリアなどと戦ったと誤った回答している子も目立ち、第2次世界大戦の世界史的な視点が必要なことが明白となった。

（2）実践にあたっての観点

教科書は『新編新しい社会6上』（東京書籍）で、15年戦争期にあたる小単元は「長く続いた戦争と人々のくらし」（全6時間の計画）である。

「戦争」の本質を考える際、なぜ戦争に突入していったのか、そして、戦後どのように改革していったのかなどのことを踏まえれば、15年戦争期に限定せず、戦前・戦後も視野に入れた実践を検討していかなければならない。しかし、ここでは、直接的に「戦争」の認識を持たせていくかということに焦点をしぼって実践を行っていくために、あえて15年戦争期をどのように教えていくかということに限定していきたい。

そこで、「長く続いた戦争と人々のくらし」では、次の5つを柱として実践にあたることにした。

第1に、できる限り地域を教材として生かすことである。戦時期の大河原町の様子、仙台空襲などの資料が豊富にあり、自分達の住んでいる地域で実際に起こったこととして今野日出晴のいう「当事者性」の意識に近づけていくこと

が重要であろう。

　第2に、親や祖父母、または曾祖父・曾祖母への聞き取りを行うことである。戦後65年を経過し、戦争の体験を直接伝承していくことが難しくなりつつある。戦争体験をいかに継承していくかという課題があり、子どもが自分の親や祖父母、または曾祖父・曾祖母の代に遡ることによって、自分と「戦争」とのつながりを実感させていきたいという試みである。それぞれの個人の「体験」を発表し合ってクラス全体で共有できる「経験」にすることも目的とした。

　第3に、非日常的な「戦争」が日常化する恐ろしさを伝えることである。当時の人々の生活を取り上げて、日常の生活にどのように戦争が入り込んで、人々は戦争に協力し、そして生活が破壊されていったのかを子どもの視線で考えていくようにした。

　第4に、「戦争体験」は「加害」「被害」「荷担」「抵抗」[8]と様々な側面を持つことを踏まえて、小学生に何を教えるかということである。歴史教育として「戦争」を初めて学習する子どもに対して、「荷担」「抵抗」はやや複雑な内容であり、聞き取りを行いやすいという点から「被害」を基本としたなら「加害」の問題を扱うという視点で実践を行うことにした。

　第5に、歴史叙述・文学作品を扱っていくことである。従来から『猫は生きている』『夜のかげぼうし』『マヤの一生』『ガラスのうさぎ』など、15年戦争期を題材にした児童向けの文学作品がある。そのうち、『ガラスのうさぎ』を授業で取り上げることにした。理由は、仙台が舞台として登場する場面があり、家族を失う戦争の悲しさ・恐ろしさが描かれているからである。主人公の敏子を通して戦争を考える視点をつくっていきたい。

## 2．「15年戦争」の学習

### (1)「加害」について

　「満州事変」[9]についての学習で、満州へ移民が送られたことを説明した。特に、宮城県では、南郷村（現・美里町）の分村移民、丸森町耕野の集団移民と

第 2 章　戦争をどう教えるか

いうように実例があった。
　「満州事変」の後、中国へ進出したこと学習した。中国への侵略性を意識させるために、日本兵が行った刺突訓練の様子についての資料を提示した。渡部良三の短歌[10]である。

　　　鳴りとよむ大いなる者の声きこゆ
　　　　　「虐殺こばめ生命を賭よ」
　　　驚きも侮りもありて戦友らの目
　　　　　われに集まる殺し拒めば
　　　殺さぬは踏むべき道と疑わず
　　　　　拒めしわれを囲む助教ら
　　　「捕虜殺すは天皇の命令」の
　　　　　大音声眼するどき教官は立つ
　　　「捕虜ひとり殺せぬ奴に何ができる」
　　　　　むなぐら摑むののしり激し

この短歌を説明しながら紹介した後、次のようなやり取りをした。
坂本「この短歌を作った人は、捕虜を殺したのでしょうか。」
「殺したと思う」（14人）「殺さなかったと思う」（20人）「わからない」（5人）
坂本「殺したと思う理由は」
O・K「大勢に囲まれて、教官に胸ぐらをつかまれたら殺してしまうと思う。」
S・R「殺さないとみんなから何されるかわからないからこわい。」
O・M「殺さないと兵士として認めてもらえない。」
坂本「殺さなかったと思う理由は」
O・N「『虐殺こばめよ』という所がその気持ちが表れていると思った。」
I・N「私だったら、殺すことができない。」
H・A「縛られている人を殺すのは卑怯。」

第Ⅲ部　戦争史・現代史教育実践の試み

坂本「今、Nさんが『私だったら』と言いましたが、もし、自分だったらどうしますか。」

ほとんどが「できません。」「無理です。」といった反応。中には「そういう状況になってみないとわからない。」などの答えがあった。

坂本「確かに、戦争はみんなが想像している以上の状況なので、人を殺してしまうかもしれない。ここで取り上げた資料では、中国人の捕虜を殺すことが立派なこと。逆に、殺さないと、みんなから非国民または国賊と言われたのです。」

坂本「さて、この短歌を作った渡部さんは、実は殺さなかったのです。」

「すごい。」「やったあ。」「やっぱり。」などの反応。

坂本「ところで、殺さなかった渡部さんはどうなったと思いますか。」

O・N「教官から怒られたと思います。」

I・M「兵士を辞めさせられたと思います。」

坂本「渡部さんは、周りの兵士達から、血を吐くほど殴られたり、冷水をかけられたりしたそうです。」

「なんで。」「ひどい。」などの反応。

【子どもの感想】

「中国で、たくさんの人を日本兵が殺したことを知ってショックでした。戦争では何も解決できないので、戦争を二度と起こしてほしくないです。」(O・N)

「もし、自分だったら、どんなことがあっても人を殺したくないです。正しいことをしている渡辺さんをなぐるなんて、まわりの兵士たちはひどいと思いました。」(S・R)

(2) 国際関係と「戦争」

アンケートで判明したように、「戦争」が世界の国々の動向とどのように関係しているか認識が不明確であったため、主に世界史的な内容を中心に学習を

第2章 戦争をどう教えるか

進めた。

　内容につては、次の6つをポイントとして押さえた。第1に、日独伊三国軍事同盟を組み、世界的に広がった戦争であったこと（第2次世界大戦）。第2に、日本は、石油を求めて東南アジアに進出していったこと。第3に、満州返還の条件を日本は無視したこと。第4に、真珠湾攻撃が奇襲攻撃であったこと。第5に、中国では、依然として戦争が続いていったこと。第6に、イギリスやオランダ、オーストラリア、ニュージーランド、カナダなどの国とも対戦相手国であったことである。

　「戦争」を科学的・実証的に考え、判断していく正しい力を小学校でも育てていく必要があるだろう。

（3）地域教材と子どもの生活観

　戦中期については、戦争が激化していく中、国民の生活はどのようになっていたのかを調べていく内容で授業を進めた。

　まず、戦争中のスローガンを空欄にして言葉を考えさせながら、生活の苦しさや国民が戦争に協力していった様子を捉えさせた。

　戦争中の生活として、具体的には配給制、学童疎開、学徒出陣などの写真を提示した。なるべく子どもの生活に近い問題を取り上げ、日常生活に戦争が入り込む様子を考えさせた。

　さらに、子どもに「当事者性」に近づけるために、大河原町の防空壕や仙台空襲の写真、柴田町（旧船岡町）の第一海軍火薬廠のスライドを見せて、自分たちが住んでいる地域も戦争に巻き込まれたことを実感させるようにした。

（4）歴史叙述と「体験」の聞き取り

　「戦争」に関係のある資料や用語は限りがなく、資料や用語の数に比例して「戦争」の理解が子どもにとって深まるわけではない。
知識がいくら積み重なっても、「戦争」による悲しさや怒りといった感情を実感できるわけでもない。小学校で「戦争」を教える場合に、知識・理解も大切

第Ⅲ部　戦争史・現代史教育実践の試み

なことを踏まえつつも、一方で感情的に捉えさせることが、むしろ「戦争」を学習する土台になると考える。そこで、具体的に個人がどのように「戦争」に巻き込まれ、悲惨な体験をしたのかを物語的な叙述を通して学習をすることにした。

　取り上げたのは、著者が実体験に基づいて戦中の様子を描いた『ガラスのうさぎ』[11]である。

　坂本「『ガラスのうさぎ』という本があります。この本の主人公の敏子が戦争を生き抜いていく話です。要約したものを読みます。

　（『ガラスのうさぎ』の要点を抜粋したものを読む）

　坂本「『ガラスのうさぎ』を読んでどのように思いましたか。または感じましたか。」

　S・M「家族を次々と失って、敏子はかわいそうだと思いました。」

　T・S「あと10日で戦争が終わったのに、お父さんを亡くしてしまうなんて残念でした。」

　A・M「もう一人のお兄さんが生きてて良かったです。」

　O・N「家族を失っても、敏子は強い生き方をしていると思いました。」

　母そして妹を空襲で失い、そして頼りにしていた父も目の前で命を失ってしまう敏子。子どもたちは、その敏子に自分を重ねて「戦争」の悲惨さを実感することができた。物語的な叙述であるが、ノンフィクションであることに子どもたちはより一層共感していたようだった。

　そこで、子どもが自分たちの家族に聞き取りをした「戦争体験」について発表会を行った。

　M・H「（祖母が）4歳のとき、飛行機の音がしたり、飛んできたりすると、家から出て竹やぶの中にかくれた。」

　M・K「ガダルカナル島で、（祖母の）父親が戦死した。食べる物がなかった。」

　S・M「仙台空襲があり、B29という飛行機が爆弾を落として、たくさんの人が死亡した。（祖母が）中学生の時、冬休みの宿題が炭俵を作ることで、1

人3つ作らなければならなかった。」

　I・M「おじいちゃんのお兄さんが太平洋戦争でフィリピンに行き、そこで亡くなった。戻ってきたのは、戦争に行く前に切った爪だけだった。」

　様々な体験が次々と出され、子どもにとっては遠い昔のことが今に伝えられ、直接体験したわけではないが、日本が「経験」したこととして全員で共有することができた。

（5）文字資料の有効性
　画像や映像は、「百聞は一見に如かず」というように、子どもの理解の定着を図るのに大いに役に立つものである。
　しかし、「戦争」の悲惨さを伝える際、悲惨な画像や映像を提示しても教師の思惑通りにならないことがある。人が「戦争」で亡くなっている写真を見せたとしても、写真から死を悼んだり悲しんだりするとは限らず、嫌悪感、または逆に好奇の目を持つことがある。
　小学生の場合、文字資料が悲しさや悲惨さを訴えることがある。沖縄戦の学習で、次の資料を挙げた[12]。
　「私は校長先生に一緒に玉砕させてくれるようお願いしました。すると校長先生は快く引き受けてくれて、身支度を整えるようにいいつけました。『天皇陛下バンザイ』をみんなで唱え、『死ぬ気持ちを惜しまないでりっぱに死んでいきましょう。』といってから、1人の先輩の女の先生が、だれかに当たるだろうとめくらめっぽうに手りゅうだんを投げつけました。その中の2コ（ママ）が1人の若い女の先生と女の子にあたり、先生は即死で、女の子は重傷を負いました。（中略）校長先生は奥さんの首を切り終えると、先程最後に死んでくれるようお願いしたにも拘らず、今度は自らの首を切ったため、『シューッ』と血の出る音と同時に倒れてしまいました。」
　この資料を読んだ児童は、資料の中に自分が入り込むようにこの状況を想像した。この資料が学校と関係のあることだったので深刻に受けとめたようだった。

「かわいそう。」「どうしても死ななければならなかったのだろうか。」などの感想があった。

文字資料が戦争の悲惨さを実感していく手がかりになった一例である。

## おわりに

実践を省みるといくつかの課題が浮かび上がる。

その1つは、学習した過程を振り返ると、「戦争」は複雑な側面を持つが、果たして小学校ではどんな内容が中学校や高校へつなげていくために妥当であるのかである。

先述したように「加害」「被害」「荷担」「抵抗」と「戦争」は決して一面的ではない。しかし、小学校の段階で、全てを網羅することはかえって「戦争」をより不明確なものにしてしまうことになりかねない。小学生にとって特に「抵抗」は「被害」や「加害」の認識がないままに安易に理解はできないように思われる。「被害」と「加害」の恐ろしさを実感して、その後に「抵抗」という意識が育っていくのではないだろうか。

また、実践の中で「加害」の問題を取り上げたが、果たして小学生に有効だったのかは論点の一つになる。中学校や高校で教えることを小学校で先取りする必要はないので、「加害」に触れたことが、実践を振り返れば果たして有効であると言えるのか、今後も突き詰めて考えていきたい問題である。

小・中・高と、構造的にどのように「戦争」について学習をしていくか、今回の実践で課題が残った。

2つ目は、「体験」を「経験」にすることができたのかである。

子どもが、家族に聞き取りを行ったが、祖父母のいない家庭が多く、実際には難航した。父母が祖父母からどんな話を聞いたかといった手法で間接的な聞き取りも行わせた。父母からも協力を得ることができ、少し具体性を欠く所もあったが、祖父母、または曾祖父・曾祖母から聞いた話を聞き出すことができた。父・母からも遡り、戦争へとつなげていくことができた。今後、戦争体験世代が少なくなる中で、どのように戦争体験を受け継いで「当事者性」に近づ

第 2 章　戦争をどう教えるか

けていくのか、歴史教育だけでなく歴史学も含めて考えていかなければならない問題であると考える。

3つ目は「戦後」の学習についてである。

戦後改革に民衆がどのように関わったのか、そして戦中と戦後で連続している面と断絶している面があったのかは、「戦争」の学習にとって落としてはならない観点であると考える。ただ、小学生には連続性と断絶性の両面を押さえることはやや難しいものと思われる。

戦後も含めて、小・中・高でどのように指導していくか、構造的に指導内容を考えていかなければならない。

9・11以降、国際の情勢は不安定になり、中国の台頭もあり、パクス・アメリカーナが揺らいでいる中、「平和」を築いていく意識がますます必要になってきている。こうした状況を考えると、「戦争」の学習を歴史教育としてどのように進めていくか、小・中・高それぞれに留まるのではなく、広く枠を越えて議論していく必要があるだろう。

---

1）それぞれの名称の定義や性格については、木坂順一郎「アジア・太平洋戦争の歴史的性格をめぐって」（『年報日本現代史』創刊号、東出版、1995年）や江口圭一『15年戦争研究史論』（校倉書房、2001年）を参照。
2）山田朗「戦争学習に何が必要か（上）」（『歴史地理教育』第693号、2005年12月号）。
3）山田朗編『歴史教育と歴史研究をつなぐ』（岩波ブックレット712、2007年）の吉田裕の指摘より。
4）今野日出晴『歴史学と歴史教育の構図』（東京大学出版会、2008年）。
5）前掲『歴史教育と歴史研究をつなぐ』38頁の山田朗と43頁の成田龍一の議論を参照。
6）他の回答は、「第1次世界大戦」1名、「オーストリア継承戦争」1名、「日清戦争」1名、「戊辰戦争」4名、「関ヶ原の合戦」2名、「長篠の戦い」1名、無回答2名だった。

第Ⅲ部　戦争史・現代史教育実践の試み

7）「家族」と答えた内訳は、「祖父」6名、「祖母」9名、父1名、姉1名、曾祖父1名。
8）大串潤児「アジア太平洋戦争の研究動向と戦争学習の課題」(『歴史地理教育』687号、2005年7月増刊号）を参照。
9）「満州事変」の名称については、「中国東北戦争」や「対中国侵略戦争」など様々な議論があるがここでは教科書の用語に沿って「満州事変」とした。
10）前掲『歴史学と歴史教育の構図』204～205頁。
11）高木敏子『ガラスのうさぎ』(金の星社、1979年)。
12）藤原彰編『沖縄戦―国土が戦場になったとき』(青木書店、1987年) 127頁。

## 2　中学校の歴史の授業で何を伝えどう伝えるか

小　貫　広　行

はじめに

　戦後の60年間、日本は日本国憲法のおかげで戦争を行っていない。これは非常に意味のあることである。しかし、一方で、山田朗が言うように、日本の全人口の４分の３が戦争非体験世代となり、戦争の記憶を継承しがたくなっている状況が生まれている。歴史教育者の熱意とは裏腹に、子どもたちの「戦争話の拒否」という現象が起きてしまう場合もあるという[1]。戦争を二度と起こさないための戦争教育の中で、子どもたちに何を伝えればよいのか、また伝えるべき内容をどのように伝えていけばよいのか、考えていきたい。

## １．中学校の歴史の授業で「何を伝え、何を省くか」

　まず、中学校の戦争の授業で何を子どもたちに伝えていけばよいかを考えていきたい。

　比較する上で、小学校の戦争の授業に少し触れておきたい。私は、小学校でも戦争について教えた経験があるが、小学校の戦争の授業では、自分で教材研究した内容を授業の中に容易に取り入れやすい。中学校のように、戦争の原因、経緯、結果などを詳しく追う必要はないので、戦争の時代をよくとらえられる教材を思い切って使えた。実際に、地域や学校そのものが空襲の被害を受けていたり、地域に戦争遺跡が残っていたりしたので、それを教材化し、授業を行ったことがある。

　それに対して、中学校では、戦争の教材を小学校ほど思い切って教材化できない事情がある。それは、「教科書をとおしてもっとも学習指導要領の影響を強く受けているのが、高校受験を前にした中学の歴史学習」[2]という状況があるからである。授業で、受験に必要な内容に触れておかなくてはいけない一方

第Ⅲ部　戦争史・現代史教育実践の試み

で、教師として伝えたい内容をどう組み込んでいくか、日々悩まされている。中学校では、単元構成を教科書に依拠しながら、1時間の授業の中に、取り上げたいテーマをどう盛り込むかで苦労している。丸浜昭は、そういった点を踏まえて、「現実的に大きな問題は、どう教えるかということより、どう教えないか、何をはぶくかということにあるといえそうである」[3]と述べているが、実際に授業をしてみて、同じ思いを抱いている。

　しかし、授業を行おうとすると、どこをどう省いてよいのか分からないことが多い。そうすると、結局網羅的な授業になってしまいがちである。そこで参考になったのが、安井俊夫の教科書分析の仕方であった[4]。要点は、10の知識を教えても、生徒の心の中に何も残らないのであれば、1の知識をしっかりと伝え、それを生徒が自分のものにしたほうがよい、というものである。そういった視点で、教える内容を重点化していく。こういった視点で教材研究を行えばよかったということを知ったときは、本当に目から鱗であった。これで、1時間1時間の授業の中で何を伝えればよいかが、より明確になってくると思われる。

　では、改めて中学校の歴史の授業で何を伝え、何を省けばよいのか。丸浜は、授業時数が限られている点を踏まえ、小学校では、空襲体験など主に被害の体験を扱って、高校では、開戦や敗戦にいたる意志決定の問題、天皇のかかわりなどを扱い、中学校で「戦争の実態をじっくり見ること」[5]を提起している。仮に小学校ですべての内容を網羅して授業を行ってしまえば、中学校で同じ内容を教える必要はない。そこで、このように、小中高でどういった内容を教えるかをお互いに意識しておけば、各学校での単元構成もしやすくなると思われる。

　自分自身は、安井や歴史教育者協議会の実践を参考に単元構成（表1参照）を考えて授業を行っている。教科書の単元と比較すると、戦線の拡大、アジア太平洋戦争の開戦（開戦直後の占領地域における日本軍の行動）、戦局の転換（サイパン島陥落とその後の空襲）、沖縄戦、原爆を詳しく取り上げている。

第 2 章　戦争をどう教えるか

**表 1　中学校における歴史の授業の単元構成の比較（第 1 次世界大戦から敗戦まで）**

| | 独自の単元構成 | | 教科書（東京書籍）の単元構成 |
|---|---|---|---|
| 1 | 第 1 次世界大戦とロシア革命 | 1 | 第 1 次世界大戦とロシア革命 |
| 2 | ベルサイユ体制 | 2 | 国際協調の高まり |
| 3 | 対華21か条の要求 | 3 | アジアの民族運動 |
| 4 | 米騒動とシベリア出兵 | 4 | 大正デモクラシー |
| 5 | 普通選挙と治安維持法 | 5 | 広がる社会運動 |
| 6 | 関東大震災と朝鮮人虐殺 | 6 | 都市化と大衆文化 |
| 7 | 世界恐慌 | 7 | 世界恐慌とブロック経済 |
| 8 | 満州事変 | 8 | 欧米の情勢と日本 |
| 9 | 5・15事件と2・26事件 | 9 | 日本の中国侵略 |
| 10 | 日中戦争の開始 | 10 | 日中全面戦争 |
| 11 | 戦線の拡大 | 11 | 第 2 次世界大戦 |
| 12 | 第 2 次世界大戦 | 12 | アジア・太平洋での戦い |
| 13 | アジア太平洋戦争の開戦 | 13 | 戦争の終結 |
| 14 | 戦局の転換 | | |
| 15 | 沖縄戦 | | |
| 16 | 原爆 | | |
| 17 | 敗戦 | | |

## 2．中学校の歴史の授業で「どう伝えるか」

　自分自身の授業を振り返ると反省すべき点ばかりであるが、何らかの手がかりをつかむ上で、上記の内容をどう伝えているか、述べていきたい。
　まず始めに、11「戦線の拡大」についてである。「北京で戦争が始まったあと、日本軍は首都南京に攻め込む。そこでどんなことが起きたのか、中国側、日本側の証言をもとに、事実を確かめる。」ことが課題である。まずは、筆者が撮影してきた南京にある侵華日軍南京大屠殺遇難同胞紀念館内にある遺骨の

153

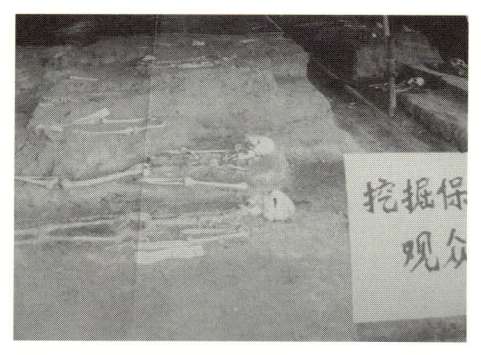

第Ⅲ部　戦争史・現代史教育実践の試み

写真1　侵華日軍南京大屠殺遇難同胞紀念館に展示されている遺骨

写真（写真1参照）を見せ、なぜ現在もここに遺骨があるのか、という質問から話を始める。南京で何が起きたかを確認するが、概略的なことは極力少なくし、その後の展開は、日本軍の南京侵略で被害を受けて訴訟を起こしている中国人の李秀英さんの体験を中心に授業を進める。概略的に授業を進めるよりは、生徒が視点を定めやすい。さらに、筆者自身が彼女に直接会っていることも授業で取り上げている。彼女の証言を聞くことの出来る中国行きのツアーに参加し、お会いすることが出来た。日本軍が南京を侵略したことを少しでも生徒に身近なものにしてほしいという願いから、そのときに彼女とともに撮った写真や彼女の証言を記録したビデオなどを用いている。証言内容は、彼女の証言文[6]をもとに確認している。残りの時間は、実際に中国人捕虜を殺害した元日本兵士の証言ビデオや証言文[7]を見せている。この内容は小学校で取り扱っていないと考え、一時間かけて取り上げている。

次に、「第2次世界大戦」について取り上げたい。「ドイツの侵略に対するヨーロッパ諸国の対応を確認する。また、ドイツのユダヤ人に対する政策について考える。」という課題を立てて、プリントで学習を進める。映像資料で、①ドイツのポーランド侵攻による第2次世界大戦勃発からイギリス空襲の失敗、②ドイツのソ連攻撃と独ソ戦敗北、③ノルマンディー上陸作戦とイタリア敗北、④ドイツ敗北、という流れを確認する。その後、同じ映像の中の、ユダヤ人を収容所に連れていく場面などを見せた後、ドイツのユダヤ人に対する政策について、自分の考えをプリントに書かせる。ここでは、第2次世界大戦を概略的に扱っているので、そちらをより省いて、より具体的な教材であるユダヤ人の迫害について膨らませた授業のほうがよいのではないかと考えていると

第2章　戦争をどう教えるか

ころである。ただし、第2次世界大戦は、中学校で初めて取り上げるので、すべて削ってしまうわけにもいかない。

　3つ目は、「戦局の転換」である。「ガダルカナル島、サイパン島で日本軍が敗北を重ね、米軍が空襲を行うことが可能になり、国内も空襲を受ける。これ以上、日本は戦争を続けるべきかどうか自分で判断する。」という課題を立てて、考えさせる。資料集に載っている地図で確認しながら、ガダルカナル島やサイパン島の映像資料を見せる。ここでは、戦時中、戦場が日本へ近づいていることを確認していく。米軍が、なぜサイパン島（近くのテニアン島も）を獲得したかったか（日本本土への空襲が可能になる）を考えさせる。それによって、空襲が可能になったことを確認し、群馬県太田市の空襲の映像資料を見せ、これ以上戦争を続けるべきかを生徒に判断させる。空襲による被害については、小学校で扱うことを前提としているので、ここではあまり深く取り上げていない。

　4つ目は、「沖縄戦」である。「サイパン陥落後、米軍は沖縄に攻め込む。沖縄戦の特徴として、沖縄県民は投降より死を選ばせられたこと、「集団自決」が行われたことについて自分の考えを持つ。」ことを課題としている。前半で、映像資料を見せ、沖縄戦の概略を知る。その後、「集団自決」が起きたガマ（鍾乳洞）と起きなかったガマがあったことを確認し、その原因について考えさせる。沖縄戦については、ガマの内部の様子、「集団自決」などをもう少し詳しく掘り下げるといいのではないかと思っている。また、現在の沖縄のイメージ（南国らしさ、米軍基地の存在）を取り上げ、それとの対比で沖縄戦（かつて戦場となったこと）を取り上げても良いのではないかと思っている。現在、沖縄の普天間基地移設問題がクローズアップされているが、沖縄が抱えている問題を考える上でも、ぜひ沖縄戦はじっくりと取り上げたい。

　最後は、「原爆」を取り上げる。「原爆の殺傷能力のすさまじさと、その原爆を落とした米軍の目的を踏まえて、原爆を落とした米国に対して自分の考えをまとめる。」ことを課題にして授業を進めている。原爆については、多くの子ども達が何らかの形で触れてきているので、中学校ではより詳しく正確な内容

第Ⅲ部　戦争史・現代史教育実践の試み

をつかませたいと考えている。歴史教育者協議会編『わかってたのしい　中学社会科　歴史の授業』(大月書店、2002年) に掲載されているプリントを用いて、原爆についての基礎知識や原爆の威力を細かく確認する。被爆した方のビデオ (10フィート映画『にんげんをかえせ』) で、核兵器をなくす必要性について理解を深める。最後に、米軍が原爆を用いた目的 (ソ連の牽制) を資料から確認し、原爆を用いた米国に対して意見を書かせる。最近は、オバマ大統領の核兵器廃絶に向けての演説によるノーベル平和賞受賞が話題になったこともあり、中学生も核兵器廃絶に関心が向いたようである。そういった意味でも、現在の核問題と関わらせると、より意欲的に学習するようになるのではないかと考えている。

## おわりに

山田は、「なるべく抽象的な議論は避け、身近な人や物から過去の出来事への関心を喚起すること、過去の出来事が現在の自分たちの生活に何らかの形でつながっていることを気づかせる」[8]ことが大事だと述べている。日中戦争の授業では、授業者が直接会った方を登場させ、授業内容を極力生徒に身近なものにしてみたり、現在とつなげたりしてみた。原爆の授業も、過去のものとしてだけ伝えるだけではなく、現在の核をめぐる状況も付け加えてみた。しかし、実際の授業は、まだまだ不十分である。山田の指摘を意識して、今後戦争教材を工夫していきたい。

---

1) 山田朗「戦争学習に何が必要か (上)」(『歴史地理教育』第693号、2005年12月) 参照。
2) 丸浜昭「世界の中の日本を考え、現代につながる歴史学習をめざして―中学歴史学習の教育課程づくりのために―」(『歴史地理教育』第671号、2004年7月) 11頁。
3) 同上　16頁。

4）安井俊夫『歴史の授業108時間上』（地歴社、1990年）173頁。
5）前掲丸浜論文　16頁。
6）松尾章一編『中国人戦争被害者の証言』（晧星社ブックレット6、1998年）
7）松岡環編著『南京戦　閉ざされた記憶を訪ねて』（社会評論社、2002年）
8）山田朗編『歴史教育と歴史研究をつなぐ』（岩波ブックレット712、2007年）62頁。

第Ⅲ部　戦争史・現代史教育実践の試み

## 3　今の高校生に何を伝えるか
――元兵士の告白を考える授業を通して――

古頭（加々見）千晶

## はじめに

　2003年度、2006年度の2回にわたり、慰安所を管理していた元兵士の告白をめぐる記事をテーマに授業を行った。この間には、学習者である生徒を取り巻く状況が様々な面で変化した。2003年度、2006年度の授業を振り返りながら、状況の変化を踏まえ、今の高校生に15年戦争をどのように伝えたらよいかを考えて行きたいと思う。

## 1．授業実践について

①教材と授業のねらい

　教材として用いたものは、1998年8月11日『朝日新聞』朝刊に掲載されていた、「後悔しない、うそじゃないから―記憶はさいなむ、元兵士達はいま①」という記事である。この記事に登場するのは、中国北部で慰安所の管理をしていた元日本軍兵士（1993年当時72歳）である。この元兵士は、地方新聞の記者に「これを言わなきゃ死ねない」と言いながら慰安所について自らが体験したことを証言し、その証言が本人の了承を得た上で実名入りで記事になった。記事は社会面トップで掲載されたが、その直後から元兵士を非難する電話が元兵士の自宅へ相次いでかかった。非難の電話を受ける中で元兵士や家族は深く傷つき、元兵士は心を閉ざしていく。記事を書いた朝日新聞の記者は、元兵士のことを知り、何度も連絡を取ろうとしたが、結局会うことができなかった。しかし時間が経過すると、元兵士は朝日新聞の記者と会い、記者が実名で証言したことを悔いていないかを尋ねると、元兵士は「後悔してない。全部事実、うそじゃないんだから」と答えた。その後元兵士は、中国でスイカ畑にいた老女を刺した時のことを話し、スイカを見ると老女の顔を思い出すと語った。この記事は戦争に参戦した兵士たちが、その後の人生にわたって背負った心の傷を

第2章　戦争をどう教えるか

テーマとし、戦争の真の姿に迫ろうとした記事である。この記事を読むと15年戦争の実態を垣間見ることができるとともに、戦争の加害者として捉えられる旧日本軍兵士もその後の人生にわたって負った心の傷について考えると、被害者でもあることが理解できる。そして何よりも、この記事を教材にすれば、戦後に育った世代が15年戦争の歴史とどのように向き合って行けばよいかを考えていくことができると思い、以下のねらいで授業を行った。

・元兵士の告白や日本軍「慰安婦」の学習を通して戦争の実態や日本がアジアの国々で行った加害の事実を知る。
・新聞記事に登場する元兵士の告白が社会や家族に与えた影響について学習し、戦後に育った私たちの世代にどんな課題があるかについて考える。

②実施した時期と対象

　先述の通り、2003年度と2006年度に授業を行っている。2003年度は高3を対象に、『世界史A』の第2次世界大戦の学習の後で授業を行った。2006年度も高3を対象に、同じく『世界史A』の第2次世界大戦の学習の後で行った。よって、2回の授業共、15年戦争史の学習をするというよりは、第2次世界大戦の学習の中で、戦争をテーマに考えてみるという設定で授業を行なった。

③授業内容（次ページの表参照）

④生徒達の感想

　授業の後に必ず「記事の中の元兵士の男性が自分の戦争体験を告白したことについてどう思うか」をテーマとした感想を、生徒達に書いてもらっている。生徒達にはこちらの設定したテーマ以外の感想があれば書いてもよいと伝えている。

　2003年度の感想を読むと、感想を提出した67人（3クラス合計）中50人の生徒が、元兵士の男性が自分の体験を告白したことを肯定的に捉えていた。そのうち42人の感想が「すごい」「よく話した」「偉い」「勇気がある」「素晴らしい」「強い人だ」「そんけいできた」などの言葉を使って肯定したり、積極的に肯定しているものであった。その中には、「戦争を知らない世代にとっては、

159

第Ⅲ部　戦争史・現代史教育実践の試み

|  | 学習内容 | 留意点 |
| --- | --- | --- |
| 導入 | 前回の授業の復習 |  |
| 展開 | 新聞記事を読む | ・一気に読むと生徒達が混乱するので、数段落読んだら解説を交え、ゆっくりストーリーを理解させる。<br>・わかりにくい言葉の意味をきちんと説明する。<br>・日本軍「慰安婦」について様々な見方が現在の日本にあることについて触れる。<br>・性犯罪の被害を受けた生徒が万一いた場合を考え、生徒の様子を見ながら授業を進める。 |
| まとめ | 新聞記事を読んで、元兵士が自分の体験を告白したことについてどう思うかを書いてみる。〈注1〉 | ・時間を十分に確保し、生徒達が静かな環境で書けるよう注意する。 |

〈注1〉　生徒達が書いた感想は、全員分のものを名前抜きでこちらでパソコンで打ち直してプリントにし、次回の授業で生徒達に配布して読ませている。

知るという事が大切だと思うので、勇気をもって話してくれた男性は、罪は消えないけれど、あとの世代の人達に2度と同じ事をしてはいけないということをわからしてくれたと思う。」と元兵士の男性が果たした歴史的役割に言及する生徒もいた。また中には「勇気あるって最初は思った。だけどある意味あたりまえな気もする。」と、告白することを当然とした感想もあった。肯定的に捉えている50人中8人の感想は、話して良かったが家族のことを考えた方がよかった（3人）、話して良かったが被害を受けた人達に比べると「男性のせおっているものの重み」が「軽く思えてくる。」（1人）、「自己まんぞくのためにやっていることはまちがいない」（同様の意見を含めて2人）、と複雑な思いを持ちながら、迷いつつ肯定的に捉えているものであった。また文章が短くて

第2章　戦争をどう教えるか

肯定しているが積極的とは読み取れないもの（2人）もあった。67人中元兵士の男性が戦争体験を告白したことを否定した感想は3人で、「せんそうのなまなましい話なんてしなくていい」、「実名で証言することはとても勇気のいることだからスゴイ！！と思うけど、今さらそんな話をしてもしょうがない」、「家族にめいわくをかけるかもしれないし。」と書いていた。肯定も否定もしていない感想は2人で、「悪いとも思わないしいいとも思わない。日本人のしたことも悪いとは思わない。」という感想もあった。その他は文章が短くて肯定しているか否定しているか判断できないもの（6人）や、「戦争をした人も戦争された人も全員がヒがい者だと思った。」などこちらの設定したテーマとは違う感想を書いたもの（6人）などであった。

　2006年度の授業後の感想は、提出した生徒が67人（3クラス合計）、そのうち元兵士の男性が体験を告白したことを肯定的に捉えているものが49人であった。そのうち41人は「すごい」「強い人だ」「よく話してくれた」「なかなかできる事じゃない」「素晴らしい」などの言葉を使って肯定したり、積極的に肯定していた。中には「（中略）戦争のひさんさはたくさんべんきょうするし、あまりききたくない。けどくりかえさないためにも私たちがかこをうけとめることで何かがかわるとおもいました。」と元兵士の告白を現代に生きる自分たちと関わらせて考えた生徒もいた。複雑な思いを持ちながら迷いつつ肯定的に捉えている生徒は8人で、そのうち2人は話して良かったが家族や周りの人のことを考えたほうが良いと書いていて、「少し良かったなっと思う。」など正に迷いつつ書いているものが4人、あとの2人は「本当のことを話すのはいいことだけどにほんのやっていたことはヒドすぎる」「すこしでも、はなしてらくになりたかったのかなっておもいました。」というものであった。2006年度に授業をしたときには元兵士の男性が体験を告白したことを否定する意見は無かったが、質問と違った感想を書いた生徒が13人いた。そのうち慰安所の話を知っての感想を書いた生徒が2人、「戦争っていってて、こんな事もしてる日本人が情けないと思った」など日本の加害について言及した感想が4人、元兵士の「精神的ダメージ」を考えると「日本兵士はひどい事をしたけど、逆に被

害者ともいえる部分がある」という感想が同様の意見も含めて 2 人、その他は戦争は悲しいあるいはもう起こってほしくない（同様のものも含めて 4 人）、「スイカを見ると忘れられない気持ちはわかる」という感想であった。また文章が短くて肯定しているか否定しているのか判断つきかねるものは 4 人、「きょうみがない」という感想が 1 人であった。2006年度の方が日本の加害に対して述べたものが多い。生徒達はこの授業の前に他の授業でも中国との戦争について学習したそうである。連続して世界史で慰安所の学習をしたため、生徒達にとっては、いささか日本の加害についての印象が強くなってしまったところがあろう。

　どちらの年度も 7 割以上の生徒が、元兵士が告白したという行動を肯定的に受け止めている。多くの生徒は、元兵士の果たした歴史的役割を考えるというよりは、元兵士が自らの戦争体験を告白し、非難を浴びてもなお告白したことを後悔していないと言った行為そのものを肯定的に捉えている。しかし「知ることが大切」と書いた生徒のように、生徒の中には戦争のことを知っていく必要を感じている生徒もいる。戦争体験が受け継がれていない現状をこちらがもう少し詳しく話せば、生徒達は元兵士が果たした歴史的役割について深く考え、15年戦争を自分たちや現代社会との関わりの中で捉えて行くことができたのではないかと思う。

## 2．今の高校生に何をどのように伝えたらよいか。

　高校生を対象に授業をした2003年、2006年、そして2010年現在を比べただけでも生徒達を取り巻く状況は大きく変化している。

　まず第一に戦争体験者の人口が減少していることと、それに伴って「〈戦争の記憶〉」が「希釈」[1]していることが挙げられる。現在の日本の人口は2009年 7 月 1 日の総務省統計局の確定値[2]で見ると127,558,000人、その中で敗戦時に20歳以上（従軍経験がある世代）であった85歳以上の人口は3,622,000人（全人口の2.8％）、敗戦時に10代であった75歳以上84歳以下の人口は9,985,000人（全人口の7.8％）、敗戦時 5 歳から 9 歳でおぼろげながら戦争の記憶を持つであ

## 第2章 戦争をどう教えるか

ろう70歳から74歳の人口は6,905,000人（全人口の5.4%）、戦時中に生まれてもあまり戦争の記憶を持っていないであろう65歳以上69歳以下の人口は8,334,000人（全人口の6.5%）である。70歳以上が戦争の記憶を持つと考えたとしても、戦争の記憶を持つ人が全人口の16%しかいなくなっている。2005年に山田朗は日本では〈戦争の記憶〉が敗戦によって一挙にトラウマとなり、「戦争体験世代の段階で『戦争を忘れたい』『若い者には話しても分からない』というベクトルがはたらいているために、特に加害体験は伝承されず、被害体験のみ〈希釈〉されながら（具体性を失いながら）伝承されるに留まって」おり、中国や韓国で被害体験が〈増幅〉（要点がますます強調）されるのと対照的であると指摘している[3]。戦争の記憶を持つ人が少なくなる中で、「戦争の記憶」が「希釈」している状況はますます進行しつつあるといえ、中国や韓国の人々との歴史認識の違いはますます大きくなっていることが予想される。

　第二に、普段から15年戦争の話を耳にすることがない分、現在の高校生はなぜ戦争の学習をするのかという意味を見出せず、教員からの伝えられ方によっては戦争学習に対して嫌悪感を示すことも少なく無い[4]。

　それでは何をどのように伝えればよいか。

　まず第一に、なぜ15年戦争の学習をするのかを生徒達によく説明したほうが良い。私は、現在の日本の平和憲法の基礎には日本社会が15年戦争を体験したことがあるため、それから〈歴史から学ぶ〉（歴史から教訓や知恵を引き出すこと）[5]学習をするために、15年戦争の学習が必要であると考える。「現代社会」の授業で平和憲法の授業を行うことがあるが、15年戦争の学習なしに平和憲法の学習をしても、生徒達が平和憲法の意義を理解するのは難しいと感じている。平和憲法は日本の憲法であり、国の最高法規である。今後の人生で生徒達がどのような思想を持っていくとしても、まずは現在ある平和憲法を理解することから出発する必要があろう。また15年戦争の捉え方については様々な意見があるが、15年戦争によって、日本の社会や人々が物質的精神的に多くのものを失い、ダメージを受けたのは事実である。15年戦争の学習からは、日本の社会や人々が物質的精神的に何をどのように失い、ダメージを受けたか、そして

そこから人々がどのように生き抜いてきたかを知ることができる。歴史学は科学であるという考えに立つと躊躇しがちな考え方であるが、15年戦争の学習からは正に教訓や知恵を引き出すことができるし、生徒達は教訓や知恵を引き出しながらなぜ歴史を勉強するかを知ることができるであろう。

　第二に、それではどんな教材を用いればよいか。まずは具体性のある教材を用いることである。戦争の状況あるいは戦後の時代の中でそこにいた人々がどう感じたか、どう生き抜いたのかなど、当時生きた人々の姿が見え、何らかの形で内面を垣間見ることができる教材を用いることが大切である。なぜならば現在の高校生の世代は、日常的に15年戦争の話を耳にする機会が非常に少なく、具体性のある教材でなければ15年戦争の状況をイメージしていくことが難しいからである。また高校生とは、思春期に直面する様々な壁を乗り越えて行く時期である。過去の人々が困難な状況にどう直面し、どう生き抜いたのかを知ることは、高校生には関心のあることであり、思春期を乗り越え生きていく上での１つのヒントにもなる。安井俊夫は平和教育研究所の平和教育の目標を引用しながら、戦争学習においては戦争の事実を認識するだけでなく、学習者が戦争の事実に主体的に関わることで「戦争の原因を追究し、戦争を引き起こす力とその本質を、科学的に認識させ」、「平和を守り築く力」を育てることができると指摘し、主体的に関わる方法として「共感―共同」を提起している。安井は、戦争学習に必要な「共感はこちら側の主体と向こう側の主体が触れ合い、こちら側が新たなものを得て、相手側との共同の意識を持つ歩み」であると述べている。安井の指摘するように、生徒達が戦争の事実に主体的に関わるためには、教材に登場する人々の主体と学習者である生徒の主体が触れ合い、学習者が何かを得る教材を探す必要がある[6]。歴史の中の人と戦争学習を通して触れ合うためには、戦争の状況あるいは戦後の時代の中でそこにいた人々がどう感じたのか、どう生き抜いたのかを知り、当時生きた人々の姿や内面を生徒達が想像していくことが大切である。亡くなった人を教材として用いる場合にも、単に亡くなった事実だけを伝え、死体の山の写真を見せるというのではなく、その人がどんな人でどんな生活をしていた人であり、どのように亡く

第2章　戦争をどう教えるか

なったのか、またその人の内面がどこか垣間見られるような教材を探すことが大切である[7]。そういった教材に教員側がめぐり会えれば、生徒達の戦争学習に対する嫌悪感を軽減していくこともできるであろう。

それから15年戦争学習においては、どうして戦争がおこったのか、当時の社会のしくみやそれぞれの出来事の因果関係について説明することが重要である。彼らが主権者となる日は近い。主権者となった時に役立つものの見方を育てていきたいと思う。

また学習内容については、原爆などのいわゆる「被害」体験だけでなく、アジア諸国への「加害」に関する内容も取り上げたい。在日外国人の人口は増え続ける一方である。外国へ行かなくとも、日本国内で将来生徒達が、外国にルーツを持つ人との歴史認識の違いに直面することはいくらでもあろう。

第三に、戦争学習を議論する際に発達段階論という言葉が飛び交うが、高校生という年齢を考えると、単に15年戦争の歴史的事実を知らせるだけでなく、15年戦争と現代の関わりや、戦後に生まれた世代が15年戦争の歴史とどう向き合っていけばよいかを生徒達に考えさせる必要があると思う。そのことによって、生徒達は歴史を学ぶとはどのようなことかを考えていくことができるし、また生徒達の現代社会を作る力を育てていくこともできると思う。

# おわりに

ここ数年、従軍経験のある高齢者が戦争体験を証言するようになって来ている。生徒達が授業後に書いた感想の中で、元兵士が告白した事実を「受け止める」としたものが2つあった。告白せずにはいられなかった元兵士の気持ちや、告白するに至った元兵士の心の動きを理解すれば、生徒達は元兵士を戦争の加害者としてだけ捉えずに敬意を持って冷静に証言を受け止め、歴史の流れの中で自らの存在を考え直すことができる。高校生に対して15年戦争の学習を行う場合は、歴史をふまえながら、現在や未来について考えようとするものの見方を育てていくことが大事であると思う。今後元兵士の告白の授業を行う際の課題として、生徒達に15年戦争が日本の社会の中で伝えられていない事実を

もっと知らせることが必要と感じる。元兵士の告白の新聞記事を読ませる際に、記事の元兵士は告白したが、何も語らずに亡くなる元兵士の方がずっと多く、実際には戦争の事実を知らない人が現在の日本では多いこと、それから更に中国や韓国で15年戦争のことが伝えられている事実も伝えたほうがよいと思う。また何度も同じ教材を使っていた点は反省するところである。新たな教材の開拓をせねばならない。

　今回のこの論文を書くことをきっかけにつくづく考えたことは、温かみのある授業をしたほうが良いということである。ここ数年間私は基礎知識、基礎学力を身につけさせることばかりを考え、歴史の中に生きる人の姿を伝えてこなかったように思う。過去に生きていた人間の姿が見えなければ、生徒達が過去に生きた人々に関心を持ったり共感したりするはずがない。戦争に限らず、歴史の授業全般を通してこの点を心に留めて行きたいと思う。

---

1 ）山田朗「戦争学習に何が必要か（上）」（『歴史地理教育』第693号、2005年12月）。
2 ）1000の位以下は 4 捨 5 入。
3 ）前掲山田論文。
4 ）同上。
5 ）同上。
6 ）安井俊夫「戦争学習における共感と共同」（『歴史地理教育』第693号、2005年12月）。
7 ）安井俊夫氏は、「座談会　戦争学習の基本的視点―人の生き方と重ねて戦争を問い直す」（『季刊平和教育』No.27、1987年 7 月）の中で、中学生に広島の被爆者が30万人と伝えても実感として広がらないので、「30万人の 1 人 1 人が、どういう死を迎えたかということ」を理解させる必要があると述べている。また「戦争学習における共感と共同」（前掲）の中でも、亡くなった人を教材にする場合はその人の日常や暮らしを取り上げていくと、「（亡くなった人への）痛ましさは学習者との距離を縮めて、切実な関わりを生むだろう」と述べている。

# 第3章　水俣病学習実践に関する教師の認識の展開

島　本　浩　樹

## はじめに

　本稿の課題は、学校教育において水俣病学習実践（以下、水俣病実践と略す）がどのように行われてきたかを、実践を行なう主体である教師の認識を中心に明らかにすることである。
　水俣病実践は、一般的には公害教育・環境教育として位置づけられてきた。公害教育・環境教育の流れは大まかにとらえると、1960年代を公害教育成立期、70年代を公害教育発展期、80年代を公害教育から環境教育への移行期、90年代以降を環境教育の展開期と見ることができよう[1]。
　ただ、これらの流れの中に見られる水俣病実践は、「源流」とされる田中裕一の実践が高く評価されるのみにとどまっている。公害の原点とされる水俣病実践が、「公害教育から環境教育へ」の流れの中でどのような役割を果しているのかを明らかにしていく必要があろう。
　この点は、「公害教育から環境教育へ」という論理についても、たとえばチェルノブイリ原発事故や国連による環境会議、国内の国土開発や生活型公害への発生源の変化といった現実的課題、公害反対運動を支えた住民運動の転換など社会の動きとの関連が指摘されるにとどまり、環境社会学などの時期区分とも重なる部分が多い[2]。しかし、実践を進める教師が何をどのように認識し、実践を変容させていったかは明らかではない。本稿で、教師の認識を中心とするゆえんである。
　これらの課題に対して、本稿では日本教職員組合の教育研究集会（以下、日教組・教研と略す）における「公害と教育」分科会の報告を取り上げて検討す

第Ⅲ部　戦争史・現代史教育実践の試み

る。この分科会は、1970年代の公害教育発展の一つのメルクマールとされる、全国の教師の交流の場である。日教組が「公害学習を自主編成活動の一つと位置づけ、70年代の重要な柱とした」のは1970年のこととされ、この方針を受けての分科会設置であった[3]。分科会設置以前は、「四日市や三島などの教師が社会科や家庭科、地域の教育運動の分科会の中で報告していたに過ぎず」、全国レベルでの研究討議の場が必要とされていた[4]。

　教研の報告書（『日本の教育』）では、どのような実践報告が行なわれたか、その際にどんな意見や議論があったのかが記されている。日教組という限られた場であるが、1970年代からの公害教育・環境教育の変遷を教師の認識から見通すには、有益な資料といえる[5]。本稿において、煩瑣をさけるため引用部分は注で示さないかぎり、各年次の『日本の教育』によるものであることをお断りしておく。

　ちなみに、公害・環境問題を取り上げる当分科会の名称にも変遷がみられる。設立から1982年までは「公害と教育」であったが、83年から「環境問題と教育」、88年からは「公害・環境問題と教育」分科会となっている。さらに91年から「環境・公害・食教育」となり、93年から「環境・公害と食教育」と変わって、2010年現在に至っている。この名称変更に関しては、参加する教師の認識が垣間見える題材であるので、本論でも触れていきたい。

　なお、分科会の母体である日教組は、1980年代末に日本労働組合総連合会（連合）成立にともなう労働戦線統一の流れの中で分裂し、組織的な混乱がみられた。この面からも、当該時期の分科会に多大な影響を与えていると考えられるが、本稿では詳しく検討することは出来なかった。

## 1．水俣病学習実践の本格化と「総合学習としての公害教育」
　　　　…1970年代前半

### （1）水俣における実践の本格化

　「公害と教育」分科会が発足したのは、1971年の第20次教研においてである。

第3章　水俣病学習実践に関する教師の認識の展開

この分科会の源流の一つとして、熊本市立竜南中学の田中裕一教諭の実践「水俣病の授業」（69年教研で報告）があげられていた[6]。

この最初の分科会では、既存公害地域の経験と教訓から何を学ぶかに焦点の一つがあり、四日市と水俣からの「痛苦と反省に満ちた」報告が行なわれた。水俣からの報告で、水俣病市民会議に職員全員が参加している袋中学の活動が紹介されたが、「昨年の反省をふりかえってみれば、積極的な活動をつづけてきた部員は、残念ながら数名にすぎなかった」としている。また、「校外指導（5年生）に水俣病患者訪問を学級会で計画し、学級全体が湯之児病院に療養中の上村とも子さんをみまった実践」なども紹介されたが、これらの実践を突き動かしていたものは「18次熊本教研の田中先生の水俣の授業に大いに反省させられたということもあった」としている。

四日市と水俣の報告に対し、現地で戦う困難さを踏まえつつも、「〔公害発生からみて…引用者〕とりくみはずっとおくれている。」「四日市・水俣の労働組合や日教組は地域で何をしていたのか」という質問もみられた。

このような水俣での実践の困難さは、1972年の分科会でも垣間見える。四日市の教師からの「公害の実態を子どもにどう教え、子どもの教育をどうすすめ、どう授業で具体化していくのか」との問いかけに対し、ある水俣の教師は「自分は公害の授業を公開したり特設したりしたことはない。子どもにもチッソの子弟が多くいるし、どうしても問題がなまなましく、感情がさきに立って整理できない。しかし、いつかはと心に期している。今、水俣の公害教育を前進させるために、ドーナツ式にぜひ各地から水俣病の授業なり運動を周辺から大きくしていってほしい。それによって、水俣の教師が追いつめられることが必要なのだ」と答えている。1970年代当初の水俣は公害教育先進地とはいえず、むしろ「遅れている」状況であった。

ただ、こういった状況は1973年、74年になると徐々に変化し、水俣でも質の高い実践が行なわれていった。1974年、最高裁判決を契機に熊本県教組によって水俣病の一斉授業が取り組まれた。それと前後して、「全県下にはサークルの結成、水俣現地訪問、地域の公害調査、公害教育の研究など新たな発展の芽

がみられ」た。このような動きを、「教師自身が水俣の15年以上にわたる苦闘と、明るみに出された真実から謙虚に学び、小学校の子どもたちに、きめこまかな公害学習の組み立てを試みている」と評価している。

## （2）「総合学習としての公害教育」の展開

　一方、公害教育の大きな流れにおいて、この時期は「発展期」と位置づけられる。その内実を分科会の報告から見てみると、1970年代前半は「総合学習としての公害教育」が大きくクローズアップしてきた時期であった。

　1971年分科会発足時において、公害教育の源流として位置づけられたのが先述の田中裕一の水俣病実践、沼津・三島コンビナート反対運動の実践、四日市の実践などであった。これらの実践は「教育と地域の現場から出発し、無数の大衆的英知を結集してたたかっていく活動スタイル」であり、その到達点は「公害をめぐる地域実践（住民運動）と教育実践（授業）の統一の命題」であったとしている。ここからは、公害教育が単なる学校内に限定した実践ではなく、現在進行形の地域の住民運動と密接に結びついた実践として認識されていたことが確認できる。

　「総合学習としての公害教育」という視点があらわれるのは、73年教研である。ここでいう「総合学習としての公害教育」のポイントは、「自然科学認識と社会科学のそれとの統一のうえになりたつ」ことであった。「本分科会ではじめて、総合学習の視点を明確に提起した」と位置づけられた三重県教組代表の「四日市公害の総合学習をめざして」と題する報告では、「公害発生のメカニズムとその対策を正しくとらえるためには、少なくとも、自然科学的な要素の強い理科・保健体育科、社会科学的な要素の大きい社会科を中心教科として、相互の学習内容を関連させながら、学習内容構成が組みたてられなければならない」としている。また、「身近に公害学習問題に接することのできる社会見学、学校行事等の特別行動をつうじて、人間として許すことのできない公害にたいするいかりやどう解決すべきかの感性を磨いて総合的に公害問題に対処できる力量を養わなければならない」と、知識理解にとどまらず公害に対す

第3章　水俣病学習実践に関する教師の認識の展開

る感性への言及が見られた。

　これを受けて、74年教研もまた、「自主編成から総合学習へ」というかけ声のもと、「総合公害学習」は学校と地域を結びつける実践として評価された。そして、75年教研では、系統的な自然科学的観察・調査の実践が多く提出された[7]。これらの報告の共通点は、「水、空気、生物の環境破壊における実態をしらべつつ、教科書の各単元であつかわれる抽象的な認識を検証するという教材編成のきめ細かな展開」とされ、「従来の公害教育実践の先進例が、水俣病の授業研究、四日市の『公害のない町づくり』、足尾鉱毒事件の教材化、イタイイタイ病の教材化などにしめされるように社会科に集中してきた経過と比較すると、いっそうその重要性を理解することができよう」と評価し、「公害教育の新しい芽」と位置づけている。しかし、その一方で、「すぐれた先進地であった四日市市や富士市などに一定の低迷がみられること」を嘆いている。

　以上のように、1970年代前半は、水俣病実践が本格化しつつある状況であり、公害教育も住民運動の影響を受けつつ、自然科学と社会科学の統一をめざした総合学習の試みがめざされていた時期であった。そして、「総合学習としての公害教育」は、社会科に偏した公害教育から脱し、合科的な性格を持って全国的に実践可能な学習として進められようとしていた。

## 2．水俣病問題の「風化」と「環境学習」の広がり
　　　　…1970年代後半

### (1) 1976年教研における転換

　「総合学習としての公害学習」と水俣病実践が交錯したのが76年教研での論争であった。この教研では「公害と調査活動」分散会が設置され、それまで公害授業実践、住民運動、乱開発、エネルギー開発など、さまざまなテーマで行なわれてきた分散会が授業実践・調査活動・住民運動の3つにまとめられた[8]。「公害と調査活動」分散会の設置には、これまでの自然科学的な観察・調査をより重視した取り組みを行おうとする意図がうかがえた。

171

この年の授業実践分散会の報告は、「従来四大公害地を中心に提起されてきた公害学習に対して環境学習・自然学習のこれからの方向をしめす実践がふえてきた」ことが特徴とされている。中でも、青森県西津軽郡屛風山のカシワの原生林とミズゴケの生態学習や山形県大井沢のブナの原生林の伐採を阻止した自然学習の蓄積といった実践に対して、「生徒のみずみずしい情感を引き出しながら、地域の文化財としての価値を持つ研究成果」と評価されている。

　しかし、討議において、これらの「環境学習」への疑問が少なからず出た。論点は、第一に「公害の本質、公害発生のメカニズムにふれない環境学習は、公害学習の本筋からそれる結果になるのではないか」という点、第二に「官製の環境教育論が広く提唱され、環境の保護や人間と自然の調和という視点で公害教育がすりかえられようとしていることを警戒する必要」がある点の２点であった。第二の点を最も強調したのは、熊本県代表とされている。熊本の主張は「水俣が公害の原点ではないか」、「公害発生の因果関係を明確にすることをぬきにした公害学習はもはや公害学習ではない」、「水俣病問題は何ら終わっていない」というものであった。このような熊本の発言は、オイルショック後のまきかえしによる「『水俣の公害』の風化」があり、「熊本では環境教育は、明らかに原因をあいまいにしたすりかえの論理となっている」状況からくるものとの補足が、分散会に出席していた原田正純によってなされた。

　これらの反対意見を踏まえ、①公害学習と環境学習は一体のものであり、生存権・環境権の主権者として子どもを育てる視点、②水俣の原点に返り日本資本主義による環境破壊を総合的にとらえること、③官製環境教育への警戒と批判、の３点を共通確認している。しかし、分科会全体の総括では、これまでの公害反対教育運動をふまえつつ、「よりひろい〈教育における環境問題〉をとらえる視野を切りひらく秋にきているのではないか」と投げかけている。「公害と教育」分科会が、新たな段階に踏み込んだことを示しているといえよう。

## （２）水俣病問題の「風化」

　その後、水俣病実践に関しての論調は、「風化」を憂えるトーンになってい

第3章　水俣病学習実践に関する教師の認識の展開

く。1977年には、授業実践分散会において、水俣で「公害問題への関心のいちじるしい低下」がみられることにふれている。その例として、「水俣病最多発地域の高校の弁論大会で、患者を公然と批難した高校生が1位に選ばれ」、水俣の教師たちの自己批判が行なわれたことが報告された。また、住民運動分散会でも、「おもくるしく」討議が行なわれていた。

1978年にはそういった「風化」現象の克服を目指して、水俣の芦北公害研究サークルが結成されたことが紹介されている。「教師集団の努力と運動のひろがりによって公害教育を『大手を振って行なうことができる』ようになったのになぜ『風化』現象が生じたのか。教師の姿勢にその大きな原因があることが支部教研で提起され、水俣・芦北公害研究サークルが1年前に、結成された」とその経緯が報告され、「往年の孤立無援の教師の水俣病との取り組みは、ようやくここまでたどりついた」と評価している[9]。

(3)「環境学習」の広がり

一方、「環境学習」については、76年教研で確認された「積極的環境学習論」が展開していく。1978年には、東京・荒川区日暮里中学校からの「〈公害学習〉から〈環境学習〉へ—公害教育実践7年間のあゆみ」と題する報告がでてきた。「地域に根ざした〈総合学習としての公害学習〉の探求」と一言で表される学校ぐるみの取り組みは、自然科学クラブによる地域の暗渠化された川の歴史の調査をその先端としていた。

なお、ここでいう「環境学習」とは、「公害学習を通して学んだ眼で、地域の環境を直視し、考える学習」とされ、「みつめる環境の要素としては、自然（自然史）、歴史（開発史）、文化（生活史）、産業構造（地域経済史）など」であり、自然科学だけでなく社会科学の視点も含んだ地域学習だった。この報告は「かつて環境学習か公害学習かの論争も本分科会で行なわれたが、このように都会で地域＝環境を再発見していくスケールの大きな学校ぐるみの教育実践が登場してきたことをよろこびたい」と評価された。

79年教研の特徴は、公害調査活動の進展を評価していることである[10]。公害

173

調査活動分散会の質疑・討論では、「調査活動が教育実践、とりわけ子どもの公害・地域認識の形成にとってどんな意味をもつか」が焦点となった。そして、明らかにされたこととして「若干の不十分さを残しつつも」と前置きしながらも、「調査という実践を子どもの学習過程にくみこむことによって、子どもを生き生きとさせ、子どもを地域に直面させることによって目をひらかせるとともに、それを指導する教師の地域認識と専門性をきたえることになる必然性」をあげている。

また、分散会のまとめで、「地域と子どもをさまざまな角度から掘り起こす調査活動が、いっそうの深みをましてきた」としながらも、「調査の対象と手法とがおもに自然科学的側面のものに大きくかたより、地域を社会科学的視点を含めた総合的な立場、地域住民の立場でとらえようとする報告がきわめて少ないという年来の傾向は、ことしも克服できなかった」としている。

この時期の「環境学習」が、理念としては地域を対象として社会科学の視点も持つことを目指しつつも、実践においては自然科学が取り扱う分野に矮小化されていた様子が伺える。

## 3．水俣病学習実践の模索と「公害に根ざした環境学習」
…1980年代

### （1）水俣病学習実践の模索

1970年代後半の「風化」状況を踏まえて、1980年代には水俣病実践をどのように構築していくか、水俣の教師の中でさまざまな模索が見られた。

80年教研では、「ひさびさに水俣病を原点にすえた実践」が熊本から報告された。現地訪問・工場視察・患者との交流から子どもの変革をめざす実践であり、報告者は「『水俣』の問題は、たんに知識として教えるだけではなく、人権学習の問題としてとらえ、とりくまなければならない」と訴えた。しかし、この報告に対して、「水俣の学習が公害学習の原点たりうるか」「子どもたちの学習と行動が直結してよいのか」（京都）という批判と、「公害学習は水俣問題

## 第3章　水俣病学習実践に関する教師の認識の展開

をさけてとおれない」（静岡）との意見がだされた。分科会に出席している教師の中でさえ、水俣病実践の評価が揺らいでいたのである。

　また、これまでの実践を反省する視点が、この時期の実践には見られた。85年教研で報告された熊本の中学校での修学旅行実践では、1984年におこったフェリーに乗りあわせた水俣市の水俣第二小学校の6年生に、熊本市のA小学校の6年生が「水俣病がうつるけん、あっちに行け」といった事件を踏まえての取り組みであった。この実践を取り組むに当たっての「たたかい」のひとつに「子どもの拒否反応」をあげていた。そして「この子どもたちから水俣訪問の意欲をひきだすには、水俣病患者に共感する人権学習が必要であった」としている。こういった水俣病問題の「風化」と子どもたちの反応を踏まえて、水俣病実践は患者に共感する人権学習であるべきという認識がこれまで以上に強くなっていくこととなる。

　このような状況の中で、もう一度教師自身が自分を見つめ直し、自分自身が水俣病とどのように関わっていくべきかを学習する取り組みが報告された。1982年の水俣病現地交流学習会と86年の水俣合宿である。この中心となっていたのが、水俣の芦北青年部の教師たちであった。彼らは「地元にいながら水俣病の現実を知らないでいた」という反省から、1981年8月26・27日に熊飽支部青年部との現地交流学習会を開き、「いままでの水俣病にとりくむ姿勢」を試した。この取り組みは、分科会より「青年部による水俣病へのとりくみの伝統の再発見、再発掘」と評価された。

　1986年に報告された水俣合宿もまた芦北青年部の主催であり、年一回の「水俣病一斉授業」を感想文集づくりのための授業として、計画の中の授業として済ませていたことへの反省からであった。合宿は2泊3日で行なわれ、水俣病関連の映画鑑賞や講演、現地めぐり・患者聞き取り、授業実践報告など、濃密な内容となっていた。この合宿を通じて、ある青年教師は「『水俣病』の現実を教えるなかで、人間の生き方、人間の尊厳さを教えていかねばならない」ことに気づき、それにはまず「自分自身が第三者的立場からぬけ出し、自分自身の生き方を見つめなおすことからスタートしなければ、子どもたちに真実を教

えていくことはできない」ことを感じた。「『水俣合宿』で第三者的立場からぬけ出したとは思っていない。第三者的立場からぬけ出さねばならないことに気づいただけである」と結んでいる[11]。

水俣病問題の「風化」現象を水俣の教師自身が自分たちの中に見出し、そこから問題の解決に向けて行動し始めたことが見て取れる。ここでみたような取り組みを経て、水俣の教師らは次の段階へ向かう力量を蓄積していった。

### （2）「公害に根ざした環境学習」

1980年代当初の分科会における議論は、「環境学習」を中心に展開した。80年教研では、報告された実践を受けて「ようやく公害教育実践からよりひろい環境教育の実践への見通しが生まれ始めた」と評価された。たとえば、「今次分科会の一収穫」と位置づけられた千葉県の小学校での実践「生活意識の変革をめざす公害教育」では、4年生社会科で「鴨川の海と生物の汚染」、5年生社会科で「合成洗剤と私たちの体」に取り組んだことを報告している。その方法は、「川と海岸の現実をしらべさせながら、その原因と対策を考えさせる、環境学習の一典型ともいえる」もので、「つめこみ・おしつけ・暗記の社会科とまったくちがう、観察と調査に出発する科学の学習がここにある」と評価している。こういった実践群にたいして、分科会では「題材をみじかなものからとって、低学年からどの教師でも実践が可能である、というはっきりした特徴」があるとし、これをもって「公害教育実践のすそ野が、うたがいなくひろがってきている」とみていた。

また、山形の小学校からの報告「地域に根ざした教育活動」は、寒河江市での地域に根ざした自然学習の10年の取り組みを紹介している。山形県における自然学習の系譜は、分科会でも「環境学習の一典型」として共通認識になっているという。そして、「『山遊び』→『自然学習発表会』→『親子自然学習』→『愛鳥活動』→『自然学習で人間教育を』」という10年の歩みに対して、「まさに、日本的環境学習ではないか」と高く評価している。

また、実践は徐々に洗剤公害・食品公害・薬品公害といった身近な公害を取

第3章　水俣病学習実践に関する教師の認識の展開

り扱うものが増加していったとされる。こういった身近な公害の実践は、父母やPTAなど学校外の取り組みに発展する契機も秘めており、「『環境学習』の新しい切り口」と評価されていた。

　こういった「環境学習」論全盛の流れに一石を投じることになったのが、分科会名称変更問題である。事の発端は1983年の分科会で、「公害と教育」から「環境問題と教育」に唐突に名称変更がされたことに始まる。名称変更に関して、担当中央執行委員、司会者、助言者などの運営側はこの間の経緯を知らず、会場からの質問に対してだれも説明することができなかったという。会場からの質問は名称変更の真意に集中し、「分科会のつみあげや性格には代わりのあるはずがない」という助言者団体の説明があったが、会全体は「釈然としないムード」があった。名称変更問題に対して、運営側は以下のような態度表明をしている。

　　「私たちも、近年、本分科会で、自然保護運動や歴史環境保存、食品問題、学校給食問題等々、いわゆる『公害』のワクにはいらない『環境問題』についての報告や討議が多彩におこなわれるようになったメリットを高く評価している。認識を〈公害〉のワクから〈環境〉のレベルにひろげていく必要を感じてもいる。問題の核心は、公害から環境への認識の拡大が、公害認識を土台とし柱としておこなわれるべきだ、という一点にある。」

　この後も、ほぼ毎年名称変更問題は取りざたされた。名称変更問題が解決したのは88年教研で、「公害」の2文字が復活し「公害・環境問題と教育」という名称となった。この問題をとおして、「環境学習」への取り組みに偏りつつあった分科会の姿勢も、「公害を抜きにしては語れない」という強い態度表明をすることとなったのである。

　名称変更問題以後、分科会の議論は徐々に「環境学習」に一定の距離をおく様子がみられた。例えば、84年教研では、文部省の環境教育の特徴を「学校のまわりや家の近くでのごく限られた小さな問題にかぎられる」とし、大きな問題へのつながりを呼びかけている。また、授業実践分散会の報告に対しても、

身近な公害として、ゴミ、食品、洗剤等を取り上げた例が多かったことを挙げ、「身近な公害を取り上げることはたいせつなことではあるが、少しとりちがえると、『被害者＝加害者』となったり『被害者の選択』となったりするおそれがある」と注意を促している。これまでとは違い、「環境学習」に対するシビアな視点が読みとれよう。

以上のように、分科会が目指す「環境学習」は、自然をふまえた地域社会を「環境」として、総合的に捉える視点を持っていた。しかし、その広いすそののなかには、子どもたちが主体的に動くことに主眼をおいた「環境学習」や文部省型の環境教育も含みこまれていた。その混沌とした「環境学習」に、「公害に根ざす」視点を持たせたのは分科会名称問題における長年の議論であった。

## 4．教訓化する水俣病学習実践と環境教育の「迷走」
…1990年代

### （1） 患者に学ぶ水俣病学習実践

1990年代は大きな流れに従えば、公害教育から環境教育に切り替えが完了した段階といえるが、水俣病問題にとっても水俣病訴訟の「和解」が成立し、新しい段階に入っていった。このような現実を踏まえて、1990年代には水俣病被害者に焦点を当てた人権教育の側面を強くしていく。その視点はそれまでの「共感」から「患者に学ぶ」という、ある種の転換が生じていた。一言でいえば「教訓化する水俣病」といえよう。

1990年代の実践の中で象徴的なものは、93年分科会全体会での東京の高校からの報告「水俣病患者に学ぶ試み」であろう。ここで取り上げられた水俣病患者は水俣市の杉本夫妻であり、「他者の想像を絶する被害体験のなかで育まれた、患者夫妻の自然観、人生観、世界観を謙虚に聞きとり、映像化し、それを生徒たちの素直な感性に共鳴させながらともに学んでいく取り組み」は、分科会報告書でも「まさに私たちが志向する環境教育の原点」と評価されていた。

第3章　水俣病学習実践に関する教師の認識の展開

　こういった視点がさらに明確化されたのが、水俣病訴訟の「和解」が行なわれた97年教研である。この「和解」を受けて、熊本、新潟、東京、大阪から「和解」の過程をとらえた報告が行なわれた[12]。その特徴は、「いずれも被害者からの聞きとりと運動の経過を公害の歴史のなかでとらえている点」であった。これらの報告をうけて、「水俣の問題をもう一度見つめ直し、訴訟が被害者の断腸の思いのなかで決着しつつあっても、被害者の健康がよくなることはないことを忘れてはならないし、一人ひとりの患者がかかえる問題を考え、現地の声に学ぶ授業を展開しながら、水俣を広く世界に広げていく取り組みが必要」との見解を確認した。共同研究者も、「公害教育は公害を人権問題としてとらえて取り組まねばならないこと、公害がどれだけ人権を侵害してきたかを考えていかねばならないこと、大阪での裁判闘争を最後まで支えることが必要であること」を指摘している。
　この間、地元熊本でも、患者に焦点をあてた取り組みが相次いだ。1992年「水俣地区外の宇城支部青年部の水俣病の取り組み、教育長の『未解決で生なましい問題なので副読本に入れない』との発言に対して、水俣現地を訪れ、工場を見学し、患者に接し、患者から学ぶ取り組みの報告」、93年「いかに『水俣病』を知らなかったかを自分にきびしく問い直し、人権教育からの視点で仲間と50時間におよぶ授業の取り組み」、95年「かつて幾多の生命を育む豊穣の海がいまは埋め立て地になり、その埋め立て地に『石像』をつくらせた記憶を記すためのとりくみ」である。
　また、「和解」後の98年教研では、中学校での実践「もやい直しのかげで－水俣はいま」の報告が行なわれた。「95年の政治決着後、水俣では『もやい直し』（人間関係の修復の意）が行なわれているが、市長提案の『水俣市人権を守る条例』が否決され、また、97年には人吉市のサッカー大会で『水俣病にかかるなよ』『水俣病』とのことばが他県の選手から浴びせられるという事件があった」と水俣での現状が報告され、「水俣病に対する差別・偏見はいまでも厳然として存在する。水俣病教育を推進しなければならない、風化させてはならない。患者が存在し、差別が存在するかぎり、水俣病は終わらない」と訴え

第Ⅲ部　戦争史・現代史教育実践の試み

ている。

　以上のように、水俣病問題の政治的決着や「和解」を受け、改めて解決しない問題を抱える患者に焦点を当てつつ、人権問題として、被害者運動として水俣病に学ぶ視点が強まっていった。このような流れは、1980年代の教師たちの水俣病と自分自身との問い直しの中で徐々に育まれてきた人権教育への視点をもって、水俣病の現実を受け止めることで可能となった実践であろう。

（2）公害から地球環境問題へ——環境教育の「迷走」

　1990年代が「公害教育から環境教育へ」の転換点にあたることは先に触れた。では、1990年代の環境教育はどのような特徴を帯びていたのか。

　分科会の議論を読み解く前に確認すべきことは、1990年の教研で分科会運営主体の入れ替えが行なわれたことである。その原因は日教組の組織問題とされ、報告でも「当分科会運営をほとんど今回参加しなかった人びとに依存していた」ことから、その影響は「大きかった」としている。分科会報告書の執筆陣を見ても、人的断絶は明白である[13]。こういった事態を受け、分科会の議論にも大きな影響がみられた。

　まず、これまであまり論じられなかった、地球環境問題を環境教育の中心にすえようとした。90年教研の報告書は、冒頭で「今日、地球温暖化や森林破壊、海洋汚染など深刻な地球環境の危機が進行している。地球と人類の運命をきめるのはもはや私たちの子や孫の世代ではなく、私たち自身の今後5年、10年の行動であることは明らかである。このようなひじょうに重要な20世紀の最後の10年において私たち日本人の役割と責任はあまりに大きい」と、経済大国日本と地球環境問題とのかかわりの大きさを論じている。

　こうした方向転換は、実際の環境問題の拡大、それに伴う国際会議の開催を受けてのものと思われる。また、これまで分科会で地球環境問題が取り上げられなかった要因を、「反公害闘争」として始まった日本の環境保護運動のあり方に求め、「日本の従来の反公害運動はこのいわゆる『地球環境問題』という取り上げ方に懐疑的で、問題の責任の所在を不明確にするものと考えられた

第3章　水俣病学習実践に関する教師の認識の展開

り、温暖化問題が原発推進 PR に使われることへの反発もあったりした」としている[14]。

92年教研で、「私たちのめざす環境教育」として、「すべての人間、いや生きるもののすべてが他を傷つけずに共生し合うことができるように、生きる場を守り、またつぎの世代へとつないでいくための教育であり実践のはず」とし、そのための原点を「公害の被害者や公害・乱開発を押しつけられる第三世界の人びととともに生きる視点をもち、また、実際に地域の環境破壊に対してたたかっている人びとに学び、ともに活動する実践」に求めた。ここに見られるのは、被害者の立場に立って行動する人間像である。別の言い方をすれば、「日本各地やアジアなど世界の自然や人びとの共通の『痛み』を感じとる感性と想像力を鍛え、行動する市民」[15]ともいえる。

この視点から高い評価を受けたのは、先述の「水俣病患者に学ぶ試み」だった。環境問題について、「人間の生き方の問題であり、何をたいせつにするかという価値観の問題」とする視点から、この実践は「いったい、風景が激変する日本社会の魔力のなかで子どもたちは何がたいせつだと思っているのか、おとなはどうなのか、日本社会の深部にとどく実践」として、「出色のもの」とされた。ここにおいて、人間の生き方に焦点をあてた環境教育が、患者から学ぶ水俣病実践と問題意識を共有するに至った。

しかし、1990年代の環境教育は、実践にあたって学習者自身の生き方や行動に直結させる問題をとりあげる傾向があった。その代表は、リサイクルである。ただ、分科会では、こういった実践のマイナス面を指摘する場合が多く、例えば、93年教研では「自分の身のまわりでできること（空かんや牛乳パックのリサイクルなど）からやっていく実践例」に対して、「地域の反公害や反原発の運動などのたたかいの実践のうえに立たない運動では社会を根本から変えていく力にはならないのではないか、という意見や実践例」が出たという。運営側も、「身のまわりでできることからやっていく、そして自分から変わっていくということは、もちろん否定されるべきことではない。しかし、その取り組みが、世界全体や日本全体の環境問題やエネルギー問題の流れのなかにどのよ

181

うに位置づけられるのか、どんな意味をもつのかを見失わないようにしないといけない」と述べている。

　こうした視点として打ち出されたのが、「大量生産・大量消費・大量廃棄システム」という社会の把握であった。96年教研では、「リサイクルならよいのではなく、それをふくむ現代の物質生産、流通、消費、廃棄の全サイクルが問われねばならない」とし、99年教研では「たとえばリサイクルをただ分別された量のみで判断するのではなく、生産、消費、廃棄の流れのなかでとらえて、その限界をふくめて評価することが提案された」。

　以上のように、地球環境問題を学習者に自分の問題としてとらえさせ、行動させようとする実践が提起されていった。ただ、現実の実践は、「行動させる」ところに比重がおかれ、毎年同じような実践のくり返しになってしまうような状態もあった。また、地球規模に拡大した環境問題の大きさに戸惑う現場の様子も伺えた。99年教研でも、「この数年、環境・公害と食教育の分科会には若干のとまどいと混乱が見うけられるようである。身のまわりから地球規模までの対象のひろがりと、氾濫する情報のなかで、上から与えられた環境教育の方法にも納得がいかず、他方で環境が悪化する速度に努力が追いつかない焦りもあるのは無理もないところである」と、現場教師の様子を述べている。

## 5．「原点」としての水俣と「漂白された環境教育」へ
　…2000年代

### （1）「原点」としての水俣

　2000年代は、1990年代の「教訓化」からさらに進んで、「原点」としての地位を不動のものとした時期だった。

　この時期の分科会において、「ミナマタに学ぶ」という視点が環境教育の柱の一つとして認識されていた。2000年教研では、「大阪から大阪水俣展への取り組み、熊本からは『水俣のいま』が、大分からは公害の原点としての『ミナマタ』を伝えていきたいという実践」の報告があった。2003年の教研では、

第3章　水俣病学習実践に関する教師の認識の展開

「身近な阿賀野川での公害を社会科で取り上げた授業実践（新潟）、ミナマタの教訓を学ぶとともに、今現在の課題としてとらえさせた実践（熊本）」の報告があり、「公害は環境汚染の原点である、裁判や和解は終わりではなく始まりである、ミナマタを過去の問題にさせないとりくみが必要である」といった意見が出された。

また、分科会で注目されたレポートでも、2000年代半ばから、地域の問題や現在進行形の問題を扱いつつ、水俣病を意識している実践が報告されていった[16]。これらの報告が一様にのべているのは、「ミナマタを教えるのではなく、ミナマタで教えるという姿勢」である。原発やBSEといった問題も、「水俣病と構造は同じ」として教師の中で意識して取り組まれていた。こういった視点は90年代の原発問題を取り上げた際にすでに見られたものだが、環境教育の「迷走」を受け、さらに「原点回帰」の傾向が強まったように思われる。

以上のように、2000年代には水俣病問題は被害者や事件そのものを扱うことなく、構造的に他の問題とのかかわりを認識されるにいたった。ここに「原点」としての水俣が完成したといえよう。

（2）「漂白された環境教育」へ

2000年代の環境教育は、1990年代とほぼ変わらず「迷走」を続けていた。その中でも、行政・企業の進めようとする環境教育との対抗関係において、混迷の度合いを深め、その姿は「漂白された環境教育」へと進んでいくようでもあった[17]。

まず、教師の側に行政・企業との関係を必ずしも「対抗」ととらえない傾向があった。2005年教研の報告書では、「電力会社の人に授業で話をしてもらったという報告が、何本もあった。かつては原子力発電所や火力発電所の反対運動のリポートが多くあり、電力会社とは敵同士のような感じだったことを思うと、隔世の感がある」と驚きをこめて述べている。このような実践が横行している原因として、「教員の側では『原発の宣伝はさせないからよい』と考え、電力会社やエネルギー環境教育情報センターなどの側では『必ずしも直接的に

原発の宣伝をしなくともいい』と考えている」という、両者の認識の差があることを指摘している。

　また、分科会が1990年代から進めていた、「大量生産・大量消費・大量廃棄システム」を認識し、主体的に行動する「生活者」[18]として子どもたちを育てる視点が、行政・企業の唱える「ライフスタイル論」と実践の面で親和性をもっていたことも、明確な対抗関係を認識しづらくしていた。2000年教研では、「ゴミリサイクルの報告に対しては、分別やリサイクルそのものが目的となったり、個人の良心の問題に転嫁したりするような取り組みは問題があるのではないかという指摘がある一方で、大量に出るゴミをどうするかという現実的な問題がある以上、理想論では解決しないという反論もあった」と、議論の様子を述べている。2001年教研では、「文部省が推進するカン拾いとドブ掃除のような活動からどのようにしてもっと高次の教育内容に進めるか、という悩みをめぐっての討論もこの数年くり返されていることも事実である」と議論が深まっていない様子を述べている。

　このような傾向は、「環境問題を各人のライフスタイルに還元するのは良いが、企業批判や行政批判につながるものは認められない」という教師への圧力によって進められた面もあった[19]。

　もう一つ、環境問題と「心」の問題についても、教師の意見が分かれていた。2004年教研では、「討議では『心の美化』『心を耕す』といった、環境問題と心の問題との関係について『心のノート』強制との重なりで心配する意見も出されたが、子どもたちの成長していく過程を大事にし、一人ひとりの子どもが自分の可能性を伸ばしていく資質の問題としてとらえるべきだという意見でまとまった」とされていたが、2006年教研では「また、心の問題にも触れ、環境問題と心を結びつけるのはどうかという意見と心の問題も含めて環境問題を考えるべきだという意見の両論が出た」としている。

　行政・企業の唱える「ライフスタイル論」や「心」の問題は、個人の行動・生き方・感じ方などを変革しようとする点では分科会の唱える環境教育と親和性を持つが、その射程を意図的に短くし社会の構造にまで及ばせない点で、全

第3章　水俣病学習実践に関する教師の認識の展開

く正反対の性格を持った実践であった。分科会では、空き缶リサイクルなど「議論が深まらず」「毎年同じような実践」が報告される状況があったが、それは分科会の唱える環境教育自体に、個人の問題に「矮小化」しうる要素をはらんでいたこともあるのではないだろうか。

## おわりに

　「公害と教育」分科会の議論を概観してきたが、以下にまとめてみたい。
　まず、水俣病実践は、現地での実践の困難さ・問題の「風化」を乗り越えて、人権学習として純化していった。そして、これらの課題の克服において、教師集団による学習が大きな意味を持っていた。
　一方、「公害教育から環境教育へ」という大きな流れについては、「公害教育」、「環境教育」と一くくりにされる内容にも細かい変遷が見られた。「公害教育」は、社会科に集中的に見られる既存公害地域の学習、自然科学の分野にまでまたがった「総合学習としての公害教育」と、さまざまであった。「環境教育」も、自然科学と社会科学の両者の視点をもって「環境」＝地域社会をとらえる「環境学習」や「公害に根ざした環境学習」、「大量生産・大量消費・大量廃棄システム」をふまえつつ行動する子どもを育てる環境教育など、さまざまな変遷が見られた。
　この変遷からは、公害教育の中に環境教育に通ずる「総合性」を内包していたこと、環境教育の中に公害教育から受け継がれてきた社会構造にむけた射程・被害者への視点が色濃く残っていたことが伺える。公害教育と環境教育は断絶した関係ではなく、対象や方法を変えながら、時代や子どもに合わせて変化していった実践であったといえよう。
　ただ、1990年代からの環境教育は、地球環境問題や「大量生産・大量消費・大量廃棄システム」を取り上げ、一人ひとりの生き方や行動を強調するに至り、社会とのつながりを見出せず「ライフスタイル論」に容易に陥ってしまう結果となってしまったのではないだろうか。1980年代までの「公害」や「環

境」は、地域社会を踏まえ個々の子どもたちが環境問題を認識し、実践する触媒となっていた。また、水俣病実践においても、一人ひとりの水俣病被害者を取り上げていても、その被害者という位置づけに社会構造が色濃く反映されていた。

こうした中で、地球環境問題や「大量生産・大量消費・大量廃棄システム」と、一人ひとりの人間とのつながりをどのように見出していくのか。一人ひとりがこれらの問題にいきなり「切実さ」を持って対することをせまるのではなく、まずは「切実さ」を持って生きている人々に学ぶことが必要なのではないだろうか。「人権」という視点を通して、こういった人々に学ぶことが、公害や環境問題を考える足場の一つとなることを、これまでの実践群は教えているのではないだろうか[20]。

---

1) 例えば、福島達夫は「公害教育から環境教育へ」という流れを、1960年代に公害教育が成立し、70年代を公害教育の発展、70年代後半からの「冬の時代」を経て、80年代に環境教育へ進んでいくと把握している(『環境教育の成立と発展』国土社、1993年)。

　また、藤岡貞彦は、「自分史的に環境教育実践分析を土台として」、「沼津(1966)との出会いから、西淀川(1996)にたどりつくまで」を時期区分している。第1期は1960年代後半とし、さまざまな教師の実践や研究集会が始まり、自身もそれにかかわっていく公害教育の端緒の時期といえる。第2期は70年代で、全国の教師の研究集会による交流を通して、公害教育の進展をあげている。第3期は1986年からとし「ポスト・チェルノブイリ段階」としている。この時期の特徴は、地域環境問題が地球環境問題に転化する契機となったとしている。第4期は1997年から「ポストCOP3段階」であり、地域環境問題と地球環境問題のいっそうの結合と把握している(「ポスト・チェルノブイリ段階の環境教育」藤岡貞彦編『〈環境と開発〉の教育学』同時代社、1998年。なお、藤岡の時期区分については、関上哲「公害教育から学ぶべきもの～公害教育論」朝岡幸彦編著『新しい環境教育の実

践』高文堂出版社、2006年、の把握を参考にしている）。

また、最近の研究では、たとえば朝岡幸彦は、1990年代初頭に「公害教育」から「環境教育」への転換が行われたとしている（「環境教育の現段階と課題」歴史教育者協議会編『歴史教育・社会科教育年報』2009年版、三省堂）。

2）例えば、環境社会学の飯島伸子は、戦後から1960年代〜70年代前半までを化学工業の発達と深刻な健康障害事件の多発、全国総合開発政策と開発地域の変容の時期としてとらえ、70年代後半以降の都市的生活様式の拡大と「生活者の加害者化」や、70年代からの「公害輸出」といった公害問題の拡散を経て、80年代から地球環境問題の時代へ向かうとしている（『環境社会学のすすめ』丸善ライブラリー、2003年）。また、戦後日本社会論の視点から、岡田章宏は、1945〜75年までを公害の噴出と規制の展開の時期、1975〜89年までを規制の緩和と環境問題の拡大の時期として把握し、日本に特殊な「企業社会」の確立・展開により、公害問題の進行を食い止めることができなかったとしている（「公害と環境」『現代日本社会論』労働旬報社、1996年）。

3）環境教育事典編集委員会編『環境教育事典』（労働旬報社、1992年）。

4）関上前掲論文。

5）なお、この資料を基に分析を行ったのが関上哲である（「教師の公害教育実践事例に見る役割と展望」『環境教育・青少年教育研究』第2号、2003年）。関上は、『日本の教育』の環境教育実践事例の分析から、1980年代半ばから「公害教育」という名称の発表よりも「環境教育」の名称が多用されることを明らかにし、公害教育実践の変容を見ている。その背景として、①公害発生の原因が地域の環境問題から地球的環境上の問題へと規模が拡大するにつれて、地域の子どもたちを中心とした教育実践では捉えきれない問題となっていったこと、②公害教育実践を担う教師の組織的状況の変化から、教育を取り巻く政治的問題の混乱が生じたこと、③経済上の景況の問題から、公害問題よりも景気の問題が最優先されたという世論の問題、の3点を挙げている（前掲「公害教育から学ぶべきもの〜公害教育論」）。

6）「公害と教育」分科会発足以前にも、教研集会ではさまざまな分科会で公害

第Ⅲ部　戦争史・現代史教育実践の試み

　　　　に関する実践報告が行なわれていた。『日本の教育』巻末の実践報告一覧か
　　　　ら、「公害」に関する題名の実践を追うだけでも、例えば、人権と民族教育
　　　　分科会における広田孝（熊本・小）の水俣病をめぐる実践（67年、69年）、
　　　　宮村宏（広島・中）「沖縄・水俣病・在日朝鮮人」をあつかったクラスだよ
　　　　りの実践（70年）、社会科教育分科会では多田雄一（三重・中）「『公害問
　　　　題』をどのような観点で教材化し、扱ったか」（68年）、田中裕一（熊本・
　　　　中）の水俣病実践（69年）、吉田三男（新潟・中）「公害をどう教えるか」、
　　　　京谷喜紀（富山・中）「富山県における公害教育の現状と今後の課題」、棚
　　　　橋潤一（新潟・小）「現代社会の課題（農業問題を中心として、公害、沖縄
　　　　など）をどうとりあげ、教えていくか」、近藤昌一郎（岡山・高）「水島に
　　　　おける地域開発と公害」（70年）、国民教育運動分科会の北川大成（愛知・
　　　　高）「セロファン公害反対運動と民主教育を守る会」（70年）、保健体育分科
　　　　会の新井秀（群馬・高）ほか「保健の授業における公害問題の実践」（70
　　　　年）などがある。
7 ）　代表的な例として列挙されているのは、「銅片による大気汚染の測定」（宮
　　　　城・高）、「公害研究部による琵琶湖、野洲川汚染水質調査」（滋賀・高）、
　　　　「科学部による琵琶湖の水質追及、動植物の実態調査」（滋賀・中）、「北上
　　　　川汚濁問題を教材とする学級活動」（岩手・中）、「烏川汚濁問題を教材とす
　　　　る中学校3年理科の授業実践」（群馬・中）、「千保川汚濁問題を教材とする
　　　　小学5年社会科の授業実践と子どもたちの調査学習」（富山・小）、「諏訪湖
　　　　汚濁問題を教材とする小学校3年生社会科の授業実践」（長野・小）であ
　　　　る。
8 ）　当時の分科会では、第1日目・第2日目の全体会で基調報告や公害の典型
　　　　地域の報告、分散会の主題に即した代表的な実践報告などが行われ、第3
　　　　日目の分散会で各テーマに沿った実践報告が発表・討議された。なお、分
　　　　散会は、小分科会という名称でも呼ばれていたが、本稿では分散会に統一
　　　　して使用している。
9 ）　芦北公害研究サークルについては、教材集も含めて、本格的な検討がまた
　　　　れる。さしあたり、田中睦「終わらない『水俣病』と公害サークル30年の
　　　　歩み」（『じんけん』第311号、2007年3月）を参照。

第 3 章　水俣病学習実践に関する教師の認識の展開

10) 教育実践として取り組まれた活動は、河川や大気をいくつかの指標生物等によって調査する手法などを提案した「環境調査の事例」（岩手・高）、学区内の川や遊歩道などの調査から、父母を巻き込んだ浄化運動に発展させた「子どもの血肉となる公害教育―地域にねざした調査・実践活動」（愛知・小）、新しい団地群のなかを流れる地域の川を調査し、それを教材化していく「美しく碧き冠川を求めて」（宮城）、琵琶湖周辺のアサガオ調査を通じて、公害・環境教育のあり方について一石を投じたとされる「生徒と自然とのふれあいをたいせつにした環境教育」（滋賀）、アサガオ調査による「大気汚染の状況調査」（広島）が報告された。
11) 水俣合宿に参加した教師の実践として、永溝晋介「『水俣』から自らの生き方を問う」（『歴史地理教育』第400号、1986年8月）がある。
12) 「公害問題についての授業実践―水俣・東京展を授業に取り入れて―」（東京・高）、「水俣病問題を通してみえてきたもの」（新潟・高）、「関西と水俣病」（大阪・高）、「水俣現地学習会で学んだこと」（熊本・小）。
13) それまでの19年間のうち、16回執筆をした藤岡貞彦や9回執筆をした福島達夫は、以後報告書の執筆を行なっていない。代わりに執筆者として現れるのが1990年代前半は黒田洋一、高木仁三郎、西弘、里見宏らである。90年代後半からは宇井純、西尾漠らが中心となる。
14) 92年教研報告書。
15) 96年教研報告書。
16) 列挙していけば、2004年「子どもに科学的認識を育てる環境・公害教育はどうあればよいか　～常に『ミナマタ』の視点をもって～」（大分）、2005年「水俣に関して整理された『13の視点』を『原発』に当てはめて、『原発』の問題について安全性・放射性廃棄物処理・被爆労働などに焦点を当てた実践」（大分）、2006年「命の大切さを学ぶ公害・環境教育の実践～ミナマタに学ぶ公害・環境教育の実践活動～」（大分）、2009年「みどりの大地を子どもらに～ミナマタ学習から地域の公害や環境の問題をとらえる～」（大分）、2010年「公害・環境問題と主体的にかかわる子どもをめざして」（大分）。これらの報告がすべて大分からのものだということも興味深い。
17) 1993年の高木仁三郎のコメントの中に、「ブームとしての環境問題や文部省

第Ⅲ部　戦争史・現代史教育実践の試み

　　の環境教育の中身は、原発・核抜きということで明確である。柏崎で原発抜きの環境を語ることは、原発推進側として動いてしまうことになる。さらに加害・被害の関係をあいまいにした『漂白された環境教育』論にのった報告が出されていることへの警告もしておかねばならない」という指摘がある。
18）2002年教研報告書。
19）2007年教研報告書。
20）筆者は、このような視点から水俣病実践を試みたことがある。詳しくは、菊池祐介との共著「人物を中心にした水俣病学習―小学校・高校の実践を通して」（『史海』第56号、2008年5月）。

# 第4章 「京都と韓国・朝鮮の交流の歴史」を歩く

山 口 公 一

## はじめに

　本稿の課題は、「京都」という地域を学ぶ視点の一つとして、韓国・朝鮮との「交流（友好と対立）」の歴史を学ぶ必要性を提起することにある。その際、2009年夏に行った大学生との踏査学習「京都と韓国・朝鮮の交流の歴史」での経験を素材にして、京都という地域を学ぶことの意味について考えてみたい。

　最近、大学においても授業評価活動が盛んになってきた。もっぱら教授方法が適切であったか否か、学生自身が授業にどの程度熱心に取り組んだかを確認する「学生への授業アンケート」を受けて、教員が次年度の授業改善に役立てるといった活動が中心となっている。もともと大学教員に教員免許状は必要とされないし、個々の実践については教員自身に委ねられることが一般的であるから、教育内容やその効果については、実践報告という形では顧みられることはあまりない。しかし、大学全入時代を迎え、特に初年次における一般教養科目を担当する教員の場合、能力や個性も多様な学生と向き合うこととなるので、大学教育においても、教育実践の方法と内容の両面から、その効果を検証していくことの意味は大きくなっていくように思われる[1]。本稿はその一つの試みでもある。

## 1. 韓国・朝鮮との「交流」から京都の歴史を学ぶ意義

　今も昔も京都は修学旅行のメッカである。中学生や高校生で京都を訪れた経験をもつ人も少なくない。一般的な京都イメージは、寺社仏閣、町屋の景観な

ど「日本文化」を体現する代表的な古都というものであろう[2]。こうした一般的イメージの一方で、アジアとのつながりを意識した「京都らしさ」の再発見を模索した成果も存在する(【表1】)。しかし、一般的な京都の観光ガイド類を見ても、韓国やアジアを意識した案内はほとんどない[3]。

　人文社会科学を学ぶ意義の一つは、これまで見えていなかったものが見えるようになる視座の獲得にあると考えている。学生にとって、一般的な京都イメージを「見えているもの」と規定するとき、京都の国際都市としての側面、「多文化共生」都市という側面は一般的にはさほど意識されない「見えていないもの」と規定できるであろうと考えた。

　こうした「日本のなかのアジア」への視座を得ることで、学習者が国際感覚や人権感覚を高め、「公民的資質」を養うことを目標とする社会科的な教育実践(課外活動)を試みることとした。具体的には「京都と韓国・朝鮮の交流の歴史を学ぶ」踏査を、授業の一環としてではなく、学生の自由参加のもとで実施することとした。幸い2名の学生が参加呼びかけに応じてくれた。参加理由は、もともとK-POPや韓国語・朝鮮語への関心はあったが、京都を韓国・朝鮮との関わりといった観点から考えたことがなく、興味があったからというものであった[4]。

## 2．踏査学習「京都と韓国・朝鮮の交流の歴史を学ぶ」の計画立案

　踏査計画は、筆者が紹介した文献(【表1】)を使って、参加学生自らが立案したものである。中でも、韓国民団京都府本部作成のガイドは小学生にも理解できる平易な文体で書かれたものであった。学生も主にこのガイドを利用して、踏査計画を立てた。

　【表2】は学生とともに作成した踏査ルートである。実際には見学時間、利用交通機関なども調べたものであったが、ここではルートを示すのみにとどめた。

第4章 「京都と韓国・朝鮮の交流の歴史」を歩く

## 【表1】踏査計画に利用した文献

①仲尾宏・水野直樹執筆『みんなで学ぼう 京都と韓国の交流の歴史（1）』（韓国民団京都府本部、2007年）
②仲尾宏・水野直樹・井上直樹執筆『みんなで学ぼう 京都と韓国の交流の歴史（2）』（同上、2008年）
③朴鐘鳴編著『京都のなかの朝鮮―歩いて知る朝鮮と日本の歴史―』（明石書店、1999年）
④太田修著『朝鮮近現代史を歩く―京都からソウルへ―』（思文閣出版、2009年）
⑤上田正昭監修・世界人権問題研究センター編『京都人権歴史紀行』（人文書院、1998年）

※以上は踏査計画立案時に主に使用したもの。他に各種の京都案内 WEB サイトも参考にした。
　なお、①、②については、2009年、2010年に続編が出版され、2011年3月現在（4）までの発行となっている。また、戦争との関わりでは、中西宏次『戦争のなかの京都』（岩波書店、2009年）も参考になる。

## 【表2】「京都と韓国・朝鮮の交流の歴史を学ぶ」踏査ルート

［第1日］①宇治市ウトロ地区→②伏見稲荷神社→③耳塚→④本能寺→⑤夷川ダム→⑥西雲院→⑦高麗美術館
［第2日］⑧松尾大社→⑨天龍寺→⑩広隆寺→⑪金閣寺→⑫西陣織会館→⑬尹東柱詩碑（同志社大学今出川キャンパス内）→⑭東九条マダン

## 3．踏査地の紹介と学生の所感

　2日間の日程で【表2】のルートを回った。ここでは簡単にその実施過程について、参加学生の事後の感想を添えて紹介しておくことにしたい。なお、各踏査地の説明は主に上記【表1】の各文献を依拠してまとめたものである。紙幅の都合から、註については【表1】以外で特記すべき資料のみを付すにとどめたことを断っておきたい。
　①　**ウトロ地区**[5]　初日は、京都府宇治市の「ウトロ地区」から踏査を開始した。在日コリアン約60世帯250人が暮らす「ウトロ51番地」は、戦時中に軍事飛行場建設のために集められた朝鮮人労働者の飯場であったが、戦後も在

日コリアンとその家族たち住み続けることになった約2万1000平方キロメートルの土地である。1998年、土地所有権をもつ不動産会社によって、住民を相手に「建物収去・土地明け渡し」請求訴訟が起こされた。住民は最高裁まで闘ったものの、2000年敗訴が確定した。問題は出ていくところがないという住民たちの実情であった。敗訴後、彼らは行政に介入を求め、地主から土地を賃貸し、地区全体を区画整理する「ウトロまちづくりプラン」を考案するとともに、国際連合社会人権規約委員会を通じて、国際世論に訴えた。2004年9月、韓国で開かれた「国際居住問題研究会議」ではウトロの歴史的経緯と現状が訴えられた。そのことにより、韓国内での関心がにわかに強まり、政府要人の視察が相次いだ。また、国連人権委員会のメンバーも現地を訪れるなど、国際世論の高まりによって、宇治市議会では2005年3月、自治体による現状把握、政府による支援要請を骨子とする「ウトロ問題解決」に向けた請願が採択された。現在も韓国・日本でウトロ住民の生活を守るため、住民占有部分の土地購入資金を準備する募金活動が続いている。

　参加学生Aは「私が想像していたウトロ地区は同じコリアンタウンである鶴橋のように活気づいた街並みであった。しかし、想像していたイメージは違った。実際に足を踏み入れてみると多くのハングルで書かれた看板が立ち並び、それまでに歩いていた住宅街とは全く違う軒並みが広がっていた。割れた窓ガラス、人が住んでいるとは思えない掘立小屋のような家があった。近くには自衛隊の飛行場があり、60年前に朝鮮人労働者がここで働いていたことが想像できた。不法占拠といわれているこの地域には1980年代まで水道が通ることがなかった。このことから日本人に受け入れられていなかった歴史が見えた。不法占拠と簡単に片付けるのではなく、なぜ、彼らはこの地域に来てここに住まなければならなかったなど知る必要があると思った」と感想を述べている。参加学生Bは「実際訪れてみて、ウトロに住む人たちは、助け合って暮らしてきたのがうかがえるそんな場所でした。ウトロ地区といえば、不法占拠といわれ差別をうけてきたという暗い印象がありますが、地域のつながりの希薄化が進む日本の中で、地域のつながりの良さを感じることができる場所だと思い

第4章 「京都と韓国・朝鮮の交流の歴史」を歩く

ました」と感想を述べている。

②　**伏見稲荷大社**　伏見稲荷大社は商売繁盛・五穀豊穣の神を祀る稲荷信仰（お稲荷さん）のメッカである。境内にある「千本鳥居」は、時代劇のロケ地としても有名で、多くの観光客が訪れる地である。しかし、伏見稲荷神社の創建者が主に新羅からの渡来人秦氏であることは一般にあまり知られていない、あるいは関心が及ばないようである。Aは「千本鳥居もしくは家内安全・商売繁盛が有名であることを知っていたが、伏見稲荷大社が韓国・朝鮮に関係することは踏査のために調べるまで全く知らなかった。伏見稲荷に訪ねる多くの人がそうではないだろうか」、Bは「私はこの場所が秦氏と関係していることは全く知らなかったので驚きました」との感想を記していた。

③　**耳塚（鼻塚）**　耳塚とは、豊臣秀吉の朝鮮侵略の際、朝鮮に出兵した武将たちが、軍目付を通じて、敵のかさばる首の代わりに鼻を削いで日本にいる秀吉に送り届けた軍功のあかしを埋めた塚のことである。耳塚と言われるが、残された「鼻請取状」から実際は「鼻塚」と称されるべきものであった。軍目付はそれらを樽や桶に塩漬け・酢漬けにして、名護屋経由で大坂・京都の民衆に見せて、武威を鼓舞した。ひと樽には約1000〜3800人分の鼻が入っていたとされ、その総数は5万とも10万とも伝えられている。耳塚は、家康が豊臣家討伐の根拠とした「国家安康」の釣り鐘があった方広寺の大仏殿の前に位置しているが、塚を正面にして左側には秀吉を祭神とする豊国神社がある。

踏査当日、耳塚の前で、韓国人観光客4名と出会った。彼らは私たちが耳塚を訪れたことをいぶかったのか、韓国語で話しかけてきたので、この踏査の趣旨を説明したところ、突然、学生にとても重要なことだから、先生から話を聞いてよく勉強してほしいと、日本語で語りかけたのだった。筆者にしてみれば、これは試されたという気分もあったが、このやりとりにこそ、日本人の歴史認識への韓国の人びとのまなざしのあり方が示されている。10分程度の「対話」であったが、私たちは一緒に耳塚の前で記念撮影をして別れた。

Aは「耳塚を見学していたら韓国人のガイドに出会った。［彼の話によれば］ある学生が修学旅行に韓国に訪れた。そこで、見ず知らずのおばあさんに

第Ⅲ部　戦争史・現代史教育実践の試み

石を投げられた。中学生は驚いたと同時に恐怖を受けた。[学生は]日本に帰国してから、日韓の歴史を調べ、おばあさんの心情が理解できたようだ。その時に言っていたガイドの言葉がとても印象的であった。『日本人は、歴史を隠そうとする。そこに韓国人は疑問を持ち、歴史を認めてほしいと切に願う。だから、お互いの溝が中々埋まらない。韓国人と日本人は顔が似ているのだから仲良くなれますよ』。…中略…日韓どちらかの歴史だけをしか知らなければ、そこから物が一面的にしか見えず、相手の心情が理解できない。その中学生は双方の歴史を調べたから、おばあさんの心情が理解できたのだろう。したがって、双方の歴史を調べることはとても重要であると改めて思った」([　　]内は筆者註)と踏査中最も印象深い出来事として耳塚での出来事を挙げた。Ｂも「耳塚のすぐ隣には住宅や公園があり、その場がどういう場所か、忘れられているような印象を私はうけました。この場所で偶然韓国の方に会うことができ、少し話をきかせていただきました。耳塚には特別な関係があって訪れたというわけではなかったようですが、やはり『日本人は朝鮮に対する植民地支配のこと知らなさ過ぎる、もっと知ってくれればわかりあえるのに』と言っていたのが印象的でした。[日本の朝鮮植民地支配の]歴史を知らないことによって、私たちは韓国の人々との交流にどんな影響を与えているのか疑問に思いました。また日本の高校生が修学旅行で韓国に行ったとき、その土地に住む全く知らないおばあさんに石を投げられたという話もしてくれました。この話をきいて、韓国と日本では日本の植民地支配に対しての教育にどれくらいの差があるのか知りたいと思いました。日本が朝鮮を植民地支配したのは、ずっと昔のことのように思ってしまっていたけれど（昔だから関係ないというわけでは決してないけれど）、実際に支配によって、日本を憎み、今も苦しんでいる人がいることに改めて気づかされました（[　　]内は筆者註)」と記している。

　改めて考えれば、ほんの目と鼻の先ほどの豊国神社と耳塚にも、日本と韓国の歴史認識のまなざしの違いが集約されている。この間、豊国神社を訪れる日本人観光客は少なくなかったが、耳塚を訪れる者を見ることはなかった。

第4章 「京都と韓国・朝鮮の交流の歴史」を歩く

④ **本能寺**　1719年（第6回）、本能寺は通信使の宿泊所とされた。宴会は方広寺大仏殿で行われることになっていたが、この時の通信使正使・洪致中は秀吉を祀る場所として宴会を拒否したという。全9回に亘った通信使は瀬戸内海を海路で亘り、大坂からは淀川を通って、京都に入る。以降は東海道を陸路で江戸に向かった。京都では、本法寺、本圀寺や大徳寺などが通信使使節の宿所として利用されたが、第1～3回まで利用された大徳寺の付属寺院、高洞院の茶室庭園には、加藤清正が漢陽城跡から持ち帰った手洗い石が今でも置かれている。Aは「本能寺と言われれば織田信長の亡くなった場所というイメージがとても強い。本能寺が京都に現存していることに驚いた。1719年に本能寺で丁寧なもてなしを通信使は受けた。実際に訪れてみて、耳塚の後の見学だったので、127年の間に朝鮮と日本の関係に変化が訪れたことを感じた。また、同年大仏殿で日本が宴会を開いたとき通信使は拒否をしたことから、100年程度の間に大きな変化はあったが、気持ちの問題では納得はしていなかったのではないだろうか。現代の日韓関係にも通じるものがあると感じた」と記した。

⑤ **夷川ダム**　夷川ダムは平安神宮からほど近い地点にある琵琶湖疎水にある「船だまり」である。1890年4月、明治天皇を迎えて盛大に疎水竣工式が開催された「記念の地」でもある。その後、水道水と電力の供給を増やす目的で、1908年から1912年まで第二期工事が行われたが、これに従事した多くの日本人労働者の中に朝鮮人労働者が10人ほどいたことが当時の記録から明らかになっている。1910年「韓国併合」前後、宇治の水力発電所の水路のトンネル工事に多くの朝鮮人労働者が従事していたが、京都市内でその姿が見られるようになったのはこの夷川ダム工事が最初であったという。1914年、発電所が完成した頃から、京都市内の建設工事や染色工場、繊維工場に朝鮮人労働者が増えてきて、京都市内の道路・交通機関を築き、西陣織や友禅染などの伝統産業を支える働き手の一部になっていった。Aは「快適な生活の中で気付かないことが多いが、日本人の便利な生活の公共事業には、朝鮮人労働者達の労働力が支えていた部分があることを夷川ダムを見ていて考えさせられた」と記し、B

第Ⅲ部　戦争史・現代史教育実践の試み

は「実際にダムのある場所には、朝鮮人労働者がかかわっていたということを確かめることはできませんでした。無理やり働かされたというわけではないようですが、彼らが日本で働くことになったのは、やはり1910年の韓国併合が影響していた」と考えた。

⑥　**西雲院**　豊臣秀吉の朝鮮侵略の際、捕らえられ日本に連れてこられた宗厳和尚が開いた寺が黒谷金戒光明寺にある西雲院である。宗厳は、平壌近くで姉とともに、福知山城主であった小野木縫殿助の軍勢に捕らえられ、1953（文禄2）年9月に日本に連れてこられたという。彼は、政所や滝川下総守雄利の息女に仕えたのち、息女の死後、出家、諸国を行脚するなかで、1616年、黒谷の了的上人と出会い、山内で庵を建てて、千日念仏の修行を行い、人びとの尊敬を集めるようになった。庵はのちに西雲院と名付けられることとなった。秀吉の朝鮮侵略の際に、日本に連れてこられた朝鮮人は少なくとも3～5万人ともいわれ、戦後、帰国したのは5000人余りであった。宗厳は1628（寛永5）年、53歳でこの世を去った。その位牌と墓は現在も西雲院に残されている。Aは「宗厳和尚の墓の周りには明から救いを求めて弟子たちの墓がたくさんあった。明からわざわざ日本に来て和尚に弟子入りしたそうだ。戦争の犠牲によって見知らぬ土地に連れてこられた苦しみを乗り越えた宗厳和尚しかできない教えがあったのではないだろうか」との感想を残している。

⑦　**高麗美術館**　高麗美術館は、朝鮮半島の美術工芸品を展示する、日本で唯一の専門美術館である。所蔵美術工芸品1700余点を収集したのは在日朝鮮人1世の鄭詔文（1918-1989）である。彼は1925年春、生まれ故郷の慶尚北道から両親ともに京都に渡ってきて以来、京都を第二のふるさととした。朝鮮人に対する差別と偏見のなか、戦後、鄭はパチンコ店を経営しながら、朝鮮白磁の美しさに見せられ、古美術品の収集をはじめた。その後、美術館をつくって、在日コリアンや日本人に優れた朝鮮の美術・文化に触れてほしいという夢を抱くようになり、多くの人びとの協力を受けて、1988年、自宅の敷地内に高麗美術館をオープンさせた。ここに展示・所蔵されているすべての美術・工芸品は、鄭みずから日本国内で収集した逸品である。異国日本で散在していた

第4章 「京都と韓国・朝鮮の交流の歴史」を歩く

多数の朝鮮の文化財がこの京都の地に集約したことは鄭自身の努力の成果である一方、価値ある朝鮮の美術品の多くが日本に持ち込まれていたことの意味を、改めて私たちに考えさせられる。Aは「ここに展示している物のルーツを考えたとき日本にあるはずがない物があり文禄・慶長の役で略奪されたものは多領域であることが分かった。宗厳和尚を含めた人だけでなく物を略奪したこと実際に見ていて感じた」とし、Bは「高麗美術館という朝鮮の古美術が展示されている美術館が京都にあることを全く知りませんでした。展示品の中には13世紀につくられた焼き物があり驚きました」と感想を記した。

⑧　**松尾大社**　「酒造りの神」として有名な松尾大社は主に新羅から渡来した人々からなる秦氏によって創建された神社である。701（大宝元）年に秦忌都理（はたのいみをとり）が社を建てたとされる。それ以来、伏見稲荷大社同様、松尾大社での祭祀は秦氏の子孫が務めている。秦氏はもともと朝鮮半島の東南部、いまの韓国の慶南道あたりに住んでいた豪族であった。彼らは、平安京の出来る前に山城盆地で水田をつくり、優れた技術を用いて、京都の盆地を開拓し、古代の京都を創造した功労者であった。Aは「京都の神社や寺の多くには秦氏を含める渡来人が大きく影響していることを今回の踏査で分かったどの神社や寺も広くてとても大きい。京都の発展への貢献と影響力の強さを感じた」。Bは「京都のあちこちに秦氏のゆかりの場所があり、秦氏の支配力のすごさを知ることができました。秦氏はどうして日本にやってきたのか、なぜ先住していた日本人に受け入れられたのか、また民にとってどんな存在だったのか」と感想を残した。

⑨　**天龍寺**[6]　後醍醐天皇の菩提を弔うために足利尊氏・直義兄弟に建立を勧めた夢窓疎石がその始祖となった。室町時代においては、3代将軍義満の日明貿易が有名であるが、朝鮮からも使者がきて、外交と貿易を始めている。4代将軍義持は、天龍寺と縁の深い近くの宝幢寺に朝鮮からの使者を迎えた。天竜寺はよく火災で焼けているが、朝鮮国に寺の堂塔を再建するために貿易船を出した折りに、朝鮮もこれに快く協力した。1459年、朝鮮国王は日本へ通信使を派遣することとしたが、途中釜山を出港したところで台風の影響を受けて、

199

一人を残して全滅した。4年後、8代将軍義政は亡くなった通信使一行の霊をなぐさめるために天龍寺で法要を行うことを命じ、盛大に行われた。義政による朝鮮国王への報告の記録が朝鮮側に残っているという。Bは「天龍寺は庭も境内もほんとに美しく、いつまでも見ていたいそんな気持ちになります。何度も火災遭っても、再建されてきました。再建のための資金を得るために朝鮮への貿易船を出すことを幕府は許可しました。その申し出を朝鮮は快くうけいれてくれました。天龍寺は朝鮮と幕府の関係が良好だったから、今もこうして美しい庭や境内があるのだと知りました。京都の文化に影響を与えるだけでなく守っていくことにも朝鮮が関わっていたということはとてもおもしろい」との感想を述べている。

⑩ **広隆寺** 太秦にある広隆寺の宝物殿には日本の国宝第1号、弥勒菩薩半跏像が収められている。この菩薩像と韓国国宝78号の弥勒菩薩半跏像（韓国国立中央博物館蔵）と比較する極めて似ているという印象をもつ。広隆寺の弥勒菩薩半跏像はアカマツで造られており、同年代飛鳥時代の日本において、珍しい例で、この像自体が新羅から渡ってきたか、あるいは新羅からの渡来仏師の手でつくられたと考えられている。太秦は秦氏が活躍した地域で、広隆寺のかたわらには大酒神社があって、その祭神は「呉織神」「漢織神」という織物の神様で、朝鮮半島からの渡来人の信仰が込められたものであり、1500年あまり前のこの地域における秦氏の力が大きかったことを物語っている。Aは「高校生の時に教科書で弥勒菩薩半跏思惟像を習った記憶はある。だが、ソウル国立中央博物館に同じような像があり、渡来仏であったことや、秦氏がこの広隆寺を創建したことは知らなかった」という。

⑪ **金閣寺** 鹿苑寺金閣は東アジア善隣外交の象徴である。足利幕府三代将軍義満の隠居の地であった。義満は室町政権の権力を完全に掌握すると、中国皇帝に上表文を送り、「日本国王」に封ぜられ、明王朝との勘合貿易を独占した。また、『吉田日次記』という書物によれば、高麗国王の使者も1403年に北山第に招いていたとされている。Aは「天龍寺や金閣寺に行くと室町時代までは朝鮮と日本の関係は対等で良好だったことが分かった。金閣寺に訪れた

第4章 「京都と韓国・朝鮮の交流の歴史」を歩く

ことはあるが外交の場として使われたというような意識はなかった。今まで観光地を深く考えずに見てきた。昔どのように使われていたかなど、当時を想像しどのような役割を意味するのか考えてみていことのおもしろさを金閣寺を見ていて気付いた」と記している。

⑫　**西陣織会館**　西陣織は京都の伝統産業の代表といえる。さまざまな色に染められた糸で模様を織り出す紋織物で、帯をはじめネクタイや壁掛けなどにはばひろく用いられる。西陣は応仁の乱（1667-77）の際に、西軍が本陣をおいたことからついた地名で、上京区・北区にまたがる地域をさす。

　西陣織は、江戸時代中盤に技術を確立、明治期にはヨーロッパの織物機械を導入して、日本の代表的な織物となった。1910年ごろ、西陣織の生産が大きく増加し始めるが、このころから朝鮮人が西陣織の生産に従事するようになった。高麗美術館の鄭詔文の父が1925年に京都に来た際に西陣織の織屋を営んだことや歌手の都はるみの父が織屋経営の韓国人であったことはよく知られている。手織りは非常に長時間労働だったこともあって、朝鮮人労働者が重宝がられた。慶尚北道の出身者が親戚知人を頼って織物に従事したと言われる。当初は日本人業者に雇われるかたちで織物に従事していた朝鮮人も、次第に独立を果たし、戦後には朝鮮人西陣織物工業協同組合が組織されるまでに成長した。織元から糸と紋紙を受け取って織物にし、加工賃を稼ぐ賃織をする者を含めると、多くの在日コリアンが西陣織に従事していた。現在ではデイケアサービス「ハナマダン洛北」が開設されるなど、同地域における高齢化問題は在日コリアン社会において重要なテーマとなっている。但し、西陣織会館等の案内や展示においては、そうした西陣織の歴史や社会背景は一切語られることはなく、一般観光者は美しい西陣織の生産に在日コリアンが関わっていることを知る機会はない。Aは「西陣織会館で朝鮮人労働者に関する資料は見つからなかった。しかし、夷川ダムと同様に西陣織も労働力を必要とする産業だと見学していて分かった。西陣織は20ほどの工程を経て出来あがる。手機・力織機・整理加工の段階で労働力を必要とする。推測にはなるが、この段階で朝鮮人労力が使われていたのではないだろうか。低賃金・重労働・単純作業など歴史には暗

201

第Ⅲ部　戦争史・現代史教育実践の試み

いものを感じさせる。また、西陣織が日本の伝統工芸であるのに対して外国人が関わっている事実に違和感があるから資料あまり残っていないのかもしれない」と分析している。

⑬　**尹東柱詩碑**　上京区の同志社大学キャンパス内に1995年２月に建てられた尹東柱詩碑がある。尹東柱は中国吉林省龍井郊外の明東の出身で、ソウルの延禧専門学校（延世大学校の前身）を卒業後、1942年３月に立教大学に学び、ほどなく同志社大学に転じて、英米科学生となった。しかし、1943年７月、彼が朝鮮語で詩を書いたという嫌疑で、治安維持法違反容疑で検挙され、過酷な取り調べを受け続けた結果、1945年７月、福岡の刑務所で獄死した。Ａは「はじめに疑問に思ったのがなぜ尹東柱は英文学を学びに日本に来たのかということだった。尹東柱はハングルで詩を書いただけで思想犯として検挙され、２年後に獄死する。この出来事から当時の日本人が朝鮮人に対する差別が露骨にあったことが想像できた」と記した。Ｂは「詩碑には彼がハングルで書いた序詩がきざまれています。研究者によってこの詩は日本語に訳され、さまざまな解釈がされています。しかし実際、彼がどんな時にどんな思いでこの詩を作ったのかはわかりません。私は彼の思いを聞いてみたかった」と感想を記した。

⑭　**東九条マダン**[7]　JR京都駅の南方に位置する東九条は多くの在日コリアンが居住する地域である。町並みは壁や屋根の一部にトタンが使われる長屋が建ち並び、韓国佛教の旗が窓から軒先に掲げられた風景が印象的である。ここ十数年の間、「東九条で、韓国・朝鮮人と日本人がひとつのマダンに集い一つになって、みんなのまつりを実現する」という願いをこめて組織されたものが「東九条マダン」であり、年１回秋に祭りを開催している。「東九条マダン」は与えられる文化ではなく、自ら発見しつくり出す民衆文化を大切なテーマとして、日本人と在日コリアンが、互いを理解しあい、交流を深めていき、朝鮮半島の統一に向けた民族の和解と交流を自らの生活の地域から創造しようと努力を積み重ねる一つの場所となろうとしている。そして、さらにハンディキャップを持つ者、被差別部落出身者などさまざまな立場の人々を認め合い、

第4章 「京都と韓国・朝鮮の交流の歴史」を歩く

理解し合えるような生活の場（マダン）をつくっていくことを目指している。2001年以降、京都市は「多文化共生社会の実現」を基本計画に掲げているが、こうした「東九条マダン」との関わりから実現し得たものであった。Aは「東九条はJR京都駅から歩いて南東側に位置する。多くの在日韓国人が住んでいる。駅の近くにあるだけにどこの道もきれいで整備されていた。関係しているかわからないが、巨大な団地と公園があったのだが、草が生い茂り、壁には落書きがあった。大きな駅の近くの団地という割に整備されていないことに違和感を持った」と、おそらく比較対象としてウトロ地区を想起しながら、感想を書いたものと思われる。

参加者には踏査事後のレポートを課したが、そのレポートでは事前に調べていた踏査地の情報が盛り込まれた分析・論点の提起となっていた。実施した踏査が参加者の「学ぶ」意欲を刺激し、事後の学習につながったと考えている。

## 4．踏査学習の成果と課題

以上の踏査学習の成果と課題についてまとめておきたい。その最大の成果は、学生自身が、いわゆる一般的な京都イメージとは異なる、京都のアジアのなかの国際都市としての歴史を持つこと、京都が韓国・朝鮮とのさまざまな「交流（友好と対立）」の歴史を持っていることに気がついたことである。但し、それは単に踏査地を訪れただけでは得ることの出来ない成果であり、踏査計画に際しての文献による事前学習と踏査後のレポート作成の際の再学習によって、得られた「気づき」である。これまで見てきたとおり、学生の感想の特徴として、これまで考えもしなかった韓国・朝鮮とのつながりという視点で京都の観光地を訪れたときの発見と驚きをみてとれる。これまで「韓流」文化・芸能への興味一色だった自らの韓国への関心を「日本と韓国・朝鮮の交流の歴史」といった文脈も考えなければならないという点に気づいたといった感想をレポートから探すのは容易である。彼女たちの歴史に対する感性は優れたものがある。こうした「気づき」が彼女たちの今後の「生きる」力へと、つながる

ような経験であってほしい。また、偶然とはいえ、耳塚での韓国人旅行者との「対話」は、なによりも韓国人たちが日本人や日本社会の歴史の見方について、どのように捉えているのかを直接知る経験となった。「歴史と現在」の緊張感を実際に感じた衝撃的な体験だったことが感想からも読み取れよう。なお、Aは卒業後、ソウルの延世大学校附設韓国語学堂に留学した。将来は韓国語を通じて、日韓交流に貢献できる仕事に就きたいと希望を語っていた。

　一方で、学生が踏査で気づいたさまざまな疑問について、その後、明らかにするところまで「学び」を深める展開にすることができなかったことは課題として残された。例えば、京都が「国際都市」としての歴史を持つこと、「多文化共生都市」を模索していることを知った上で、その「多文化共生」の模索の歩みがどういった成果と課題を持っているのかを事後学習する機会を設ける必要があった。在日コリアン・アイヌ・沖縄といったマイノリティーの立場から、日本史を見つめ直すことは、「国家史」や「国史」を相対化し、「アジアのなかの日本史」を叙述する上で、もはや不可欠な作業となっており、その視点が「多文化共生」という概念を生かすものとなっている。しかし、行政による「多文化共生」施策と在日コリアンの側が望む「共生」のあり方は必ずしも一致するものではない。「多文化共生社会」の模索は、在日コリアンの差別克服の歴史を前提としながらも、行政の関与が深まると、逆に外国人管理政策としての側面も立ち現れ、その結果、個人の思想や信条が窮屈な状況に置かれてしまうという矛盾が生じる現実を招きかねないといった点[8]にも視野が及ぶ広いパースペクティブを養う必要があろう。京都をフィールドとした社会教育においても、多文化共生社会の内的ジレンマとして、東九条マダンというコリアン文化地域活動の営みをナショナルな均質性（同化）への抵抗と位置づけ、〈ローカルな知〉の可能性を見いだそうとする研究が見られる[9]。単に「多文化共生」ということばを鵜呑みにするだけではなく、さまざまな見方を知っておくことが必要とされよう。さらには、京都を日本社会の縮図として理解し、日本と韓国・朝鮮のつながり歴史と現在の課題へとその認識を広げていくことを目指すことができれば、それが京都における〈ローカルな知〉の重要性に気

第4章 「京都と韓国・朝鮮の交流の歴史」を歩く

づく契機につながるのではないか。いずれも単純に目に見えるものではないが、さらに見えなかったものが見えてくる契機をつくることができないか、そして、他者を認識することを通じて、学習者自身の新しい自己認識につながる契機となることを願いたい。ただ、個々の歴史的事象に対する疑問点について、その経緯を調べてみることなどといった学習者の「学び」を深める時間を保証することができなかった。そのため、学習者は踏査学習でざまざまな点に気づきながらも、それを更に深める新たな学習の機会を得ることができなかった。

　実際に学習を発展させていくには、単発の踏査学習だけでは充分ではない。やはり講義やゼミでの学習を踏まえた授業計画の中に、こうした踏査学習を組み入れ、総合的に学生の「学び」を深めていく必要がある。

## おわりに

　踏査を終えて、参加学生のレポートを読んだときは、実施しただけでもよかったと率直に思った。なぜなら、参加学生は歴史学や歴史教育を専門にしようという学生ではなく、むしろ歴史に対して苦手意識を持っていた学生であったからである。よく歴史は暗記科目であるという受験的な発想から苦手意識をもつ学生が多いが、一般教養としての歴史学習の意味を考えれば、まずはこうした歴史＝暗記という認識を取り去る必要がある。歴史に関心を持っていない学生に、幅広い教養の一つとして、歴史を学ぶことは重要であるとの認識をもってもらうために、自ら歴史を体感できる踏査を通じての学習は、一定の効果をあげることができる有効な方法であろう。それは今回の実践においても学生の感想をもって確認できた。それはやはり学生の認識を変えるに足る踏査地の選択が適切になされることが必要である。もちろん、それは歴史を身近に感じてもらう第一歩の学習方法に過ぎず、それだけで事足りるものではないことはいうまでもない。また、この実践は単発で企画したために、多くの改善の余地があることも確認した。

第Ⅲ部　戦争史・現代史教育実践の試み

　このように課題も多い実践の報告をなぜ書こうと思ったのか。その理由は二つほどある。

　第一に、大学における授業評価活動のあり方について考えてみたかったからである。学生が持つ歴史＝暗記という認識を変え、まずは調べて考えることの面白さを知ってもらうこと、そのためにいかなる方法と学習内容を準備するかということに日々悪戦苦闘しているわけであるから、その評価も方法と学習内容の両面から自己点検してはじめて意味があるものとなる。

　第二に、大学における教養とはいったい何なのかを考えてみたかったからである。それは、単なる学殖、多識を意味するものではなく、一定の文化理想を体得し、それによって個人が身につけた創造的な理解力や知識を意味するものである。本論における踏査学習の目的を考えれば、従来の一般的な京都イメージからは見えてこない、韓国・朝鮮と京都の「交流」から見えてくる地域社会のあり方や「多文化共生」について考えることで、また違った京都の一面を知ることは、大学生にとって一つの教養を得ることになると考える。そして、それは京都という地域に限定されるものではなく、日本社会全般を対象にして考えられることでもある。

1）大学における授業実践のあり方を実施者が自己検証することの意味やその必要性について、歴史学・歴史教育分野では、森谷公俊『学生をやる気にさせる歴史の授業』（青木書店、2008年）が詳しい。「はじめに」における問題意識は共感するところが多かった。歴史学研究者のこうした試みはあまり見かけることがない。

2）辻幸恵『京都とブランド』（白桃書房、2008年）における追手門学院大学経営学部生に対する調査によれば、京ブランドは、神社、町屋、景観といった特徴に集約される「京都らしさ」として若い世代にも認識されていることがわかる。

3）参照したガイドは、『まっぷる　たびまる京都』（昭文社、2009年5月）、

第 4 章　「京都と韓国・朝鮮の交流の歴史」を歩く

　　　『るるぶ MAP 京都』（JTB パブリッシング、2009年 4 月）、ペンハウス『四季折々に楽しむ美しい京都こだわりガイドブック』（メイツ出版、2009年 5 月）、散歩マップ編集部編『京都散歩マップ』（成美堂出版、2009年 3 月）である。
4 ）踏査参加者の一人の事後の感想には「私は京都といえば、日本の伝統的な文化を代表する場所だとずっと思ってきました」と書かれている。京都に対する理解には個人差もあることは言うまでもないが、今回実施の踏査参加者に対しては妥当な目標設定であったと考えている。なお、踏査参加者は筆者が勤務する追手門学院大学の 4 年生（当時） 2 名であった。
5 ）人権情報ネットワークふらっと HP（http://www.jinken.ne.jp/special/utoro/index.html）「過去の清算が終わらない在日コリアンの街」（特集・戦後60年と人権）［2005年］参照。
6 ）三橋広夫『これならわかる韓国・朝鮮の歴史 Q＆A』（明石書店、2002年）、山折哲雄監修・槇野修著『［決定版］京都の寺社505を歩く（下）』（PHP 新書、2007年）も参照。
7 ）「東九条マダン」公式 HP（http://www.h-madang.com）、および「在日密集地、京都・東九条を民族共生の街に」（『東洋経済日報』2009年 5 月15日）を参照。東九条の歴史的経緯については、金東勲責任発行『高瀬川を歩くⅡ─東九条と在日コリア─』（龍谷大学、2002年）、宇野豊「京都東九条の形成とまちづくり」（富坂キリスト教センター在日朝鮮人の生活と住民自治研究会編『在日外国人の住民自治』新幹社、2007年）など。
8 ）崔勝久「「共生」の街川崎を問う」（加藤千香子ほか編『日本における多文化共生とは何か─在日の経験から』新曜社、2008年）168-171頁での指摘。川崎市は最も「多文化共生社会」を推進する自治体として有名であるが、一方で、施策の被当事者からその問題点が指摘されている。
9 ）吉田正純「多文化共生と「ローカル・ノレッジ」─京都における在日コリアン地域活動を事例に─」（日本社会教育学会編『〈ローカルな知〉の可能性─もうひとつの生涯教育を求めて』［日本の社会教育52集］（東洋館出版社、2008年）。

# 第Ⅳ部　国際社会のなかの歴史教育
―― 韓国からの視座 ――

第Ⅳ部　国際社会のなかの歴史教育

# 第1章　歴史認識の転向と分岐
―― 敗戦＝解放前後の映画と教科書から見る
韓国と日本のアジア太平洋戦争 ――

鄭　　在　　貞

## はじめに

　韓国と日本は現在、政治・経済・社会・文化の各分野において、大変密接な交流・協力関係を維持している。しかし、歴史認識の面ではいまだに葛藤と対立の素地が厳存し、時にはそれが両国のナショナリズムに火をつけ、外交懸案にまで飛び火する[1]。一体全体韓国と日本はいかなる経緯を経て、このような相反した歴史認識を持つことになったのか？　もちろん、両国は2000年近く近隣において独自の国家を形成し、互いに悩まされて来たので、それぞれ異なる歴史認識を持つことは当然であり、その淵源もまた接触してきた歴史くらい古くなったと見ることができる。ところで歴史認識において先鋭に対立している部分、すなわち植民地支配末期のアジア太平洋戦争についての観点は、日本の敗戦と韓国の解放を前後して、両国間は言うまでもなく、各国の国民の中でもかなり異なる方向に転向し分岐したというのが私の考えである。それは大衆に呼応しながら制作され消費される映画と教科書を通しても確認することができる。日本は1910年8月29日から1945年8月15日まで韓国を植民地として支配した。この時期に日本人と韓国人は支配者と被支配者という全く異なる立場ではあったが、事案によっては一つの帝国内で一定の部分ではあるものの経験を共有せざるを得ない運命に置かれた。特に中日開戦（1937年7月7日）から米日開戦（1941年12月8日）を経て日本の敗戦＝韓国の解放（1945年8月15日）に至るまでのアジア太平洋戦争の時期は、内鮮一体を実現し皇国臣民を創出する強権政策がすべての面で徹底的に推進された。そして、大部分の韓国人は日本人としての日常を生きるしかなかった。

第 1 章　歴史認識の転向と分岐

　日本は植民地韓国で戦時体制を構築し韓国人を国家総力戦に動員したため、韓国人は仕方なく日本人と二人三脚の形でアジア太平洋戦争をともに遂行するしかなかった。その過程で朝鮮総督府は、韓国人を日本人に換骨奪胎する作業、すなわち「皇国臣民の錬成」政策を強力に推進した。この政策は本質において韓国人の骨と魂の中に天皇のために死ぬことができる大和精神を注入し、韓国人を日本人として再創造するプロジェクトであった[2]。今日、韓国の自国史教科書はこの時期の皇国臣民化政策を「韓民族の抹殺」と規定しているが、事案の本質から大きく外れた解釈ではないと見ることができる[3]。

　ところでアジア太平洋戦争期に、内鮮一体化と皇国臣民化政策を、先頭に立って主唱し、宣伝したのは、「国史教科書」を中心にした学校教育と映画をはじめとした大衆媒体であった。大まかにいえば、韓国人と日本人は国定教科書と国策映画を共に利用し、アジア太平洋戦争について同じイメージを持つことになったと解釈することもできる。

　ところが、1945年8月15日を転機として、韓国人と日本人はアジア太平洋戦争について、全く違う形で描写された歴史教科書と映画に接することになった。日本の敗戦＝韓国の解放というとてつもない状況の変化が、日本人は日本人なりに、韓国人は韓国人なりに、アジア太平洋戦争をかなり異なる視線で見るようにさせたのである。両国の視角の間にはわずかに共通部分もあるが、少し前まで戦争をともに経験し共有した認識とは、天と地ほどの差があった。こうした極端な違いは韓国人と日本人個人の間にも現れた。本稿でもそうした現象を、歴史教科書と映画を通して克明に確認することができると考える。

　私は日本の敗戦＝韓国の解放を前後した時期に、歴史教科書と映画がアジア太平洋戦争をどのように描写したのかを検討したい。すなわち急転直下の状況のなかで、一つの戦争が全く異なるイメージで形象化される様子を描き出す。これは「一つの戦争」を「二つの視線」で見た典型的な例だといえる。この点を明らかにするために、教科書は、敗戦＝解放以前、韓国と日本でともに使用した国定教科書と、敗戦＝解放以後両国で別々に編纂された教科書を活用する。そして映画は、敗戦＝解放以前の韓国で、韓国と日本の監督が共に制作し

第Ⅳ部　国際社会のなかの歴史教育

た国策映画と、敗戦＝解放以後に両国で同じ監督が別々に制作した社会派映画を分析する。

　今日、韓国人と日本人の分裂した歴史認識は、アジア太平洋戦争についての視角の違いから生じた場合が多い[4]。韓国と日本が近隣国家として平和と共栄の未来をともに開いていくためには、歴史認識の行き過ぎた分裂を克服する必要がある。そのためには、まずアジア太平洋戦争についての視角の違いを埋める必要がある。私はこうした問題意識から、現在韓国と日本が使用している歴史教科書が、アジア太平洋戦争とその時期の植民地韓国についてどのように記述しているかを、それぞれ比較検討してみたことがある[5]。今回の論文はその後続作業として、韓国人と日本人のアジア太平洋戦争が、今日のような葛藤と拮抗の関係に置かれた歴史的淵源、すなわち転向と分岐のターニングポイントを追跡するものである。

## 1．映画とアジア太平洋戦争

### 1）敗戦＝解放直前

　映画は他のどの媒体よりも大衆に波及効果が大きいジャンルである。現場性が強いメッセージを訴えかける力は、はやくから映画を政治的に利用したヒトラー治下の記録映画『意思の勝利』（1935年、レニ・リーフェンシュタール監督）で如実に証明された。国家社会主義ドイツ労働党大会を扱ったこの映画は、ヒトラーのことをドイツ国民を救済するために地上に降りてきた神のように描写した。新生ドイツの偉容を世界に誇示しようとするヒトラーの意図にかなったもので、それだけに『意思の勝利』は宣伝映画として大きく成功した[6]。

　日本の支配を受けていた韓国も例外ではなかった。朝鮮総督府は内鮮一体化と皇国臣民化を推進し、アジア太平洋戦争に韓国人を動員するために、1940年を前後して軍国主義御用映画すなわち国策映画を大量に制作した。中日開戦から日本の敗戦＝韓国の解放に至るまで、韓国で『軍用列車』（1938年、徐光齋監

第 1 章　歴史認識の転向と分岐

督）、『君と僕』（1941年、田坂具隆指導、日夏英太郎［韓国名　許泳］監督）をはじめとして、『志願兵』（1941年、安夕影監督）、『家なき天使』（1941年、崔寅奎監督）、『兵丁さん』（1944年、方駿漢監督）、『愛と誓ひ』（1945年、崔寅奎・今井正共同監督）等、20編を越える官主導の国策映画が作られた。その最初の映画が中日戦争以後に公開された防諜啓蒙映画である徐光齊監督の『軍用列車』であり、最後の映画が親日御用映画である崔寅奎・今井正共同監督の『愛と誓ひ』であった。その大部分が皇国臣民としての義務と内鮮一体を実現するための創氏改名、志願入隊を促求する内容であった。これらを分類すれば、第一に日本の政策を積極的に擁護する親日映画、第二に日本人として軍国主義に同調した御用映画、第三に日本の戦争を消極的に支持した参与映画の三つに分けることができる。このなかで『君と僕』と『愛と誓ひ』は第一と第二に該当する積極的親日映画であり、御用映画である[7]。

　まず『君と僕』から見ていこう。この映画は朝鮮人陸軍特別志願兵第一号で山西省の戦闘で戦死（1940年9月2日）した忠北沃川出身の李仁錫上等兵をモデルとし、その精神を見習おうという意図で制作されたものである。この映画で監督を務めた日夏英太郎は、韓国咸鏡南道出身で日本に留学し、マキノキネマの助監督であった時期から本名である許泳の代わりに創氏改名した日本式名前である日夏英太郎を使用した。

　『君と僕』は軍隊に編入される日を待って一生懸命訓練に臨む韓国の若い陸軍兵志願者たちの姿を描いた。音楽学校に通っていたところ、入隊することになった金子栄助を中心に、出征するまでの日常が描写されている。彼らのなかには志願兵になりたくて3年間毎朝神社に参拝した人、低い身長を大きく見せるために背伸びして身体検査に合格した人、妻子がいるにもかかわらず自ら志願した人等が含まれている。

　4ヶ月の訓練が終わり戦線へと向かう前に、特別休暇を得て故郷夫餘へと帰ってきた英助は、ちょうどそこの博物館長をしていた義兄（久保良平…カッコ内の人名は演者―訳者、以下同じ）の家に身を寄せていたところ、幼なじみの浅野美津枝と再会する。これを契機として二人は将来を約束することとなり、

英助は美津枝と老父母の歓送を受けて部隊へと帰った。

　この映画はいわゆる半島人たちの自発的な陸軍兵志願の姿と韓国青年（金子英助）が日本女性（浅野美津枝）と結合して内鮮一体を実現し、皇国臣民として生まれ変わり、天皇に忠誠を捧げるということを描き出している。この映画のタイトルに登場する「君」は韓国人が見習うべき模範としての日本人を象徴する。そして「僕」は日本人に近づこうと奮闘努力する韓国人を指している。結局韓国人を日本人として換骨奪胎し、皇国臣民となることで天皇陛下を安心させなさいという意図が隠されていることがわかる。

　崔寅奎・今井正共同監督の『愛と誓ひ』は神風特攻隊に関する物語である。白石京城新報局長（高田稔）は、道端で金愛龍（金裕虎）という韓国人の男の子を拾い、育てた。普段からよく知っている村井新一郎少尉（獨銀麒）が海軍特攻隊に志願し出発する前日、新聞社の屋上で出征記念写真を撮った白石局長は愛龍を彼に紹介する。戦争へと向かった村井少尉が航空母艦に突進し戦死すると、白石局長は彼の父（志村喬）が校長をしている小学校を訪ね運動場に集まった学生達に、村井少尉もこの学校に通っていたと述べ、君たちもはやく大きくなって彼のあとを追わなければならないと力説した。あわせて白石局長の妻（竹久千恵子）も村井の妻である英子（金信哉）を訪ねて慰労する。

　村井少尉の家庭を取材するために彼の家に泊まることになった愛龍は、特攻隊に志願する若者である宋景明を嫉ましく思い、自動車を故障させる。しかし、愛龍はすぐに後悔し、村井少尉に関する記事を書いた後に、彼の妻英子と局長の妻の見送りを受け、欽慕する村井少尉の後に続いて海軍に志願する。

　『愛と誓ひ』で最も印象的なことは、特攻隊員として志願した景明が愛龍が故障させた自動車が動かず、出発時間を守るために汽車の駅まで走っていく後半部の場面である。景明は死にものぐるいで起伏の激しい山道を駆けていく。村の人々は老若男女を問わず城壁（現在の南漢山城）に、手を振って登り、声が嗄れるほどに応援する。村全体が一つとなり特攻隊員の壮途に就く景明を歓送する姿は、深い余韻を残す。

　この映画は白石局長が浮浪児である韓国少年を育てたり、村井少尉の父が韓

国女性を妻とするといった内容が含まれている。日本人の寛大さを引き立たせるための設定である。それはすなわち内鮮一体の当為性を強調するための構成だと見ることができる。

ところで、この映画で感動を与えるのは、むしろ他の場面である。英子が住む村のポプラの丘、海軍兵営に行く際の鎮海の道に咲く桜、着物と韓服の鮮明な対比、そして「クェジナチンチン　ナネ」「ポンタロ　カセ」など愉快な朝鮮の民謡などが、洗練された構図のなかで情緒的な感興を引き起こす。日本の軍歌と奇妙な対照をなして登場するため、気分を損なわせはするが。

ところで、アジア太平洋戦争期に朝鮮総督府の施策に合わせて制作した大部分の映画は、人間の心理描写を等閑視している。いくら国家と天皇のために草芥の如く命を捨てるといっても、戦場に行けばすぐに死ぬかも知れない『君と僕』の若い志願兵達や、『愛と誓ひ』の愛龍のような10代の青少年が、人間爆弾に他ならない特攻隊に志願しながらも、躊躇したり悩む気色が全く現れていないのである。これはリアリティの問題以前に常識を否定することである。

朝鮮総督府は、アジア太平洋戦争期に、映画を徹底して内鮮一体と皇国臣民化を実現する教化の手段として活用した。しかし、スクリーンに現れる韓国人と日本人の関係は水平的な平等関係ではなく、垂直的な従属関係として描かれている。日本人は韓国人が目指さなければならない理想型であり、韓国人は捨て去らなければならない頽廃型なのである。

## 2）敗戦＝解放直後

**（1）韓国**　日本の敗戦＝韓国の解放直後、韓国では突然独立運動家の活躍を描いた抗日闘争映画が大勢を占めた。『安重根史記』（李亀永監督、1946年）をはじめとして、『自由万歳』（崔寅奎監督、1946年）、『不滅の密使』（金永淳監督、1947年）、『尹奉吉義士』（尹逢春監督、1947年）、『柳寛順』（尹逢春監督、1948年）、『祖国のオモニ』（尹大龍監督、1949年〔オモニは母の意―訳者〕）のような抗日映画である。これらの共通点は、日本の韓国侵略とその支配下で、韓国の独立のために日本と闘った愛国志士たちの活躍像を描いた点にある[8]。

このなかで特に注目をひくのは『自由万歳』である。日本の敗戦＝韓国の解放直前に『愛と誓ひ』を監督として制作した崔寅奎が、この映画を作った主人公であった。崔寅奎は、1年あまり前に自分がおこなった親日活動＝対日協力＝民族反逆行為に対する免罪符を手に入れたい心情から、この映画を制作したのかもしれない。そうでないとすれば、映画に夢中になった職業人としていかなる状況であったとしても、映画をつくりたいという切実な渇望を実践したとみることもできる。この映画は当時台湾に輸出されたが、試写会を観覧した蒋介石が感動して、自由万歳、韓国万歳と書いた揮毫を送ってきた。

『自由万歳』のあらすじは次の通りである。アジア太平洋戦争末期である1945年8月、ソウルで抗日闘争をおこなって逮捕され監獄にいた崔漢重（全昌根）は、同志とともに脱出する過程で日本警察の銃撃を受けたが、一人だけ生き残る。かろうじて同志の家で一日を隠れて過ごした漢重は、彼の紹介で大学病院の看護士、恵子（黄麗姫）の家に身を隠す。漢重は恵子の看護で傷の治療を受け、他の抗日組織員たちと会い日本帝国主義を滅亡させるためには強硬な闘争をしなければならないと説得する。しかし日本がもうすぐ戦争に負けるというのに、あえて暴動を起こし貴重な命を捨てる必要があるのかという消極的な意見とぶつかり失望する。

こうしたなかで、漢重はダイナマイトを隠し持っていたところ、日本警察の不審検問にかかり捕まってしまう。激闘の末にかろうじて日本警察の手から逃れ、漢重は警察幹部の情婦であるミヒャン（劉桂仙）の家に隠れることになる。これを契機に漢重に好感を持つようになったミヒャンは、彼の地下組織があるアジトを訪ね、情報と資金を提供する。彼女の後を付けてきた警察幹部と憲兵たちから銃弾を受けミヒャンは死亡し、漢重は大学病院へと移される。漢重を慕うようになった恵子は、監視中に居眠りした憲兵に麻酔を打ち、漢重を脱出させる。しかし漢重は解放の数日前に日本の憲兵の銃弾を受け、死んでしまう。

崔寅奎監督の『自由万歳』は日本の敗戦＝韓国の解放直後に制作されたいわゆる光復映画の花であった。「祖国の解放と光復のために喜んで身を捧げた

第1章　歴史認識の転向と分岐

男！彼をめぐる多難な世のありさまと人情の交差！解放朝鮮に送る輝く殉烈の花束！偉大な民族英雄の血闘史！」。このような華麗な宣伝文句を掲げたこの映画は、愛国志士が抗日闘争の末に祖国光復を目前としながら壮烈に死んでいくアクションメロドラマであった。封切りされた場所は偶然にも『愛と誓ひ』を上映した明治座（日本人居留地である明治町にあった日本人愛用の映画館）であったが、時代の雰囲気をよくつかみ興業においても大成功した[9]。崔寅奎監督が1年余り前につくった『愛と誓ひ』とは構成や指向が正反対であったため、同じ監督が制作したとは到底信じられないほどであった。こうした映画を鑑賞し、韓国人はアジア太平洋戦争に対する解放以前とは全く異なるイメージを持つことになった。このような現象は日本でも生じた。転向と分岐が激しく進行したのである。

韓国では抗日闘争を素材とした映画は1950年代末まで継続して制作された。『独立協会と義士安重根』（全昌根監督）、『三・一独立運動』（全昌根監督）、『独立協会と青年李承晩』（申相玉監督）、『名も無き星たち』（金剛潤監督）等は解放直後の光復映画のように愛国志士の独立闘争と一般民衆の独立運動を扱った作品であった。

（2）日本　日本の敗戦＝韓国の解放直後の日本では、『愛と誓ひ』とは全く異なる性格の映画が作られた。わずか1年余り前にこの映画を監督した今井正は、左翼ヒューマニズムを代表する社会派映画の巨匠へと変身し、青春を謳歌した『青い山脈』、沖縄戦の悲劇を描いた『ひめゆりの塔』等を続けて制作した[10]。

『青い山脈』（今井正監督、1949年）は、1949年にふさわしく解放の気分が満ちあふれていた。1948年以前に日本人はいまだ敗戦を解放だと直ちに喜ぶだけの余裕がなかった。さらに1950年以後になるとレッドパージと韓国戦争等による反動期を迎えることになる。日本において1949年は民主主義革命を最も純真に信じた微妙な年であった。『青い山脈』はそうした楽天的気分を正面から見事に描写した。

『青い山脈』を観ると、民主化を指向する若者達の未来は希望に満ちあふれ

第Ⅳ部　国際社会のなかの歴史教育

ており、田舎の封建性などは一撃で打破できるという高揚した気分でいっぱいであった。社会では下山事件、三鷹事件、松川事件等が続いて起こり、敗戦以後日本の一つの転換期であったが、映画館ではそうした現実が全く恐れるべきものではないとでも言うように爆笑がわき起こっていた[11]。

　今井正が1950年に監督し制作した『また逢う日まで』はロマン＝ロラン原作の『ピエールとリュース』を脚色した作品であった。盲目的に戦争へ行くつもりなど全く無かった大学生三郎（岡田英二）の苦悩は深い。平和を愛する若い女性、螢子（久我美子）の苦悩も同様であった。男女交際までも戦争に非協力であると白眼視された時代の雰囲気のなかで、二人は初冬の冷たい風のなかで身をすくめて互いにしっかり抱き合い心を暖かく通わせる。最後のデートの日、三郎の義妹が防空訓練中に倒れ、三郎は外出することができなくなる。その日、螢子は約束の場所である駅へと行ったが、折悪しく空襲で爆死する。螢子の死を知らない三郎はそのまま戦争に行き、やはり帰ってくることができなかった。実にロマンティックなラブストーリーである。戦争の記憶がいまだ生々しかった当時、戦争のなかでこうした美しい生の賛美があり得るのかと、観る人にため息をつかせ、溢れる涙を止めることをできなくした[12]。

　今井正が日本の敗戦直後に監督した上の二つの映画は敗戦直前に彼が監督した『愛と誓ひ』とは相当異なる指向と構成を持っていた。あまりにも異なるために同じ監督の作品だとは信じられないほどである。『愛と誓ひ』を一緒に作った韓国の崔寅奎監督が『自由万歳』を作ったように、正反対に転向したのである。こうした過程を経て日本人も韓国人と同様に、敗戦を転機としてアジア太平洋戦争に対する全く異なるイメージを描いていくこととなった。もちろんそれは韓国人とは全く異なる次元で持つことになったイメージであった。

## 2．教科書とアジア太平洋戦争

### 1）敗戦＝解放直前

　1941年4月から日本と植民地韓国で学校制度が変わり、小学校は国民学校へと改編された。教育の目標も変更された。小学校の目的が忠良な皇国臣民を育成することにあったのに対して、国民学校の目的は皇国の道にしたがって国民の基礎的錬成をなすことであった。これに伴って5〜6学年用の歴史教科書が新しく編纂された。。日本では『初等科国史』の上巻が1943年2月18日、『初等科国史』の下巻が1943年3月3日に発行された。植民地韓国でもこの教科書が使用された。当時はすでにアジア太平洋戦争が困難な局面を迎えていたため、非常体制下の教科書は戦時教科書の形態をとっていた。この教科書は日本では、1945年8月の敗戦以後、マッカーサー司令部が使用禁止を指令した12月まで使用された。韓国では解放と同時に学校教育から消え去った。

　『初等科国史』の構成と内容の特徴を概観すれば、次の通りである[13]。国民学校初等科の教科構成に従って、国史は国語、修身、地理とともに国民科のなかに含まれた。そのため、国史は独立の教科ではなく、国民科という教科の一つの科目となった。国民科は国体の精華を明らかにし、国民精神を涵養し、皇国の使命を自覚させるための教科だったため、その中に含まれる国史教科書もこの基本精神を基礎として編纂された。この点がそれ以前の教科書とは顕著に異なる性格であった。歴史教科書の戦時非常版というべきものが、『初等科国史』であった。

　『初等科国史』は肇国の古事、天業の恢弘、敬神崇祖、政治の改新、対外関係、国民の忠誠、国威の発揚等に対する内容を重点的に配置し、皇国発展の軌跡を明確にし、国民的自覚を培育するという方針の下で編纂された。従来の教科書と異なり『初等科国史』は国史読本の性格を持っていた。児童に読ませて国史に対する深い感銘を与えようとしたのである。大筋としては、歴代天皇の

高徳、鴻業、尊皇敬神の事歴、神国意識の伝統、海外発展の壮図、国防施設の沿革、尚武興学の美風、工夫創造の素質、大東亜建設の由来等を教材選択の基準とした。記述からは国史を単純に国内に限定せずに、東亜及び世界との関連で取り扱うように考慮した。こうして皇国を主体として、世界史の視野で国運の進展を考えようとする方式がとられた。

『初等科国史』で史実を取り扱う意図はそれ以前の教科書と全く異なっていた。事実を納得させるために付け加えた解説と、読者に感動を与えるために付加した文章等も、完全に新しいものであった。こうした要素が相互に絡み合って全体を構成している。『初等科国史』は僅か3年間のみ使用されたが、日本と植民地韓国で国民精神を振作させる上で重要な役割を果たした。修身、国語とともに戦時教科書の内容を最も強く表現したのが、この『初等科国史』であった[14]。

## 2）敗戦＝解放直後

（1）**韓国**　大韓民国の歴史教育は、解放以後、新しく出発した。近代国民国家を建設する時に絶対に必要な歴史教育が、日本の侵略と支配を受けている間、断絶し歪曲されたため、それ以後の歴史教育は国民精神を涵養させる内容としなければならなかった。まず日本人によって構成された植民地主義的歴史観を払拭することが急務であった。また、民族と国土が南北に分断され複雑に変動する政治状況のなかで、大韓民国の正統性を確立することがなによりも重要であった[15]。

解放直後の韓国の歴史教科書は、民間人が執筆し、米軍政の検定を受けて出版された。ついこの間まで日本が植民地韓国の歴史研究と歴史教育を独占していた状況を考えれば、解放直後すぐに韓国人が執筆した歴史教科書を使って歴史教育がおこなわれたことは、奇跡的なことである。敗戦前に日本人がつくった歴史教科書と解放以後韓国人がつくった歴史教科書の内容を比較することは、興味深いことである。特に韓日関係史の記述がどのように変化したのかを分析してみることは、今日両国の歴史教科書記述ないし歴史認識の違いを原点

第1章　歴史認識の転向と分岐

から探ってみるという意味でも重要なことである。

　解放直後の混乱期につくられた韓国の歴史教科書は、独自の研究と整理の蓄積が十分におこなえなかったために、不十分な部分が多い。特に今日の歴史研究の実績からみると、事実の間違いや解釈の誇張が少なくない。しかし、それぞれの教科書の文章の行間からは韓国人の歴史観が鮮明に感じられる。そして、堂々とハングルで書かれた文章からは、韓国人の体臭が強く溢れ出ている[16]。

　解放直後の歴史教科書は日本の韓国侵略と植民地支配に対する激烈な感情を込めて、生々しく描写した。そして韓国人の抗日闘争については、悲憤慷慨の論調を駆使し、学生達に血が沸くような愛国心を呼び起こそうと記述した。たとえば、高宗がハーグ万国平和会議に派遣した特使事件（1907年）についてある教科書は次のように記述した。

　　日本の妨害により一国の代表として会議に参席する権利を得ることができず、悲しみ憤ったあまりに傍聴席から朝鮮の事情を叫んだ後に、李儁はそこで拳銃により自殺した[17]。

　　密使の一人である李儁は義憤を禁じえず、持っていた短刀で自身の腹を切り裂き自ら死を遂げてしまった[18]。

　さらに日本の韓国強制併合と韓国人の抵抗運動については、以下のように記述している。

　　我々の歴史にかつて見ることのなかった大きな恥辱の条約を頒布し、国民はまことに口惜しく怨めしく、虚無感を禁じえなかった。大韓帝国の最後は、まるで荒々しいオオカミに噛まれた羊のように倒れてしまったようであった。朝鮮の太祖建国から27代519年で社稷を失い、我々の美しい山と川は闇の帳のなかに隠されるとともに、罪のない同胞は倭人の下僕となった。

第Ⅳ部　国際社会のなかの歴史教育

これがどれほどの息が詰まることであったか[19]。

　ある人は斧を持って大漢門の外に至り慟哭し、「陛下、万一この条約を破棄することがおできにならないなら、私は我が国が滅び、我が同胞が他人の下僕になるさまを到底見ていることができませんので、この斧で私の頸をお切りください」と諫言した後に、先祖の墓の前で泣き疲れて死に、ある人は道端の石に頭を打ち付けて死んだ[20]。

そして、いくつかの教科書はアジア太平洋戦争について次のように記述した。

　我が朝鮮に対する戦争負担の強要が耐え切れないほどに重くなって来たため、学兵特別志願兵制も徴兵制度実施に変更し、若者達を皆前線に出して命を捧げさせ、徴用報国隊を動員して働き手を生産の現場から追い立て、国防献金、国債売買、強制貯金、あらゆる献納運動を起こして、かんざし、さじ、時計のバンド、洗面器、どんぶり、何もかも金物という金属はすべて供出させ、松ボックリ、松の根、萩の茎、葛、山葡萄の蔓、木材、馬草、山と言う山をすべてすっかり剥いで、供出しないものがなく、持って行かないものがなかったのだが、その後には姓までなくして皆が日本式の姓を持たなければ国民として生きることができなくなった[21]。

　アメリカとの戦争に日本の力が追い立てられて、彼らの悪あがきは極度に達して徴用と徴兵の名の下、青年たちを強制的に戦場に追い立て、一方農民の生産品は米も雑穀も木綿も供出という名の下に全部奪っていくため、民は皆ぼろを着て飢えることになった。彼らはまた私たちの姓を強制的に変えさせ、新聞雑誌を含めて私たちの文化運動を最後の最後まで踏み躙り、私たちの言語と文字に対する抹殺政策を更に強化して、民族の反逆者たちを動かしていわゆる皇民化運動を強制する一方、これに積極的に協力しない人々を皆

第1章　歴史認識の転向と分岐

捕えて牢に入れ殺し、民族の魂を奪ってしまおうとしたのだが、民族の受難がこれほどに深刻なことはかつてなかった[22]。

解放直後の教科書が抗日独立運動について詳細に記述したことは当然のことであった。特に震檀学会の教科書は他の教科書の追従を許さないほどに4頁も割いて、「海外亡命」、「亡命志士の活動」、「国権回復運動」、「三・一運動」、「仮政府樹立」、「爆弾事件」、「光州学生事件」、「新幹会運動」等について記述した。

文教部が発行した教科書は「解放の喜び」について、あふれ出る感情を込めて、以下のように記述した。

　　4278年8月15日！　永遠に忘れることができないこの日！　私たちはこの日、解放されて自由になり、36年間何重にも巻かれていた鎖が解けて、恋い焦がれた太極旗の下で愛国歌を声高く歌い、全国津々浦々に歓喜の万歳の声が天地を覆し、感激の涙が流れていることさえ気がつかなかった[23]。

解放直後、韓国の学生達は、韓国人が編纂した上のような歴史教科書を学習し、敗戦直前の日本人が編纂し、た『初等科国史』とは全く異なる歴史認識を体得していった。韓国人の歴史認識とは指向と内容が全く異なるが、日本でもこれと似たような現象が生じた。そして両国の歴史教科書でも転向と分岐を経験することとなった。

（2）**日本**　日本は敗戦以後1年余り経ってから、それ以前の『初等科国史』の代わりに『くにのあゆみ』（上・下）（第7期国定教科書）を発行した[24]。この本は連合軍の占領下で急いで編集された国定教科書であり、1946年9月10日に発行された。連合国軍最高司令部は1945年10月頃教育の基本方針を検討し、『初等科国史』をこれ以上使用しないことを決定した。1945年12月31日、最高司令部は修身、地理、歴史の授業を停止させ、教科書使用を禁止し、『初

223

第Ⅳ部　国際社会のなかの歴史教育

等科国史』を全国から回収しなければならない教科書に指定した。こうして初等学校では歴史の授業はおこなわなくなり、『初等科国史』も学校から姿を消した。

　歴史の授業が停止され『初等科国史』が回収された後、最高司令部内の民間教育情報局は新しく文化政策を推進した。その一環として近い将来に歴史の授業を再開し、小学生、また国民に客観的な日本史を教えるという方針を定めた。これに伴って文部省が新しい歴史教科書の編集に着手し、民間教育情報局員と協議し『くにのあゆみ』（上・下）を発行した。ところで文部省はすぐに小学校教育課程を新しく編成し、社会科を設置した。そして、歴史は社会科のなかに統合され、1947年9月から社会科の授業が開始された。このため『くにのあゆみ』（上・下）は極めて短い期間のみ、教科書として存在することになった。しかし、新制中学校の日本史教科書『日本の歴史』があまりにも難しい内容であるという理由等で、教育現場では依然として『くにのあゆみ』（上・下）を使用する場合が多かった。したがって、『くにのあゆみ』（上・下）は日本最後の国定教科書として、社会科成立以後においても1952年ごろまで小学校と中学校の歴史分野の教科書にも強い影響を与えたという点で重要である。

　『くにのあゆみ』（上・下）は日本の歴史を主に時代史を中心に編成した。第5期国定教科書までは人物主義で編成しており、第6期国定教科書は国体観念を明らかにするために天皇の治績を中心に構成したり、国民精神を振作する視角から編成されていたが、これらと比べて大きな違いがあった。各章のタイトルも時代の変化と動向、次の時代の成立と発展を知ることができるように設定された。

　『くにのあゆみ』（上・下）の編集上最も重要な特徴は神話を除去したことである。第1期国定教科書において第1課は天照大神であり、天孫降臨から神武天皇に至る過程を国家のはじまりとして特に重視している。これを完全に除去し、列島に人間が住み始めた時期を現在から数千年前と見て、貝塚と発掘品等から記述する方針を選んだ。そして大和朝廷という項目では大和盆地から有力な者が登場し、日本を一つに統合した者が神武天皇だと記述することで、『初

第 1 章　歴史認識の転向と分岐

等科国史』とはかなり異なる視角から日本史のはじまりを見ている。神話と日本史を一つに連結し説明する歴史教育を拒否したのである。こうした趣旨は社会科として改編された以降の歴史教科書でも貫徹している。

　『くにのあゆみ』（上・下）は歴史のなかに人民を登場させ、その動きを記述した。これも前には全くなかった大きな特徴である。これ以前の歴史教科書は大東亜共栄圏の建設という主題を一つの柱として記述したため、明治初年の富国強兵から東亜保衛に至るまでの過程を浮かび上がらせ、清日、露日戦争を特に詳細に取り上げた。ところが、『くにのあゆみ』（上・下）はこの時代のアジア大陸との関係を東洋の葛藤として描写した。そして、各戦争についてもかなり簡単に事実のみを記述するに止まった。さらにアジア太平洋戦争期についても皇国主義と軍国主義を除外し、その前の教科書で見られなかった新しい事実が多く取り入れられた[25]。

## おわりに──歴史認識の分裂をどのように克服するか？

　韓国と日本は近代の一つの時期、特にアジア太平洋戦争時に、やむを得ず経験を共有したことがある。韓国が日本の植民地として国家総力戦に動員されたためである。こうした状況を背景として、日本は、韓国人と日本人の歴史意識を一致させようとする政策を強力に推進した。映画と歴史教科書はそれを実現する媒体として活用された。韓国人と日本人は同じ映画を見たり、同じ教科書で勉強し、アジア太平洋戦争に対する認識を共有した。一つの視線でアジア太平洋戦争を見るしかない境遇であった。

　しかし、日本の敗戦＝韓国の解放直後から、韓国人と日本人はアジア太平洋戦争という同一の経験を異なる視線で見るようになった。敗戦と解放という情勢の変化が歴史認識の転向と分岐をもたらしたのである。ここでも映画と歴史教科書が重要な役割を果たした。映画をつくった監督は同一人物であるが、内容と指向は正反対であった。歴史教科書を執筆した著者も敗戦と解放を経た人物であったが、歴史を記述する視角は全く異なっていた。そして、韓国人と日

第Ⅳ部　国際社会のなかの歴史教育

本人はそれぞれの立場からアジア太平洋戦争について二つのストーリーを作り出した。そして、これは映画と歴史教科書を通して二つの記憶として拡大し、さらに固まっていった。こうして今日韓国人と日本人は大きく異なる意識でアジア太平洋戦争を語るようになった。

　今日の視点で見れば、アジア太平洋戦争についての韓国人と日本人の異なった認識は、戦争に参与した両国の立場が異なるために生じた必然的な現象だと容易にいうことができる。すなわち、日本は帝国主義国家として戦争を主体的に企画し遂行した。反面、韓国は日本の植民地として他律的に戦争に動員され、罪のない人々の犠牲を払ったのであった。それを自覚させた歴史の節目が、日本の敗戦＝韓国の解放であったという点を克明に示したいということが、この論文を執筆する動機であった。

　狭い海を隔てて国境を接している韓国と日本は、去る2000年余りの間、政治・外交・経済・文化等で切っても切れない深い関係を結んできた。今後両国が引っ越しでもしない限り、こうした密接な関係は続いて行くであろう。これが運命であるならば、韓国と日本は無理をしてでも平和に共栄する道を模索することが望まれる。そのようにするためには両国の国民が経験を共有する事案について、互いに共感することができるような歴史認識を作り出していくことが必要である。歴史認識の葛藤が昔であれ今であれ両国の間を気まずいものにする要因として作用しているためである。日本の敗戦＝韓国の解放を前後した時期につくられた映画と歴史教科書を通して、何か糸口を見つけることができたのではないだろうか？

（翻訳：加藤圭木）

---

1）韓国と日本の歴史葛藤と、歴史和解のための努力については、鄭在貞「韓日の歴史葛藤と歴史対話―歴史教科書に焦点をあてて―」『韓国と日本の歴史認識』（ナナム、2008年）（韓国語）を参照されたい。

2）アジア太平洋戦争期の植民地韓国における国家総力戦体制と皇国臣民の錬成については、鄭在貞「日帝下朝鮮における国家総力戦体制と朝鮮人の生

第1章　歴史認識の転向と分岐

　　活─「皇国臣民の錬成」を中心に─」『韓日歴史共同研究報告書』第5巻、韓日歴史共同研究委員会、2005年（韓国語）〔日本語版は『日韓歴史共同研究報告書』第3分科篇上巻、日韓歴史共同研究委員会、2005年─訳者〕を参照されたい。
3）韓国の教育人的資源部が著作権を持っている『中学校国史』（2008年3月）教科書は韓国の植民地期を「民族の受難」と「独立戦争の展開」という二つの流れで記述しており、アジア太平洋戦争時の皇国臣民化政策を「民族抹殺政策」と規定している。
4）鄭在貞「韓日の歴史葛藤と歴史対話─和解と相生の歴史認識に向けて」（『史学研究』第88号、2007年12月韓国史学会）、（韓国語）。
5）鄭在貞「韓国と日本の歴史教科書に描かれた近代の肖像─「15年戦争」と「植民地朝鮮」─」『第2期韓日歴史共同研究報告書』第6巻。韓日歴史共同研究委員会、2010年〔日本語は『第2期日韓歴史共同研究報告書』教科書小グループ篇、日韓歴史共同研究委員会、2010年─訳者〕。
6）金鍾元「日帝末期朝鮮映画の親日形態」第1回歴史映像シンポジウム発表論文（2009年12月12日、別府）、1頁。
7）この時期に韓国で制作された映画についての記述は、主に次の論文に依拠した。金鍾元「映画で見る韓日関係─支配と対立、葛藤から和解─」第二回歴史映像シンポジウム発表論文（2010年6月19日、東京）。付け加えれば、植民地韓国の映画を「日本」という国家のコードで解釈した研究としてはイ・ヨンジェ『帝国日本の映画』現実文化、2008年（韓国語）が参考になる。
8）金鍾元ほか『韓国映画監督辞典』国学資料院、2004年（韓国語）。
9）同上書、626頁。
10）裵淵弘「朝鮮人特攻映画を撮っていた今井正の「戦争」」（『新潮45』2010年4月）、142頁。
11）南部僑一郎・佐藤忠男『日本映画100選』（秋田書店、1976年）、108〜109頁。
12）同上書、110〜111頁。
13）『日本教科書大系』近代編第20巻、歴史（三）、（講談社、1977年）、473

第Ⅳ部　国際社会のなかの歴史教育

　　　～475頁。
14) 『初等科国史』のアジア太平洋戦争に対する記述の全貌については、同上書369～375頁を参照のこと。
15) 解放以降韓国の歴史教育の変化については坂井俊樹『現代韓国における歴史教育の成立と葛藤』（お茶の水書房、2003年）を参照のこと。
16) 解放直後から1950年代まで韓国で出版された歴史教科書の韓日関係史記述については、鄭在貞「反日ナショナリズムの起源―歴史教科書の日本記述」（『翰林日本学』第9集、2004年）（韓国語）を参照のこと。
17) 孫晉泰，『中学校社会生活と我が国の生活』（乙酉文化社、1949年）、194～195頁（韓国語）。
18) 震檀學會『国史教本』朝鮮教学図書株式会社、1946年、168頁（韓国語）。
19) 李丙燾『中等社会生活と我が国の生活（歴史）』（白映社、1950年）、199～200頁（韓国語）。
20) キム・ソンチル『社会生活と我が国の歴史』（正音社、1955年）、184頁（韓国語）。
21) 李周洪『初等国史』（明文堂、1945年、76頁）（韓国語）。
22) キム・ソンチル前掲書、200頁。
23) 文教部『我が国の発達（2）』（大韓教科書株式会社、1949年）、130～131頁（韓国語）。
24) 以下の記述は、主に『日本教科書大系』近代編第20巻、歴史（三）、（講談社、1977年）、475～478頁に依拠した。
25) 『くにのあゆみ』のアジア太平洋戦争についての記述の全体は、前掲『日本教科書大系』近代編第20巻、歴史（三）、460～464頁を参照のこと。

## 第2章　韓国における歴史教育の葛藤
――教育課程、歴史教育を中心に――

君　島　和　彦

### はじめに

　本稿の課題は、韓国の教育課程の分析を通して、韓国の歴史教科書、歴史教育の今後の方向性を考えることにある。韓国の歴史教育は、第7次教育課程を経て、2007年改訂教育課程を構想することによって、大きな進展を見せた。しかし、李明博政権の発足と共に、歴史教育への干渉が強まり、全体構想での後退を見せたように思える。この実態を分析することによって、日中韓という東アジア地域での歴史教育の今後のあり方を考えてみたい。2010年6月4日にソウル大学校社会教育研究所の主催で開かれた「2007年改訂教育課程の内容構想と問題点の分析」と題する研究会[1]でも、2007年改訂教育課程と2009改訂教育課程が比較検討され、多くの問題点が提出された。本稿はこれらの成果をも参考にしている。

### 1．2007年改訂教育課程での「歴史科」の特徴

　韓国では、第7次教育課程の告示から10年を経て、「2007年改訂教育課程」が2007年12月に告示された。
　この教育課程は、すでに別稿[2]で詳しく見たように、第7次教育課程での歴史教育の強化という方向を継承し、歴史教育重視の教育課程であった。このような歴史教育のあり方について、教育人的資源部『2007年改訂教育課程の概要』（2007年6月・韓国語）は、4点の背景を列挙し、その第2で周辺国の歴史歪曲に能動的に対処する必要性をあげている。周辺国の歴史歪曲とは、中国の

第Ⅳ部　国際社会のなかの歴史教育

東北工程問題と日本の歴史教科書を巡る動向である。

　歴史教育強化の流れは、第7次教育課程実施中の2005年に教育人的資源部から「歴史教育強化方案[3]」が告示され、2006年度から高等学校1年生用の「国史」教科書[4]が書き直された。この改訂を受けて、2007年改訂教育課程では、歴史教育がさらに強化された。

　それでは、2007年改訂教育課程での歴史教育の特徴を見てみよう。まず第1に、第7次教育課程を継承して、「国民共通基本教育課程」を初等学校1年生から高等学校1年生までの10年間としていることである。これによって、高等学校1年生で学ぶ歴史科目は必修科目になっている。初等学校、中学校、高等学校で、いずれも必修科目として歴史を学ぶことになっている。

　第2に、歴史教育の履修基準が、初等学校では「社会」の中で「歴史」を学習し、中学校と高等学校では「社会」と「歴史」が分離され、「歴史」が「独立」したことである。「社会科」を維持しつつ、「歴史科」の独立と強化を実現するという難問に挑戦[5]している。

　第3に、初等学校では人物史と生活史を学び、中学校では前近代史を中心に学び、高等学校では近現代史を中心に学ぶことにした。つまり、初等学校・中学校・高等学校で、先史時代から現代史までを3回繰り返し学ぶという方法を止めたのである。「墨塗り学習」などといわれる繰り返し学習を止めて、学校別に学ぶ範囲を分けたのである。これは日本、中国、韓国などのアジア諸国で行われてきた学習方法から脱皮し、主にヨーロッパで行われている学習方法を採用したことになる。画期的な改訂である。

　第4に、中学校も高等学校も、科目名を「歴史」に変更したことである。第7次教育課程までは「国史」という名称を使用していた。この変更の理由として「国史」教育に対する「国粋主義」という批判を克服すること[6]をあげている。ここでは「国史[7]」という、まさに一国史的教育からの脱皮と世界史的視野の養成が目指されていると言えよう。この結果、中学校の「歴史」では、韓国史領域と世界史領域を含んだ前近代史を中心に学び、高等学校では世界史を含んだ韓国近現代史を中心に学ぶことになった。世界史的視野で自国史を学ぶ

第 2 章　韓国における歴史教育の葛藤

という趣旨であり、さらに、繰り返し学習による歴史の授業への興味の減退を避けることのできるものでもあり、新たな展開を期待できるものであった。そして、高等学校の「歴史」では、第 6 次と第 7 次の教育課程で採用されていた「分類史」の構成ではなく、通史学習が採用された。体系的歴史教育の復活である。中学校との連続性を持たせるためには必要な措置である。歴史の全体構成を把握しにくかった「分類史」からの脱皮は、評価できよう。

　第 5 に、高等学校 2・3 年生で学ぶ選択科目が改訂・新設された。その 1 は、「韓国文化史」の設置である。形式的には「韓国近・現代史」からの改訂としているが、第 7 次教育課程での歴史教育強化方針を受けて高等学校 1 年生の「国史」教科書が改訂された際に、文化史部分が大きく削除された[8]ことへの補填の意味を持つものであると考えられる。しかし、2007 年改訂教育課程では、単なる韓国文化の学習ではなく、「韓国人の正体性を涵養する」科目として位置づけられている重要な科目である。その 2 は、「世界歴史の理解」の設置である。この科目は第 7 次教育課程の「世界史」を改訂したものである。2007 年改訂教育課程では、中学校・高等学校の「歴史」で世界史分野を含んでいるので、この科目では通史を学習するのではなく、8 つの主題にそって世界の歴史を学び、歴史的洞察力を涵養する機会を提供することを目的にしている。その 3 は、「東アジア史」の新設である。この科目は、東アジアの国家間の葛藤を克服し、共通の歴史認識を形成することを目指し、東アジアの平和と繁栄の基礎をつくる主導的な役割を期待されている。新設の背景には、近年の日韓間、さらに日中韓での共通教材作成の成果が考慮されているという。東アジア諸国では最初の試みであり、この成果には大きな期待が寄せられている[9]と言えよう。これらによって、高等学校 1 年と 2・3 年の歴史科目が体系化されたと言えよう。

　第 6 に、歴史教育の強化が、政治的目的を含んだものになっていることである。歴史教育強化の方針は、中国の東北工程問題と日本の「新しい歴史教科書」の問題を意識してのものである。これが歴史教科書や実際の歴史教育にどのように反映されるのか[10]は定かではないが、政治と教育の関係への重要な

231

問題提起でもある。

　第7に、歴史教育強化方針は、社会科の解体ともいえるのではないかということである。2007年改訂教育課程は、社会科と歴史教育の関係を、社会科としての「統合」と歴史教育の「独立」を実現したものと説明している。2007年改訂教育課程を見ると、中学校1年と3年では「社会」を教え、中学校2年と3年で「歴史」を教える。そして、2007年改訂教育課程の本文では、「歴史」だけが独立して記述されている。この方法で「統合」と「独立」を実現したと言うが、見方によっては社会科の解体とも言える。「歴史」だけが特別扱いされて、「社会科」と「歴史科」が分離されることによって、日本の社会科解体と同じ道を歩んでいるようにもみえる。

　以上、2007年改訂教育課程での「歴史科」の特徴を見てきたが、第1から第5までは、これまでにない新しい試みであって、評価できる構想であると言えよう。しかし、第6と第7は、歴史教育のあり方としては、問題点を含むものとして見なければならないと考える。

## 2．「未来形教育課程」の意味

　韓国では、2008年2月に李明博前ソウル市長が大統領になった。この直後に、教育人的資源部を教育科学技術部に改編した。また、政権内部から教育内容への発言が相次ぎ、金星出版社から出版されている『韓国近・現代史』教科書を「左翼的」と批判し、遂に教科書会社が筆者の同意無しに教科書内容を改編するという事件[11]まで起こした。

　李明博政権は、教育に関心が深いらしく、就任直後から新たな提案をしている。教育課程に関しても、「未来形教育課程」を告示するとして新たな問題を提起した。韓国での5年間の大統領の任期は、教育課程の実施期間とは必ずしも一致しない。例えば第7次教育課程は、金泳三大統領の任期中の1997年に公布され、2000年から施行された。この実施時期は金大中大統領の時代であり、次の2007年改訂教育課程が告示されたのは盧武鉉大統領の時期である。つま

第2章　韓国における歴史教育の葛藤

り、金大中大統領は教育課程の改訂には直接関与できなかったのである。

　この流れで行けば、2008年2月に就任した李明博大統領は、2007年改訂教育課程を実施する担当者になるはずであった。しかし、李明博大統領は、就任1年後の2009年に、「未来形教育課程」という新しい教育課程の構想を発表した。その流れを見れば、2008年12月に国家教育科学技術諮問会議が、財界、産業界、言論界などの人々を中心に「教育課程特別委員会」をつくり、この委員会が改定の必要性を提示した。その後、2009年4月24日に光州で未来形教育課程に関する「第3次国民大討論会」が開催された。以後、2009年5月4日に国家教育科学技術諮問会議が「未来形教育課程要約」を公表し、7月24日には同諮問会議が「未来形教育課程構成（案）」を公表した。そして翌日の25日には同諮問会議が「『未来形教育課程構成（案）』に対するQ&A」を公表[12]し、この間に出された各種の質問、意見に対して回答した。

　2007年改訂教育課程は、2009年3月から初等学校1・2年生で実施されており、以後、学年進行で実施[13]されることになっていた。したがって、2009年時点での新しい教育課程の構想の発表は、多くの国民の納得のいかないところである。この点について、先の「Q&A」では「Q1」でこの問題に答えている。それによれば、韓国の教育は、「点数重視の入試競争、画一的教育課程運営、過度な私教育費など」の問題を抱えているが、2007年改訂教育課程は、このような問題を「部分的」にしか解決しておらず、未来形教育課程は「根源的な解決方案」を提示するために構想されたものであるという。さらに、「学校自律化・多様化・特性化政策」を素早く定着させるためにも未来形教育課程の実施が必要なのであり、「困難と抵抗」があっても実施すると述べている。

　未来形教育課程の目的は、「未来形教育課程構想（案）」に最も端的に述べられている。それは、高等学校入学試験の緩和などを目的に1974年から実施されてきた「高校平準化制度」を見直し、「学校自律化・多様化・特性化」をより一層推進しようということにある。「教育政策の方向」の項には「多様な教育受容への充足」、「学校教育運営の自律性の進展」、「教育運営体制の効率性向上」などが列挙され、「学校の特性化の伸張」や「学齢期の再設定」なども記

233

第Ⅳ部　国際社会のなかの歴史教育

されている。また、国民の意見を聞くという項目には、「集中学習」への賛否や「未来の人材の育成のために数学と科学教育を強化すること」への賛否が含まれている。

　これらを見ると、未来形教育課程は高等学校段階から差別と選別を実施し、数学と科学教育を強化するなど、財界の要求する人材の育成を目指していると言えそうである。

　未来形教育課程は、主に高等学校のあり方に関する構想であって、各教科の教育内容には十分に踏み込んでいない。いわば、総論があって各論のない教育課程である。しかし、高等学校のあり方に言及しているため、学父母会、市民団体、言論界（新聞）、歴史学界などから強力な反対意見があがった。それらは、2007年改訂教育課程が実施される時になぜ再改訂するのか、政府内部での議論だけで決定したのは問題だ、高等学校の多様化、自律化、特性化をなぜすすめるのか、などであって、全国で反対集会が開かれ、公聴会では反対意見が相次いだ。

　歴史学界は、共同で2009年9月25日に「歴史教育の危機、どう対応するか―教科部の歴史教育政策を批判する」という名称の集会[14]を開いた。ここでは「未来形教育課程構成（案）」で示された歴史教育の構想が、高等学校の歴史教育では「歴史A（5）」と「歴史B（5）」の2つだけになっており、2007年改定教育課程での科目数から大幅に減少している点などを批判した。

　各界からの批判は、多くの人々の関心事であり、先に提示した「Q&A」で答え、更に説得しようと説明を繰り返している内容に対するものであった。

　その後、政府は、これらの情況を勘案してか、「未来形教育課程」という名称を早々と撤回して、「2009改訂教育課程」と変更してしまった。

## 3．「2009改訂教育課程」の特徴

　教育科学技術部は、2009年12月17日に「2009改訂教育課程」を発表[15]し、同日、教育科学技術部教育課程企画課から「2009改訂教育課程、問答資料」も

234

第2章　韓国における歴史教育の葛藤

発表した。これらの資料によって、2009改訂教育課程の要点[16]を整理してみよう。

　まず第1に「国民共通基本教育課程」を「共通教育課程」と改称し、期間を10年から9年に1年短縮した。「共通教育課程」を、初等学校1年から中学校3年までの「義務教育期間と一致」させ、高等学校では「生徒の進路によって専攻と関連した授業を選択」させるという。

　第2に、高等学校の自律性、多様化、特性化を誘導することである。これは、教育課程特別委員会の提示した案に最初から入っているもので、ここに2009改訂教育課程のもっとも重要な論点がある。全国の学校で国家が定める同一な教科目と内容を教えるのではなく、学校に自律性と多様性を持たせるという趣旨は、中央集権的な教育統制から解放されると見れば、賛成できる。しかし、同時に「多様な体験、奉仕、進路教育などで創意的な人材を養成する」ことと併記されると、高等学校を差別と選別の場にすることにつながり、全面的には賛同しがたくなる。

　第3に、学年群、教科群の編成と集中履修制を採用したことである。学年群とは、初等学校では1・2年生、3・4年生、5・6年生の3つの学年群にし、中学校と高等学校はそれぞれ1つの学年群になる。この単位で授業が構成される。教科群とは、中・高等学校では現行の10科目を7科目に編成するものである。統合されるのは社会と道徳で「社会／道徳」に、科学と実科で「科学／実科」に、音楽と美術で「芸術（音楽／美術）」の3群に編成される。「社会／道徳」の道徳教育は、人性教育、情緒教育などと共に強化するとされているが、実際には「道徳教育」は、新しく採用された「集中履修制」の対象になっており、年間教育ではなく1学期で集中的に学ぶことになってしまった。

　第4に、高等学校3年間がすべて選択科目になったことである。この理由を「2009改訂教育課程、問答資料」では、「進路選択によって希望する専攻と関連した自分にあった教育」を受けられるようにしたと述べている。早くから進路にあった教育を受けるということは、早くから選別された教育を受けるということでもある。ここでも、選別と差別の方向が提示されている。

第Ⅳ部　国際社会のなかの歴史教育

## 4．「2009改訂教育課程」での歴史教育

　2009改訂教育課程での歴史教育はどうなったのか。先に見たように、この教育課程は、各科目の内容には深く触れていない。歴史教育を見ても、早々と2008年12月21日に教育科学技術部から出された「高等学校教育課程解説④社会（歴史）」は、なんと「教育人的資源部告示第2007―79号」と「教育人的資源部告示第2009―10号による」と併記されている。前者は2007年改訂教育課程の社会科部分であり、後者は2009改訂教育課程の社会科部分である。つまり、この2つの教育課程の「解説」は同じものであり、各科目の内容に変更がないことを示している。そして後者は、さらに2009年3月6日付けで、初等学校、中学校、高等学校の他教科とともに、再告示されている。ここには、2007年改訂教育課程にある高等学校1年用の「歴史」、2・3年生用の選択科目「韓国文化史」「世界歴史の理解」「東アジア史」がすべて含まれている。
　しかし、先に紹介した2009改訂教育課程には、〈添付資料2〉として「2007年改訂教育課程と2009改訂教育課程の主要差異点」が付されている。その「各論」の「社会（道徳）科」では、選択科目が13科目から9科目になることが示され、歴史関係では「東アジア史」「世界史」の2科目と選択科目とは別に「韓国史」が入っている。つまり、「歴史」が「韓国史」に改称され、「韓国文化史」が削除されたのである。
　この「解説」と「2009改訂教育課程」は、時間的前後関係からみれば2009改訂教育課程が後から出されたので、前者に全科目があるのもやむを得ないともいえる。しかし、2009年7月24日に「未来形教育課程構成（案）」が公表され、12月に「2009改訂教育課程」が告示されるまでの間、公聴会などの開かれるたびに、「歴史A（5）」と「歴史B（5）」の2科目は、「東アジア史」を削除する案が出たり、「韓国文化史」を削除する案が提示されたりして、大混乱であった。特に教科書を作成している先生は、2010年度が中・高等学校の「歴史」の検定年度であり、選択科目の教科書執筆時期だったこともあり、四苦八

第 2 章　韓国における歴史教育の葛藤

苦意であった。

　また、2009年改訂教育課程で選択科目とは別に表記された「韓国史」は、2007年改訂教育課程では、高等学校1年生の必修科目「歴史」であった。しかし、2009改訂教育課程では、高等学校3年間はすべてが選択科目になった。そこで、この別に表記された「韓国史」の扱いについて、2009年12月23日に告示された「2009改訂教育課程　初・中等教育課程総論[17]」では、この科目は「すべての学生が履修するように勧奨する」と説明している。つまり、「選択指導科目」になったのである。しかし、この時点では、科目の名称が「歴史」から「韓国史」になっただけで、内容に変更はなかった。

　このように「歴史」が「韓国史」になり、さらに必修科目ではなくなり、「韓国文化史」が削除された結果、歴史教育が弱化されたのではないかという疑問が出された。これに対して「2009改訂教育課程、問答資料」では「社会科領域に最小必修履修単位を15単位配当し、学生が履修することができるようにする」、「歴史関連科目が履修される体制を準備する」と説明し、さらに削除された「韓国文化史」は、すべての教科で学習するようにし、関連教材を開発して配布する計画であると説明し、歴史教育を弱化させていないとしている。しかし、他の科目に関しては何も説明を加えずに、「歴史教育の弱化」に関する項目だけを「問答資料」に設定したこと自体が、歴史教育の弱化を物語っているといえよう。

## 5．「2009改訂教育課程」での高等学校「歴史」

　2009年12月23日に「教育科学技術部告示第2009—41号」として告示された「初・中等教育課程総論」では、小・中・高等学校の歴史教育の内容は、2007年改訂教育課程のままであった。

　ところが、2010年5月12日に「初・中等教育課程改訂告示」と題して、「教育科学技術部告示第2009—41号」の「初・中等教育課程」「別冊7」の「社会科教育課程」だけが改訂告示された。つまり、2007年改訂教育課程（2009改訂

教育課程）の「社会科」だけが改訂されたのである。そして、内容を見れば、「社会科」と言いながらも、変わっているのは「歴史」だけである。

　その変化を見れば、第１に、教育課程の構成が変わった。2009改訂教育課程では「歴史」の項に８・９・10学年の内容が一緒に説明されていたが、新しく改訂された教育課程では、「２．歴史」で８・９学年、つまり、中学校２・３年生用の歴史科目が説明され、「３．韓国史」で選択科目になった高等学校用の歴史科目が説明されている。10年間の国民共通基本教育課程が、９年間の共通教育課程に変わり、高等学校３年間がすべて選択科目になった結果、８・９・10学年の内容を同じところで説明できないということであろう。

　第２に高等学校１年の歴史科目の名称が「歴史」から「韓国史」になったことである。上で見たように、高等学校の歴史科目が、中学校の教育課程とは別に説明され、科目名まで「歴史」から「韓国史」に変わったのである。この変化は歴史教育の内容の変化をも意味しており、大きな変化である。

　第３に、「歴史」から「韓国史」への名称の変更によって、教育課程の歴史科の「性格」の説明が変った。まず、2007年（2009）改訂教育課程の「歴史」「１．性格」の重要な点であった「高等学校課程では近・現代史を中心に世界史の流れの上に韓国史を主体的に把握できるようにする」という部分が削除された。そして、新しい改訂教育課程の「韓国史」「１．性格」では韓国史を「世界史の流れの中で……韓国近・現代史の比重を高めて構成した」などと記述された。つまり、2007年（2009）改訂教育課程での高等学校１年生の「歴史」では、世界史を含んだ近現代史を中心に学ぶことになっていた。しかし、改訂教育課程では、名称が「韓国史」になり、「韓国近・現代史の比重を高め」るという程度になってしまった。名称も一国史的名称に変更され、内容も自国史中心のものになってしまったのである。

　第４に、中学校と高等学校での繰り返し学習が復活したことである。2007年（2009）改訂教育課程は、中学校では前近代史を中心に、高等学校では近現代史を中心に学ぶという、繰り返し学習からの脱皮が目指されていた。これが以前のように中・高の両方で全時代を学ぶ形式に戻ったのである。この変化は、

第 2 章　韓国における歴史教育の葛藤

各学年の「内容体系」を比較してみると判明する。つまり、中学校では、2007年（2009）改訂教育課程の 9 学年の「韓国史領域」にある「近代国家樹立運動」の節が 2 つの節に分割され、「近代国家樹立運動」と「民族運動の展開」の 2 節で近代史を詳しく説明するようになった。中学校で近代史部分が強化されたのである。そして、高等学校では、2007年（2009）改訂教育課程の前近代史部分「我が歴史の形成と発展」と「朝鮮社会の変化と西洋列強の侵略的接近」の 2 節を 3 節に分けて、両者の間に「高麗と朝鮮の成立と発展」を加えた。また、最後の節である「世界化とわれわれの未来」が削除された。この結果的、高等学校では前近代史が 1 節増えて強化された。つまり、中学校では近代史が強化され、高等学校では前近代史が強化された。この結果、中学校と高等学校で、全時代の通史を学ぶことになったのである。2007年改訂教育課程で採用された特色は消え去ってしまったのである。

## 6．軽視される歴史教育

　2009改訂教育課程は、2007年改訂教育課程と同じ年度で施行[18]されている。中学校 2 年生と高等学校 1 年生の施行年度は、2011年 3 月である。そのために、中学校「歴史」と高等学校「韓国史」の検定年度は2010年である。2010年 5 月に告示された改訂教育課程はどう扱われたのだろうか。

　2010年の検定結果[19]が、「2007年改訂教育課程による教科書検定本検査結果（総合）」として発表されたので、当面は2007年改訂教育課程に準拠して教科書が作られ、新改訂教育課程は採用されず、次回の検定から適用されるかに見えた。

　ところが、検定に合格した教科書は、教科書名が2007年改訂教育課程による「歴史」ではなく、2009改訂教育課程（2010年 5 月12日告示の改訂教育課程）による「韓国史」に変更されていたのである。2010年10月21日に開かれた「歴史教育の危機と検定「韓国史」教科書」という研究会での報告[20]によれば、検定に合格した教科書だけが、2010年 5 月12日告示の改訂教育課程に合うように修正して 6 月末までに再び検定に提出することを求められ、その結果、再度合

239

第Ⅳ部　国際社会のなかの歴史教育

格して「韓国史」に変わったという。発表者は、拙速な修正を求めたことは「不当なだけでなく違法なことではないか」と批判している。これらの教科書[21]を見ると、いずれも前近代史が異常に少ない。近現代史中心に作成した教科書に前近代史を短期間で補足したからであろう。

　2010年の中学校「歴史（上）」の検定結果は「申請19、合格8、不合格11、合格率42.1％」、高等学校「歴史」は「申請13、合格6、不合格7、合格率46.2％」である。この検定結果を見ると、韓国の検定での不合格率の高さは、日本の検定では予想もできないものである。合格率の高かった実科関係の「技術・家庭」のように91.7％のものもあるが、50〜60％の科目がかなりある。これは、2010年度に特別なことではなく、例年と同様である。しかも、検定申請者によれば、再提出などの救済策はないという。これによって、2011年3月には、中学校「歴史（上）」8冊、高等学校「韓国史」6冊が店頭[22]に並ぶことになる。

　また、歴史科目は、高等学校で履修率が下がるだろうという情報[23]がある。それは韓国の大学修学能力試験（修能・日本の大学入試センター試験と同様のもの）の改変案が2010年8月19日に発表されたからである。この改変案は、2009改訂教育課程が全面実施される2014年から、「修能」を年に2回実施するとか、基礎科目として国語、数学、英語を設定し、それをA型とB型に区分し、大学の専門によって受験科目を決めるなどの改変案である。現行では人文系の学生の場合は、歴史科目を含む「社会探究」11科目[24]から4科目を選択していたが、改変案では「社会探究」6科目[25]から1科目を選択することになっている。この結果、相対的に難しい「韓国史」は選択されず、そうなれば高等学校でも履修しないだろうというのである。「修能」では、2004年までは「国史」は必修であり、2005年から選択科目になった。この結果、2005年度の「修能」では「国史」を選択した学生は、人文系で46.8％であり、2007年度には22％にまで減少した。2010年度は、さらに減少して18.7％になり、「修能」受験者全体から見れば「国史」の選択者は10.9％、受験者の10人に1人に過ぎなくなっている。この受験率と高等学校での履修率の関係は、単純に同じとはいえない

第2章　韓国における歴史教育の葛藤

だろうが、受験競争の激しい韓国の教育実情を考えれば、高校生は歴史を真剣に学んでいないかもしれない。さらにソウル大で「韓国史」を必修にしたので、他の受験生は標準点が上がるので不利になると考えて、さらに選択率が減少し、2010年度の半分以下になるだろう[26]という。

　新聞では触れていないが、「修能」の科目を見ると、新設の「東アジア史」は含まれていない。とすれば「東アジア史」は、高等学校では重視されず、履修率も低くなるのかもしれない。この点も2007年改訂教育課程の特色が消えていくことであり、重要な問題である。

## おわりに

　近年の韓国の歴史教育をめぐる動向を検討してみた。第7次教育課程から2007年改訂教育課程への改訂があり、それが実施される時期に政権交代があった。このことが韓国の教育に大きな影響を持った。

　2007年改訂教育課程は、いくつかの評価すべき点があった。歴史教育の強化が主張され、東アジア史の新設に見るように、日中韓での市民レベルの動向を受け止め、世界史的視野で歴史を教えようとしていた。小中高での歴史の通史の繰り返し学習からも脱皮しようとしていた。

　ところが、新政権の誕生によって、その流れは否定されている。未来形教育課程が提唱され、高等学校のあり方に関する改訂であるかのように見えたが、歴史教育には深く干渉し、2007年改定教育課程の到達点を否定していく過程が進行している。これによって、韓国の歴史教育の特色が消え去っていくのかもしれない。

　しかし、2007年改訂教育課程の歴史科の特色で述べておいたように、歴史教育の強化自体が政治的要素によって実現したものであった。とすれば、政権が変わって、しかもこれまでの民主化を推進してきた政権から保守的な政権に交代したことを考慮すれば、歴史教育の方向性への干渉はあり得ることともいえよう。

第Ⅳ部　国際社会のなかの歴史教育

　韓国の今後の歴史教育を考えれば、政治と歴史教育の関係について、より真剣な議論によって方向性を模索し、国家の教育政策からの独立、自由な立場での歴史教育を確立することが必要なのではないだろうか。このことは、日中韓の東アジア諸国に共通したことであり、今後は、日本や中国でも、「東アジア史」を新設するなどして、韓国で達成しきれなかった課題に、新たな試みを対置させることによって、東アジア諸国間の歴史教育の連携を深めていくことが必要であろう。

※本稿は、2010年10月に東京で開かれた「日韓歴史家会議」での報告に加筆したものである。

---

1）この研究会では、道徳、歴史、地理、一般社会について報告があった。
2）「韓国の「2007年改訂教育課程」の特徴と歴史教育のこれから」（拙著『日韓歴史教科書の軌跡―歴史の共通認識を求めて―』すずさわ書店、2009年）の第10章。
3）教育人的資源部「歴史教育強化方案」2005年5月、原文は韓国語。以下、大部分の史料は韓国語であるが、すべて筆者の訳による。
4）前掲拙書第9章278頁の〈表6〉参照。「歴史教育強化方案」の前と後の「国史」教科書での分野別記述量の増減を示しておいた。
5）この難問の説明は、同上書第10章、298～299頁参照。
6）教育人的資源部「報道資料　歴史科目独立と授業時数拡大などを含む歴史教育強化方案発表」2006年12月26日。
7）筆者が勤務するソウル大学校師範大学で、2010年6月に開催された歴史教育に関する研究会で、授業科目名が話題となり、筆者が「国史」「韓国史」「自国史」「歴史」などの中で何が適切かと質問したところ、発表者を初め数人の参加者から「国史」が適切である旨の意見があった。韓国の中では「国史」という名称に賛成する韓国史研究者が多いのかもしれない。
8）前掲拙著第9章278頁の〈表6〉と277頁参照。
9）韓国で2010年1月に開かれた東北亜歴史財団のワークショップでは、高等

第 2 章　韓国における歴史教育の葛藤

　　　学校の先生方に、期待ではなく、何の準備もなく「東アジア史」が新設さ
　　　れても、どう教えて良いか分からないと評判が悪かったのは印象的である。
10）筆者は、2010年 6 月にソウル大学校師範大学付属女子中学校での教育実習
　　　を見に行った。その授業は、韓国古代史の授業で、プロジェクターによっ
　　　て、漫画、写真、映像や音楽などを巧みに使い、生徒を飽きさせない授業
　　　であった。その中で中国東北工程問題が直接的に扱われていた。この問題
　　　を中学生に直接説明するべきかどうかについて、授業後の講評会で意見を
　　　述べておいた。
11）この問題は、執筆者と教科書会社の間で訴訟になっている。最近の報道
　　　（『朝鮮日報』2010年 8 月26日）によれば、ソウル高等裁判所は、原告勝利
　　　の地裁原判決を破棄し、出版社の行為を正当とする判決を出した。この問
　　　題については、後日、別稿で分析したい。
12）これらの資料は、いずれも教育科学技術部から発表されている。
13）2007年改訂教育課程の実施時期に関しては、前掲拙著第10章〈第 3 表〉294
　　　頁参照。
14）参加学会は、西洋史学界、歴史教育研究会、韓国史研究会、韓国歴史研究
　　　会、全国歴史教師の会の 5 団体である。
15）『2009改訂教育課程』は、教育科学技術部から「報道資料」として2009年12
　　　月18日に公表された。
16）引用は、教育科学技術部「2009改訂教育課程」（2009年12月17日）と教育科
　　　学技術部教育課程企画課「2009改訂教育課程、問答資料」（2009年12月17
　　　日）による。
17）「教育科学技術部告示第2009-41号」2009年12月23日告示。
18）2007年改訂教育課程の施行年度は、前傾拙著第10章〈第 3 表〉294頁参照。
19）韓国教育課程評価院。2010年 5 月 6 日発表。韓国の検定制度に関しては、
　　　別項で検討したい。
20）정명혁（韓国外国語大学）「検定「韓国史」教科書日帝強占期に対する討論
　　　文」による。
21）これらの教科書の分析は後日を期したい。
22）韓国では、教科書は無償配布ではないので、生徒・父母が店頭で購入する。

243

第Ⅳ部　国際社会のなかの歴史教育

23）『朝鮮日報』2010年8月22日（電子版）、『連合ニュース』2010年8月19日。
24）ここには韓国近・現代史と世界史が含まれていた。この2科目は高等学校で履修する歴史科目である。
25）この6科目は地理、一般社会、韓国史、世界史、経済、倫理である。
26）この数字は前掲『朝鮮日報』による。

# 第 3 章　韓国における「2009改定教育課程」と「2014修能改編案」

徐　　毅　植

## はじめに

　解放後から現在までの韓国の学校教育は、国家が定めた教育課程に立脚して成り立ってきた。学習のために国家が用意した一連の計画表に基づき、各級学校において一律的に教育が推進されてきたのである。多少、程度の差はあるが、何のために［教育目標］、どのようなことを［学習内容］、いかに組織してどの水準で教えるか［教育方法、学習経験］など、国家が一つひとつ定め一連の教育を行うことは、近代国家が標榜する普遍的な教育体制の基本骨格でもある。

　したがって、どの国においても教育課程はその社会が指向する未来像の変化に対応し、それに合致する人材像とそのような人材の育成のための教育的な方法論の変化に対応して、周期的あるいは必要により改定を繰り返してきた。韓国の場合、教科中心教育課程から経験中心教育課程に、そして再び学問中心、人間中心の教育課程へと、その重点を変化させてきた。そして、第6次教育課程からは従来のすべての指向を合わせた「統合教育課程」を標榜したが、第7次教育課程と2009改定教育課程では「水準別教育課程」の旗を掲げた[1]。ところでこの変化を顧みると、今までの教育課程改編は「教科内容」「経験」「学問」「人間」等、何に重点を置いて教えるかという問題から、「統合」や「水準別」など、教育課程自体の性格を規定する形態へと指向が変化してきたことが分かる。「教育的」局面から「教育学的」局面に転換してきたのである[2]。

　教育課程の変化に伴い、評価内容や形態においてもそれに同伴あるいは照らし合わせる形で変化してきた。特に、大学入学試験の変化は中等教育課程の変

化を牽引する側面まであった。教育目標が成就した程度を検証すること［評価］は、教育課程の終わりと同時に出発点である。大学別の単独試験形態の入学考査から大学入学国家連合考査へ、そして再び大学入学資格国家考査、大学入学予備考査、大学入学学力考査、大学修学能力試験（修能）としての変化は、その時ごとに大学入学試験の形式と内容を通じて中等教育課程の変化を誘導し、規定する性格を帯びていた[3]。ところで、このような変化もやはりその初期には、教育課程に伴なう高校教育の正常化と大学教育の自律性確保という側面がさらに重点的に論じられた。後期になると、一部の私立大学において行われた定員外の学生選抜と不正入学などの問題をめぐって社会的な論議が展開され、学生選抜の公正性を何より重視していく過程となった。しかし、概して教育の公共性を重視すると標榜された中で、教育問題を教育的視角より解決しようとする傾向が退潮し、社会階層や地域格差の問題など、教育外的な条件と考慮が大学入試体制の変化を強制する要因として登場する趨勢を見せた。教育課程と修能は、今や教育問題でなく政治・社会・経済問題へと変質している。

　このような脈絡の中で、李明博政府は2009年12月に改定教育課程を発表し、それに伴なう後続の措置という名分により大学修学能力試験の形態と方式を全面改編する手続きに着手した。大統領の公約を実現するために発足した中長期大入先進化研究会の修能体制改編分科が2010年8月19日に2014年度修能試験改編試案を発表し、全国各地を巡回しながら圏域別の公聴会を開催した。今回の教育課程改編の主な理由・根拠として、特に学生の学習負担軽減と保護者の私教育費節減が表明された。教育が教育外的な理由により右往左往するのはすでに平凡な日常のこととなった感がある。

　ここでは、教育本来の見地より、2009改定教育課程と2014修能改編試案が持つ問題点を検討することにする。韓国の中等教育が押し流されている現在の位置を把握することが、それが当然に行くべき方向と座標がどこにあり、何であることを知ることが出来るという考えからである。ここでは、主に歴史科中心の視角を通じて検討するが、他教科の立場でも2009改定教育課程が指向する価値の問題点と試案として発表された修能改編案が招く中等教育の否定的な変化

第3章　韓国における「2009改定教育課程」と「2014修能改編案」

像をいくらでも指摘することができるだろうと考える。

## 1．「2009改定教育課程」の非教育的な性格

　2009年12月23日、四方からキャロルが鳴り響き新しい希望と幸福に対する期待が人々を浮き立たせるクリスマス直前の熱気ある雰囲気の中で、教育科学技術部は「2009改定教育課程」を確定し告示した[4]。背景説明によれば、この教育課程は学校をめぐる国内外の変化に学校教育がさらに能動的・効率的に対処しようとするために、これまで長期間にわたって硬直していた教育課程の体質を根本的に改革し、柔軟にする必要があると判断した政府がこの間に用意してきた対策を公表したとする。大統領の諮問機構である「国家教育科学技術諮問会議」が主体となり、2007年から数回開かれた「国家教育課程フォーラム」において論議となった内容と、韓国教育課程評価院が行なってきた研究課題である「初・中等学校教育課程の先進化の方策」において提示された内容を土台として2008年10月に初・中等教育課程を改定するための具体的な論議に着手し、いよいよ結論を下すに至ったということである[5]。

　2009改定教育課程は、現行の教育課程に対する次のような認識から出発した。すなわち、国家が定めた同一の教科目と内容を全国のすべての学校で一律に適用し運営してきた従来の教育課程は、学校の自律性と多様性を害して教育を教科活動第一に導き、多様な体験・奉仕・進路教育など創意的な人材育成のための教育機会を剥奪する結果を招いたという認識である。これに国家教育科学技術諮問会議は、「教育課程特別委員会」（2009年1月6日）を構成して「国家教育課程フォーラム」（2007年10月〜09年2月）を運営する一方で、国民大討論会（2009年2月〜09年7月）を8回開催した。このような過程を通じて、学生の行き過ぎた学習負担を減らし、学習の興味を誘発しながら断片的な知識・理解教育ではない、学習する能力と幅広い人性（187頁にも簡単な説明があるが、質素や人間性などを示す言葉であり、知識教育に反対する意味で用いられることが多い─訳者）を育成する「したい勉強、楽しい学校」への変化を追求するため

第Ⅳ部　国際社会のなかの歴史教育

の「未来形教育課程構想案」（2009年9月8日）を提案するようになった。これをめぐって、公聴会の手続きを経て12月17日にその要旨を公開した後、23日に最終確定の告示をすることになったのである。この教育課程は、「未来社会が要求する創意的な人材養成」のための「未来形教育課程」とされる。

　ところで、この過程において今までの教育課程は硬直した形態だったと規定した政府の認識が注目される。これをもう少し説明すると、画一的な国家教育課程が学習者の多様な欲求と教育（学習）の多様性を損なってきたという意味である。この間の国家教育課程により被害を受けたと考える者の見解をそっくり表わした認識形態（見方）といえる。

　被害当事者であることを主張できると推定される境遇は、概して次の二種類である。一つはこの間の国家主導教育課程によく適応できず脱落した場合である。いわゆる「代案学校〔日本でのオルタナティブスクール—訳者〕」に通う学生など、国内ではこれ以上耐えることができないと感じたあげく外国の適切な学校を探してやむをえず移動しなければならなかった学生である。「より多様な種類の学校があったら良いだろう」、あるいは「少しの例外も認定しない現在の教育課程はとても息苦しい」と感じたかもしれない。もう一つは、既存の教育課程では彼らが考えて期待する高品質の教育を受けられないと判断した場合である。子息を外国の学校に送る財力は充分であるが、そこでは韓国から来たこの特別な学生が特別であることをなかなか認定しようとしない。そのために、確実に特別待遇を受けることができ、またその教育の品質も劣らない「高級」の学校を国内に設立したいが、従来の教育課程が足枷になると考えた者も今までの教育課程を硬直した形態と認識するのであろう。

　政府の見解は後者の立場から生み出されたと思われる。「中等教育の多様性確保」という口実で自立形私立高、自律形公立高の拡大に出たためである。自立形私立高は中学校の内申成績50％の中に入る学生の中から抽選で入学生を選抜し、教科の課程を最大50％まで学校の自律により運営することができる。その代わり、一般学校の約3倍の水準に達する学費を出すように容認した学校形態である。いわゆる一般高等学校とは「差別化された高品質」の高等学校であ

第3章 韓国における「2009改定教育課程」と「2014修能改編案」

る。「中等教育の多様性」を強調しているが、代案学校に対しては一切の措置はもちろん言及さえも全くない。教育課程の「硬直性」を語る本当の理由は、「学校の自律性拡大」を旗印として学生選抜と教育内容の選択を自由に行うことができる「特別」高等学校を設立する口実を提供するところにあったというわけである。

　ここで問題の焦点となるのは、中等教育の多様性が損なわれた理由として、やはりこの間の国家が教育課程を管理してきたところにある[6]。そのため、様々な形態の公・私立高を設立すると、間違いなく中等教育の多様性が確保されることとなると確信することができる。しかし、果たして学生は創意性と人性を兼ね備えた人材として育成されるだろうか？ 2010年5月18日、青瓦台で開かれた第3次教育改革対策会議において、教育科学技術部長官が李明博大統領に「創意性と人性涵養のための教育内容・方法・評価体制の革新方案」を報告した。その時、大統領が「未来の競争力は創意性と人性を兼ね備えた人材をどれだけ多く育てるかにかかっている」として、教科部の発表を後押ししたと報道された。この「創意」と「人性」が具体的に何を意味するのかは明らかでない。人性というのは、本当に正しくて普遍・妥当な価値観と時代精神に立脚した知性、正義感と道徳性などの人となりを意味する言葉である。そうならば、教科部が列挙するように体験・奉仕・進路教育などいわゆる「非教科活動」が、誠にその人性の本質を涵養する方途とは考えていないだろう。「創意的裁量活動」の例として、せいぜい性教育・保健教育・情報通信活用教育等を論じるのも、「創意」の本義を欺瞞した「教育学的」なのかは分からないが、非教育的であることが明らかな発想より生み出された不適切なことである。人性と創意性を育てるために、「非教科」活動を強化しなければならないという考え以上に非教育的な考えはないだろう。教科活動を通じてでなく非教科活動を通じて創意性と人性を育てることができるということは、様々な学問分野に広く通じて統合された全面的な知識が、むしろ未来の競争力を弱化させるだけだと宣言したのと同じであるからである。

　今、私たちが明確に予測できるのは、自立形私立高でも何であっても、大学

第Ⅳ部　国際社会のなかの歴史教育

入試でさらに多い学生をより良い大学に入学させるため、従来の公教育に比べてさらに硬直した形態の注入式・暗記式教育により一層「自由に」没頭するであろうという事実である。ソウル市内と近郊の私設学院（日本での塾—訳者）等を見れば、それこそ無尽蔵に多様な教育課程と教育方法によって相互に無限的な競争へと突入している。究極的には学生を大学に「詰め込む」ための注入式・暗記式教育に専念しているという点において、呆れるほど画一的で「硬直」的である。国家教育課程の規制から外れ、自律的に教育課程を運営できるようにするとして教育の多様性が具現されることは決してないのである。特に大学入試にだけボトルネックを設置した状況において、高等学校の形態を多様化することは大学入試に向かう特殊線路の架設とみなされ誤解を受けやすい上に、大学入試の多様な方法論を「画一的」に提示する処置に過ぎない公算が大きい。2009改定教育課程の主要な特徴として提示された教育課程運営の自律化は、大学入試のための英・数教育の強化を容認した装置として機能するだろうということが一般の理解であり予測である。

加えて、私たちは各級学校に対して教育課程の運営にある程度の自律権を付与した経験がある。解放直後であるため教師の需給と教科書の供給が円滑でなかった状況であったが、自由放任同様の教授要目期（1945～1954）がそうであった。また、中・高等学校入試が行われた第2次教育課程期（1963～1973）までも、教師の選抜と教育課程運営において学校長が行使できる自律権は今では想像することさえもできないほど、とても大きかったのが事実である。ところで、この時期に社会的問題として浮き上がったのが入学をめぐる不正と不道理であった。自律の拡大はややもすると不正・不道理の跋扈につながる可能性が大きいため、断乎として透明な入学管理体制の準備が必要だという教訓を持っていたというわけである。それにもかかわらず、自律形私立高が許容されるやいなや、行なわれた選考の中で学校長推薦を悪用した事例がソウル地域だけでも250余件に達することが明らかになった[7]。この事実が明らかになった当時、李周浩教科部第1次官は、これを良い制度を導入する過程で発生した些細な副作用とみなす態度を見せた[8]。しかし、何の対策もせずに自律だけを強

調したのは教訓を忘れたのか学ばなかったのか、思慮の浅い行政行為だったと言えよう。

　2009改定教育課程の重点内容で提示されたことは、①学年群、教科群導入を通じた集中履修制の誘導　②特別活動と創意的裁量活動を統合して創意的体験活動の導入　③教育課程自律権の拡大　④転入学生の学習欠損防止のための「補充学習課程」運営　⑤教育課程コンサルティング機構組織および支援などである。この中で最も注目されるのは、やはり最初の重点で挙げられた「学年群」「教科群」という概念を導入した事実と、これを通じて集中履修制を推進するという事実である。ここで2009改定教育課程を推進した者の教育に対する理解のなさがそのまま表れる。

　教科部は中学校3年と高等学校3年を各々一つの「学年群」として編成し、様々な教科7つを「教科群」として縛り、学期当たり履修教科数を7～8科目に限定する。どの学年においてどの教科を学習するかは各級学校が自律的に定めるが、特定学期に特定教科を集中的に履修して終えることができるようにすることで、学生の学習負担を減らすとする。次頁の【表1】【表2】は、教科部が要約し提示したものである（教育科学技術部告示第2009―41号、2009年12月23日）。中学校は時間で、高等学校は授業単位で時数を配当しているので、両者を直接比較することが難しい。

　高等学校の教科編成が中学校と異なるのは、高等学校に教科領域という概念を適用して「基礎」「探究」「体育・芸術」「生活・教養」に4等分した点である。ここで「基礎」と「探究」に領域を区分した理由は、外面上、国・英・数が単一教科である反面、社会と科学は教科群であるのに加えてその教科の性格が探究学習に適合すると考えたためと推定される。しかし、「基礎」と「探究」は互いに別領域の概念ではないという点で、誤った用語選択であった。社会・科学に属する諸教科も、基礎学問に該当する国・英・数もまた探究学習で進めなければならない教科である。それにもかかわらず、用語をこのように選択したことは、社会と科学に属する諸教科は基礎学問分野に属しない、取るに足らないと考えた者の偏見と誤解が作用したのでないかと思える。本来の概念で言

第Ⅳ部　国際社会のなかの歴史教育

### 【表1】 中学校時間配当基準

| 区分 | | 1～3学年 |
|---|---|---|
| 教科（群） | 国語 | 442 |
| | 社会（歴史含）／道徳 | 510 |
| | 数学 | 374 |
| | 科学／技術・家政 | 646 |
| | 体育 | 272 |
| | 芸術（音楽／美術） | 272 |
| | 英語 | 340 |
| | 選択 | 204 |
| 創意的体験活動 | | 306 |
| 総授業時間数 | | 3,366 |

①この表では1時間の授業を45分原則として、気候および季節、学生の発達程度、学習内容の性格等と学校の実情を考慮して弾力的に編成・運営することができる。
②学年群および教科（群）別の時間配当は、年間34週を基準とした3年間の基準授業時数を表している。
③総授業時間数は3年間の最小授業時数を表したものである。

### 【表2】 高等学校単位配当基準

| 区分 | 教科領域 | 教科（群） | 必修履修単位 | | 学校自立課程 |
|---|---|---|---|---|---|
| | | | 教科（群） | 教科領域 | |
| 教科（群） | 基礎 | 国語 | 15（10） | 45（30） | 学生の適性と進路を考慮して編成 |
| | | 数学 | 15（10） | | |
| | | 英語 | 15（10） | | |
| | 探究 | 社会（歴史／道徳含） | 15（10） | 35（20） | |
| | | 科学 | 15（10） | | |
| | 体育・芸術 | 体育 | 10（5） | 20（10） | |
| | | 芸術（音楽／美術） | 10（5） | | |
| | 生活・教養 | 技術・家政／第2外国語／漢文／教養 | 16（12） | 16（12） | |
| | | 小計 | 116（72） | | 64 |
| 創意的体験活動 | | | 24 | | |
| 総履修単位 | | | 204 | | |

①1単位は50分を基準として17回履修する。
②1時間の授業は50分を原則とするものの、気候および季節、学生の発達程度、学習内容の性格などと学校の実情を考慮して、弾力的に編成・運営することができる。
③必須履修単位の教科（群）および教科領域単位数は、該当教科（群）および教科領域の'最小履修単位'を示す。
④必須履修単位の（ ）の数字は専門教育を主とする学校、芸体能等教育課程編成・運営の自律権を認定された学校が履修することを勧める。
⑤総履修単位数は、教科（群）と創意的体験活動の履修単位を含み、高等学校卒業に必要な'最小履修単位'を示す。

【表3】高等学校教科群と科目

| 教科領域 | 教科（群） | 科目 |
|---|---|---|
| 基礎 | 国語 | 国語＊、話法と作文Ⅰ、話法と作文Ⅱ、読書と文法Ⅰ、読書と文法Ⅱ、文学Ⅰ、文学Ⅱ |
| | 数学 | 数学＊、数学の活用、数学Ⅰ、微積分と統計基本、数学Ⅱ、積分と統計、幾何とベクトル |
| | 英語 | 英語＊、英語Ⅰ、英語Ⅱ、実用英語会話、深化英語会話、英語読解と作文、深化英語読解と作文 |
| 探究 | 社会（歴史／道徳含） | 社会＊、韓国史＊、韓国地理、世界地理、東アジア史、世界史、法と政治、経済、社会・文化、道徳＊、生活と倫理、倫理と思想 |
| | 科学 | 科学＊、物理Ⅰ、物理Ⅱ、化学Ⅰ、科学Ⅱ、生命科学Ⅰ、生命科学Ⅱ、地球科学Ⅰ、地球科学Ⅱ |
| 体育・芸術 | 体育 | 体育＊、運動と健康生活、スポーツ文化、スポーツ科学 |
| | 芸術（音楽／美術） | 音楽＊、音楽実技、音楽と社会、音楽の理解<br>美術＊、美術と生き方、美術鑑賞、美術創作 |
| 生活・教養 | 技術・家政／第２外国語／漢文／教養 | 技術・家政＊、農業生命科学、工学技術、家政科学、創業と経営、海洋科学、情報<br>独逸語Ⅰ、独逸語Ⅱ、フランス語Ⅰ、フランス語Ⅱ、スペイン語Ⅰ、スペイン語Ⅱ、中国語Ⅰ、中国語Ⅱ、日本語Ⅰ、日本語Ⅱ、ロシア語Ⅰ、ロシア語Ⅱ、アラブ語Ⅰ、アラブ語Ⅱ<br>漢文Ⅰ、漢文Ⅱ<br>生活と哲学、生活と倫理、生活と心理、生活と教育、生活と宗教、生活経済、安全と健康、進路と職業、保健、環境と緑色成長（エネルギーを中心に低炭業社会を目指すとともに、関連した経済の成長を指向する考え。—訳者） |

①各科目の基本単位数は5単位であり、各科目別に1単位の範囲内で増減の運営が可能である。可能な限り1つの学期に履修するようにする。
②＊のある科目は教科（群）別学習の位階を考慮して選択することができるように指導する。この科目は4単位の範囲内で増減して運営することができる。
③上の表に提示なった科目以外に専門教科の科目を編成・運営することができる。

うと、私たち自身のアイデンティティと関連した「歴史」、私たちが人生を通じて追求する目標と同時に人生自体の理由でもある「正義」、「道徳」を除き「基礎」や「根本」を話すことはできないという問題があると言えよう。厳密に言うと、ここで「基礎」と編成された英語は、韓国の学生にただ単純な「道具科目」以外の何物でもない。

　歴史科より見ると、さらに興味深いことは【表3】である。

第Ⅳ部　国際社会のなかの歴史教育

【表3】はこの間の様々な過程と論議を経て、そしてそれだけの理由と必要があり、すでに科目として固まった状況をそのまま反影したであろうと考えられる。例えば英語教科では、英語・英語Ⅰ・英語Ⅱ・実用英語会話・深化英語会話・英語読解と作文・深化英語読解と作文などの科目が列挙されている。社会教科としては、社会、韓国史、韓国地理、世界地理、東アジア史、世界史、法と政治、経済、社会・文化、道徳、生活と倫理、倫理と思想などの科目が挙げられた。しかし、これらは本当に不自然であり、非論理的であることは明らかである。英語と英語Ⅰ・Ⅱがどのような基準分類によって区分されているのかがよく分からない。歴史と社会、地理を分ける区分と同じでないことは火を見るより明らかであるためである。国語・英語・数学で科目を設定するように歴史教科の科目を分けるとすれば、韓国政治史・韓国社会史・韓国経済史・韓国文化史・世界政治史・世界社会史・世界経済史・世界文化史などに、いや韓国古代政治史・韓国中世政治史・韓国近代政治史・韓国古代経済史・韓国中世経済史・韓国近代経済史等と列挙してこそ当然だろう。もちろん、このようになったのは、私たちの社会が英語を切実に必要とする反面、歴史（国史を包む）は興味によって学んでも学ばなくてもよい、それだけの分野と感じることに根本的な原因があるのだろう。「社会」および「科学」科目が、このように英語関連の科目と肩を並べて羅列されるのを見るのは、ただ痛ましい限りである。

　ところで、これは各教科ないし科目の専門家を排除したまま、教育課程の総論を教育学者が作成し、すでに構成された枠組みの中で、各科で互いに戦いながら別々に各論を構成しろというような、いわゆる「教育課程中心主義」開発方式からもたらされた結果である。教育課程開発に参加した教育学者の中には、「教科は学問を代弁し、総論は学習者と社会を代弁する」として、個別教科は自分の学問分野の利益だけを代弁するために「茶碗取り揃え」に没頭する個別教科専門家を教育課程全体を構想する席に参加させるのは困難だと言及した人さえある[9]。科目あるいは教科として列挙された学問分野を「茶碗」と見なす常識のない無礼を叱ることもお粗末な仕事である。しかし、教育学者だけがひたすら韓国教育の発展のために邪・私心なく努力する道徳性の高い学者で

あるように自称する独善に当面したことには開いた口が塞がらない。各教科の専門家を排除することで、その教育目標と内容を深さどころかきちんと知らないまま教育課程開発に参加したために、その無知が極限に達した形態としての教育課程が出現したのである。

　「集中履修制」がまさにその無知の所産である。個別教科はすばやく片づけなければならない面倒な負担として考えられ、このような案が提出されたと思われる。しかし、これは一日に食べる食事を朝でもお昼でも夕方でも関係なしに一度に食べてしまおうという話のような、それこそ非教育的であるどころか非常識的な発想である。英語はそのように集中的に授業をすることが効率的なのかもしれない。しかし、少なくとも社会教科群に属する科目はそうではない。例えば、倫理は特定の学期に片づけ、他の学期には忘れても良い対象ではないということだ。歴史も同じである。段階的に時間を置いて考えなければ「探究」という見せかけにさえ符合することのできない教科が歴史である。科学もまたそうであるだろう。

　学習過程はそれ自体が体験である。奉仕活動や体験学習だけが体験なのではない。文・史・哲が、社会と地理と倫理が、そして物理・化学・生物・地球科学、これら全て学ぶ過程において人生を、社会組織と関係の原理と原則を、自然の摂理を各自自ら体験することになっている。「多様性」は標語ではなく、様々な科目に存在するということだ。そして、このような多様な学問的体験の中で正しい価値観と思考力が育つ。教科活動に偏った教育が創意的な人材育成のための教育機会を剥奪してきたという認識は、事実を悪意的に歪曲した形態である。「教科」を「評価」と関連させてだけ考えたために、このような認識が出てきたと思われるが、その挙句、個別教科の意義をなくしてしまったことがまさに「教科課程中心主義」の盲点であり弊害といえる。

　しかも、集中履修制の導入は学生の学習負担を軽減させるための措置とするが、これには閉口する。学生の学習負担を減らすことが教育本来の目的といったい何の関係があるのか、何のために負担を減らそうとするのかは強いて問わない。何学期もかけて学習する内容を、1つの学期で集中的に学習することに

なれば、試験を受ける時に勉強しなければならない分量が過去の何倍にも達することになる。これがどれ程、学習負担を減らすことになるのか？一日中、特定の教科だけ学習することは明らかに苦役である。学校現場では集中履修制の結果、学生が試験時の学習負担のためにその科目の勉強を最初から放棄する事態が引き起こされることを予測している。集中履修制は非常に非教育的な教授学習方案なのである。

　前述した【表２】「高等学校単位配当基準」を見ると、基礎教科領域の国・英・数の必須履修単位の小計は45単位であり、全教科必須履修単位である116単位の39％に該当する。「学生の適性と進路を考慮して」学校が自律的に編成することができる学校自律課程64単位がいわゆる「主要教科」である国・英・数に傾く場合、この比率は総履修単位（204単位）の53.4％まで増える。それならば、学習負担を減らすという言葉の真意は、このように増加する国・英・数の学習のために、不要なものに該当する科目をすばやく片づけて負担を減らすことにあったのはないかと尋ねざるをえない。

## ２．「2014修能改編案」の非教育性

　2010年８月19日、ソウル歴史博物館で開かれた中長期大入先進化研究会（総括委員長成泰済梨花女大教授）の研究発表セミナーにおいて、現在の中学校３学年生が受ける2014年度大学入試から、大学修学能力試験（修能）受験回数が年１回から２回に増え、受験科目数は現在の半分程度に減るなど大々的な改編が行なわれる予定であるという事実が公表された。要するに「国・英・数＋選択１科目」になり、「国・英・数」は「文・理科に伴なう難易度別 A/B 二元選択受験」を基本概念とする試験体制となる。言論はこれを、修能が初めて施行された1994年以来20年ぶりの試みになる全面的な「大手術」と大々的に報道した。

　教育界は国・英・数に偏った「2009改定教育課程」に従い修能体制が手入れされることであるから、やはり国・英・数中心の修能改編案が提出されるだろ

第3章　韓国における「2009改定教育課程」と「2014修能改編案」

うと推測はしていたが、実際にその輪郭が現れると驚愕に耐えなかった。10月11日ソウル市教育庁がこれに反対意思を表明し、19日にソウル大学校師範大学の教授陣が反対意見の声明書を発表したことはその一面である。

　反対理由は大同小異である。誰にでも問題点が同じであることがわかるためだ。すなわち、国・英・数の比重を高める修能制度改編は、「多様化」という政府の教育政策の基本方向とも異なる形態であるのに、先行学習をより一層助長することで私教育費の負担を加重させるだろうというものである。具体的には、修能において国語および英語を A/B という形で区分したことは、難易度に伴なう区分ではないために実効性をおさめることができないだろうという点、漢文および第 2 外国語の排除が伝統文化と外国文化に対する理解幅の縮小を招き、究極的には私たちの国家的・社会的発展を阻害する要素として作用するという点、探究に別途の教科群概念を導入して 6 群に区分し、一つだけを選択するようにしたことは大多数の科目を無駄にする結果につながるだろうという点などが、修能改編案に反対する主な理由として論じられた。特に国語をA/B に区分したことは、難易度に従ったのではなく学習しなければならない分野を便宜上 2 つに分けたのに過ぎないのであり、修能においてこれを文・理と区別して試験をする対象として規定したことは、国語教育を半分に輪切りにする処置と同じことである。結局、今回の修能改編試案は国・英・数を強化したわけでもなく、高等学校教育を全面的に疲弊させる悪案であることには間違いない。

　ところで、実際にはすでに私たちは解放後から今までに大学入試に関するこのような改革を行ったことがある。1 年に 2 回試験をすることはすでに試みているし、国・英・数に偏った試験も初めてでない。したがって、全く新しさのない入試体制であるのに、非常に革新的な内容を含んでいるかのよう標榜している。この内容を正しく理解するためには、これがどのような背景で語られてきた用語なのか、その脈絡を正しく知る必要がある。

　例えば前述したように、「硬直性」を言及する理由の内側には、「学校の自律性拡大」を旗印として学生選抜と教育内容の選択を自由に行なうことができる

「特別」高等学校設立の口実を提供することがある。1年に2回の試験を行なうことも同様である。これはいわゆる「二重試験」である。どちらか一方の成績だけ提出するのであるから「二重」でないという論理であるが、これは試験行為自体でなく提出する成績にだけ焦点を合わせた用語選択というだけのことである。本来「二重試験」という用語は、1954年に大学入学国家連合考査が導入される時に、これを大学本考査と重複する二重試験でないかと批判する過程において初めて現れた。それまで、放任に近いほど大学の自律に任せてきた大学入試が不正と不道理につながると、すぐに公正性の確保という次元において国家が大学入試に介入する最初になったのが「大学入学国家連合考査」であった。その時は大学生に対して兵役特典を与えていたので、国家が大学入試に介入する充分な理由と名分があった。ところが当時、大学入試の公正性問題が兵役忌避と関連して提起されたことで、兵役義務のない女子とすでに兵役義務を終えた除隊軍人に対しては連合考査が免除された。これをめぐって「無試験特恵」に関する議論が起きた。そしてこの連合考査において、多数の権力層の子女が不合格になることになった事実を契機にして、「連合考査不合格者に対する大学入学機会の剥奪は教育の機会均等を阻害する行為」という非常にもっともらしい論理が出された。これにより、論議が評価の「不公正性」問題から「不平等性」あるいは「不均等性」問題に転換し、同時に「二重試験」による「学生負担の加重」という話題が社会的イシューとして登場した。このような論議が怒涛の波のように拡大するや、大学入試体制は翌年の1955年から大学別単独考査体制に還元され、5.16軍事クーデターが起きた1961年まで続けられた。「二重試験」を口実として「学生負担の加重」を語ることは、結局、連合考査をしないという主張のための名分を作るのにその真意があったわけである。論議の過程で提示されたきらびやかなスローガンと論理に眩惑されず、その裏面の真意を理解する必要がある。修能に別途の本考査を付加することは二重試験であるから、学生の負担を加重させるだけという理由により、本考査は反対しながらも年2回の修能を今回実施するということについても、その真意を丹念に確かめる必要がある。結局は、大学の自律性を拡大する方向で修能を

廃止するための初段階である公算が大きい[10]。

　もちろん、何度かの試験を通じて大学修学に適合した者を輩出するなど公正性の面では問題になることはない。試験を何回もするのは、かえって学生の実力を正確に判断する客観的な資料を確保する有力な手段であり、この点においてこれは公平なものである。したがって、初めから修能と一緒に大学の本考査を共に実施することを「二重試験」という理由で反対する論議は、その正当性が不足するものであった。詳細に見ると、内申と修能を並行させることも二重試験であり、高等学校課程で中間考査に期末考査、そして随時試験まで行なうこと自体が、すでに多重試験である。万一「二重」を避けて「多様性」を追求しようとするならば、大学別の本考査だけを受けることが最も合理的である[11]。

　ところで、問題は試験を何回も行なって、その中で最も良い成績で進学することが社会的・教育的正義とする発想である。ここには、一列に列をなして立ち並んだ大学と学科にただ修能成績だけで序列化された学生を誤差や錯誤なしで順に入れてこそ正しいという考えが背景にあるようだが、これに同意することは決して容易ではない。その理由の一つ目として、全国のすべての大学と学科を一列に列を作ることができると思う発想の暴力性のためである。学生の適性でも希望とも関係なく、成績によって大学を機械的に定める社会を望ましく正義のある社会ということはできないだろう。二つ目は、人間の実際の人生はそのように機械的でないためである。考査日に体調を崩したり事故にあったりするのも、平素分かっていることが思い出せないのも、すべて運命である。人は実際そのように人生を生きていく。「教育的」という言葉に、「実際の人生に助けになる」という概念が包含されているならば、入試でそのような機械的配置を強行しようとすることを決して教育的な処置ということはできないだろう。一度の失敗に屈しないで再び何度でも挑戦できる体制において、なぜあえてその年に一度にすべてを終わらせようとするのか？これは私教育費の縮減という改編試案の方向とは正反対であり、15日の間隔で2回行なわれる修能は、また他の形態での私教育の出現を招くという憂慮が説得力を得ていることに留

第Ⅳ部　国際社会のなかの歴史教育

意しなければならない。

　社会探究または科学探究という枠を設定し、試験はその中で一つだけ選択すれば良いということも納得するには難しい発想だ。「社会探究」を例に挙げると、歴史・社会・地理および倫理領域の様々な科目を「社会探究」という一つの垣根に縛ることになった理由は、1994年に初めて施行された修能において科目と領域の境界を跳び越えた統合形問題を出題して思考力を評価するということにあった。ところが方針が変わって2003年以後では、教科目別に分科系の問題を出題していることにも関わらず「社会探究」という修能領域は変わらず残った。統合の根拠が消えたのに外面上の統合の枠組みがそのまま維持されているのである。加えて、この枠組みの内部を作為的・任意的に直して6つの教科群を勝手に設定し、その中の一つだけを選択しろということであった。形骸化された枠組みをかえって美しく整えたことに、果たして誰が納得することができようか？

　歴史科の立場より言えば、歴史を社会・地理と合わせて「社会科」という呼び始めたことから誤りだった。従来の公民（一般社会）に歴史と地理を合わせて「社会科」として編制する教育課程が我が国で初めて登場したのは、米軍政下でのことだった。当時の名前は「社会生活科」であった。解放された祖国で最も緊急を要する問題は日帝治下の「皇国臣民」として受動的に生きてきた国民を、民主国家の能動的な市民として育成するという認識において、教科内容の中心を知識でなく生活に置くという教育的指向の表現として米国の「social studies」を社会生活科と翻訳したのであった。それなりに意味がある命名であり編制だったが、主体的で能動的な民主市民になるためには、何より自身のアイデンティティ確立が優先されなければならない。植民地時代に失った歴史を取り戻すことが何よりも先行される任務であることをわからない残念な処置であった。

　「社会生活科」体制において、近代国家の民主市民養成が話題に浮び上がるたびに、これを先立って達成した西洋は自らが模範となり、「近代」「民主」「市民」と関係のない私たちの位置は「後進」「未開」になると同時に、その歴

史はただ反省と悔改のためのテキストに過ぎないという認識された[12]。このような状況において、歴史は本質的に社会科学でなく人文科学であるから「社会（生活）科」に編制されるのは具合が悪い教科だとの主張が拠って立つ場所はどこにもなかった。中学校1学年に東洋史（隣国の生活）、2学年に西洋史（遠い国の生活）、3学年に国史（我が国の生活）を編制して、世界史を先に学んだ後に国史を習うようにしたことでも、我ら自らを振り返る準拠として外国が追求してきた価値を提示した教授要目期の教育課程の意図を読むことができる。

　歴史が「社会科」から離れ出て独立教科として設定されたのは、1973年に告示された第3次教育課程からだった。「世界史」は相変わらず「社会科」の中に残したまま「国史」だけ独立して、必須科目として指定された形態であった[13]。この時、「国史」として独立したことは幸いなことだったが、それにもかかわらずこれを「国史だけ独立」と解釈して「国史」を政権維持のためのいわゆる「国策科目」の一つとして退行的な民族主義の表象として貶めたという論議が起きた。国史科目の独立を1972年に起きたいわゆる「10月維新」を正当化するための措置の一環とだけ考えたことだった。解放後28年が経過して初めて歴史を習う科目を独立させ必須と指定するに至ったことは、実にすでに遅しの感があったのは明らかであった。この時に「世界史」も「社会科」の束縛から取り出して「国史」と共に歴史科目として独立させることは穏当であり当然なことであった。しかし、社会的論議はかえって「国史」に「国策科目」という縛りをかぶせるというとんでもない方向に展開し、「国史」は1992年に告示された第6次教育課程において再び「社会科」に引っ張られた。

　他の教科もやはり事情が似ているだろうと思われる。個別教科を設定した教育的意義や教育目標・内容が正しく周知されないまま、ただ「教育学」的見地から「社会」あるいは「科学」の一つと見なされていたらいつのまにか「その中の一つ」の対象にまで転落してしまった。「社会」または「科学」という教科群設定、試験領域設定の自体を廃止して、歴史、社会、地理、倫理、物理、化学、生物、地球科学を国・英・数と同じように、各々独立教科として編制しなければならない。この中で、教科の試験成績をある程度認定し、また内申の

どの教科成績をどれだけ反映するのか、各大学・各学科が定めて告示するとよい。

　教科課程において教科目の数を減らし、修能において試験を行なう科目を減らすことは学生の学習負担と全く関係ないことであり、たとえ関係があるといっても学生の学習負担を減らすことが現在の韓国の教育が指向しなければならない目標ではない。教育課程および評価問題の要点は、どの分野のいかなる人材をどの水準でどれだけ養成すれば、未来の韓国社会が安定的に発展・繁栄することができ、また世界平和に寄与することができるのかということにかかっている。それならば少なくとも明確なことは、今の韓国はさらに学ばなければならないことが山積みされた国であり、学生は国の命運をかけて勉強に邁進しなければならない時という事実である。私たちの希望が学生にあり、将来の国の興亡が学生の頭脳水準にかかっているのであれば、どうして彼らの学習負担軽減の話だけをするのだろうか？しかも「私教育費軽減」が教育課程と修能体制の改編理由になることは到底ありえないことである。私教育費の多寡は、教育と全く関係のない問題である。

## おわりに

　これまで「2009改定教育課程」と「2014修能改編案」の問題点を詳しく見た。これと関連して、これら教育課程の開発に参加した研究陣が前の2007年改訂教育課程開発に参加した研究陣と大きく異なるところがないという事実が注目される。第7次教育課程の開発者が自ら作った教育課程を実現する前に、再びその問題点を指摘しながら新しい教育課程をさらに作ったという事実は、本当に説明するのも気の毒なことに違いない。教育課程改編の方向や内容が問題ではなく、改編を行なうこと自体にただ没頭していることを問題としなければならないだろう。

　この間、様々な団体と研究者が繰り返し指摘してきたことでもあるが、政府の政策決定者は「2009改定教育課程」と「2014修能改編試案」に非常に多くの

問題点があるということを認め、教育課程と修能体制を教育本来の視角で全面的に再検討する必要がある。そして、ここでは総論や各論に関係なく各教科の専門家を中心に参加させなければならない。「教育学的」にでなく「教育的」にことを収拾していかなければならないだろう。そして、これは教育課程開発に毎回儀礼的に参加してきた教育学者を全面排除するところから始めなければならない。

〔訳者より：日本では教育課程を変更することを「改訂」と表記するが、筆者が特に「改定」を示してきたのでそれを尊重した〕

（翻訳：國分麻里）

1) ユ・ボンホ『韓国教育課程史研究』（教学研究社、1992年）：鄭善影外『歴史教育の理解』（三知院、2001年）270〜302頁。
2) ここで教育学的というのは、「教育学の論理または理論に立脚した」という意味である。この文章の底流には「教育学的」といっても必ずしも「教育的」ではないとの考えがある。これに関連して、今回の2009改定教育課程と2014修学能力試験改編案が多分に「教育学的」根拠を土台にして提出されたにもかかわらず、多くの人々が未来の教育に対して否定的な影響を及ぼす改悪として評価し、その撤回を要求している事実に留意することを望む。
3) イ・ジョンスン「大学入学制度の変遷史」『大学修学能力試験10年史』（韓国教育課程評価院、2005年）41〜70頁：同「大学修学能力試験の変遷過程と改善方向」『大学修学能力試験の懸案問題と未来展望』（韓国教育課程評価院、2009年）5〜11頁。
4) 「2009改定教育課程」は2009年12月17日にその要旨（報道資料）が言論を通じて発表され、続けて12月23日付けで確定、告示された（教育科学技術部告示第2009-41号）。

第Ⅳ部　国際社会のなかの歴史教育

5） 教育課程改定の理由と背景については、多くの言論媒体を通じて知らされた。教育科学技術部が「2009改定教育課程」を告示した後は、教育課程企画課のクォン・ヨンミン教育研究官が教科部ホームページの資料室に掲示した「2009改定初等学校教育課程の理解」という文章により、その改定背景を詳細に説明した。

6） ソン・ヨルクゥン「国家教育課程は依然として意味があるのか―国家教育課程を抜け出すことの意味と限界―」(『私たちの教育』2008-1)。

7） 2010年2月25日、ソウル地域13の自律形私立高の1〜2つを除外した大部分の学校がこの入学方法を行なった結果、社会的配慮の必要な対象者の選考合格者388名の中で少なくとも250余名が不適格対象者と推定されるとMBC・YTNなどの言論媒体が報道した。
    http://imnews.imbc.com/replay/nwdesk/article/2574269_5780.html
    http://www.ytn.co.kr/_ln/0103_201002251435042366

8） MBC TV 第455回100分討論（2010年3月5日）「教育改革、どこへ？」に参加した当時の李周浩教育科学技術部第1次官は、「自律形私立高制度がとても良い趣旨で導入された制度であるので導入される過程において副作用が起きたという側面で見てくれるように要請」すると発言した。李周浩氏は現在教育科学技術部の長官である。彼は教育改革の焦点を学校教育の質と多様性と提唱する方向から、学校の自律と責務を強化する人物として自律形私立高は当然望ましい学校形態であり、これをめぐって生じる問題点は単なる単純な副作用とだけ述べた。李周浩・金善雄「学校定策と課外の経済分析」『韓国経済の分析』8-2、(2002年)、1〜40頁。

9） パク・ドスン, ホン・フジョ『教育課程と教育評価』(第3版)、ムン・ウムサ、2006：ホン・フジョ「国家水準教育課程開発パラダイム転換（Ⅲ）：教育課程改正で総論と教科教育課程の理論的・実際的な連携を中心に」『教育課程研究』24-2、(2006年)、187〜192頁。

10) 李周浩教育科学技術部長官が、かつて韓国開発研究院（KDI）附設国際大学院に教授として在職していた時に提出した政策研究報告書において、大学の学生選抜を完全自由化しなければならないということを今後の教育改革の基本方向として提示したことがある。彼が提示した教育改革の方向は、

①大学の学生選抜完全自由化②市・道教育庁の市・道庁管轄での統廃合③自立形私立中・高等学校および脱規制学校制度の導入④教員人事制度の改革⑤課外に対する政府規制の撤廃などであった。これはすでに施行中か推進中である。李周浩・禹天植「韓国教育の失敗と改革」『韓国開発研究』20―Ⅰ・Ⅱ（1998年）、81～137頁。

11) 「2014修能改編案」を準備するために開かれたセミナーにおいても、「国家がなぜ莫大な予算を投入して大学の代わりに新入生の選抜をするのかについての根本的な質問を投げかける必要がある」としつつ、大学入試に国家が介入することは名分がないという見解を示した（ホ・スク「大学修学能力試験と中等学校教育過程の連携性分析」『大学修学能力試験の懸案問題と未来の展望』、第2回 KICE 教育課程・評価政策フォーラム、（2009年）95～96頁。

12) 李景植「韓国近現代社会と国史教科の浮沈」『社会科学教育』1、（1997年）29頁：拙稿「正しい「国史」認識・教育の険しさ」『韓国古代史の理解と「国史」教育』、ヘアン、（2010年）、249～259頁。

13) 鄭善影外、前掲『歴史教育の理解』、287～290頁。

第Ⅳ部　国際社会のなかの歴史教育

# 第4章　歴史教科書の叙述とヨーロッパ中心主義

梁　豪　煥

## はじめに

　歴史を学習する重要な目的の一つは、時間と空間の異なる文化を理解して受け入れる能力を育てることである。歴史教科が自国史だけでなく、外国史、世界史を含んでいることもこのような理由からである。現在、多方面にわたる国際交流は避けられず、大多数の国家が政策的に開放と交流を強調するのが実情である。歴史学もこれに対応して、私たちと「異なる」歴史を理解する方法について学生なりの見識を育てられるように手助けする必要がある。他の文化を批判的に省察できる機会を提供することも、また歴史学の重要な責務である。
　他者をどのように理解しなければならないか。これに先立ち、彼らをどのようになぜ区分するのかということは、自我に対する認識と分離することはできない。したがって、私たちが他国の歴史と文化を眺める時、我々自らの見解でない他国で形成された見解をそのまま受け入れてしまったならば、当然、その出発点から歪曲を逃れることはできない。
　世界史は、もはや単純に我が国の歴史を除いた他国の歴史を組み合わせたものと認識されない。私たちの歴史と関係なく世界史が存在するということはできないのである。最近（2007年）改訂された新しい教育課程において、中・高等学校での国史と世界史を統合して「歴史」という名称で科目を開設したのも、国史とは別に世界史を編成することへの批判を部分的に受け入れたものとすることができる。これと関連して、繰り返される歴史教育の危機と正常化の方案に対する議論は、私たち歴史学界の研究傾向と成果全般にわたる点検と反省につながっている。このような論議は、私たちに世界史とは何かという質問

## 第4章　歴史教科書の叙述とヨーロッパ中心主義

と関連して、過去の世界史の概念と世界史教育に対する根本的な問題提起として広がっている。

　私たち自身の観点が依然として欠如している西欧が企画し構成したヨーロッパ中心の世界史を現在の学生たちに教えるという点が、問題をさらに深刻化させている。換言すれば、世界史を眺める自らの位置と視角を持つことができず、他国ですでに発明され固定された設定を受け入れているということである。ところで、このような問題提起は新しいものではない。世界史叙述において、西欧中心的な視角を批判する議論はすでにかなり以前からあり[1]、その中の一部は世界史教科書に反映されたりもした[2]。しかし、相変らずヨーロッパ中心主義をいかに克服するのかというのは、我が国の西洋史学界と世界史教育において核心的な論争の主題として残っている。

　このような現実的な問題意識を土台として、本稿ではヨーロッパ中心の歴史認識が形成された背景とその受容過程、そしてこのような議論が教育課程に及ぼした影響を整理し、これを批判的に検討してみようと思う。特に、学界で提起されたヨーロッパ中心主義の批判が歴史教育に及ぼした余波とこれを克服／改善するために提示された方案を詳しく見ていくことで、新しく登場した問題点を指摘できるだろう。ヨーロッパ中心主義の解体は結局、教科書に現れたその実体を正確に把握するところから始めなければならない。したがって、教科書叙述に現れた事例を通じて、ヨーロッパ中心的な視角がいかに具現されて来たのかをより具体的に検討し、歴史学習の局面でどのように対処するのかを提案してみようと思う。

## 1. ヨーロッパ中心主義と歴史教育

　私たちはどのように外国史を見なければならないか？既存の中等教科としての世界史に本質的な問題点があるならば、その代案を用意するための足がかりをいかに用意することができるのか？無意識にヨーロッパを基準として世界史や地域史を叙述する傾向は、なぜ、どのように現れているのか？このような質

問に答えるためには、まず西欧の近代性とその土台としての啓蒙と進歩の概念に対して批判的に検討することが必要である。

「啓蒙」という概念を創り出そうとする企ては、多分に西欧的な主体をつくり出し、非ヨーロッパを他者化する傾向と表裏を成している。例えば、ヨーロッパ人は進歩の歴史を持ったというよりは、自分たちの歴史をすぐさま進歩の歴史と規定したということの方がさらに正確である。そして、他のすべての地域の歴史をヨーロッパの歴史に照らし合わせ、裁断し評価した。ヨーロッパの歴史はヨーロッパ中心の世界史として置換され、ヨーロッパの外的発展に符合するような時代性が設定され、これに合わせて古代、中世、近代の基本的な形態が決定された。古代と中世の間の説明が困難な異質性は無視されたままヨーロッパは地中海古代の嫡子となり[3]、中世以来の変化と発展は自らの内的躍動性として説明され、結局は人類史全体が単一な構図で編成された。この枠組みによれば、「古代ギリシャがローマを産み、ローマはキリスト教のヨーロッパを産み、キリスト教のヨーロッパはルネサンスを産み、ルネサンスは啓蒙主義を産み、啓蒙主義は政治的民主主義と産業革命を産んだ。そして民主主義とともに渡っていった産業革命は米国を産んだ」[4]。世界史の動かすことのできない基準としてのヨーロッパ史が設定されたのである。

事実、ヨーロッパ中心主義に対する議論は、多様な局面と次元で展開してきた。概念上、これは大きく三種類に整理される。一つ目は、近代西欧文明は人類歴史の発展段階の中で最高の段階に到達したということである。二つ目は、西欧文明の歴史発展経路は西洋だけでなく東洋を含んだ全人類史に普遍的に妥当ということである。三つ目は、歴史発展の低級な段階に留まっている非西欧社会は、文明化または近代化を通じて西欧文明を模倣／受け入れることだけで発展することができるということである。すなわちヨーロッパ中心主義は、西欧優越主義、普遍主義／歴史主義、文明化／近代化（＝西欧化）で圧縮された[5]資本、権力、そして近代性に対する正当化とすることができる。

問題は、このような学問的議論だけでなく、社会現実に対する認識でも批判の対象になっているヨーロッパ中心主義をどのように克服するかということで

第４章　歴史教科書の叙述とヨーロッパ中心主義

あり、これは当然学界に限定された問題ではない。長期間、根本的な内容体系に大きな変化のなかった中等世界史については問題がさらに深刻である。ある西洋史研究者は西洋史体系のヨーロッパ中心主義的な偏向を克服するためには多くの人々が長期間にかけて努力を傾けなければならず、西洋史研究者が最低限およそ三代以上はしがみついてこそ、私たちなりの観点をある程度確立できるだろうと診断している[6]。

学界の研究成果を反映するしかない教科書の内容が、関連学界の研究水準と成果を跳び越えることはかなり難しいことだ。もしこのような状況ならば、現在の学校で世界史をどのように教えなければならないのか？上記の研究者が予想した通り、一世代が過ぎた後、私たちなりの観点が確立される時までは問題が多い状態でヨーロッパ中心主義の内容を学生たちに教えなければならないのか？そうでなければ、どのような代案があるのか[7]？本稿で集中的に検討しようと思うのは、まさにこの部分である。これに関連して、最近の歴史教育学界で提示されているいわゆるヨーロッパ中心主義を克服するための方案の問題点から指摘することにしよう。

最近、私たちの世界史教育の中に含まれたヨーロッパ中心主義の現況、問題点および改善方案を提示した多くの論文が発表されている[8]。概してこのような論文は、ヨーロッパ中心主義の要諦といえる西欧と非西欧の二分法的構図と、ヨーロッパ中心の近代文明の議論の限界を克服するために世界史の内容を新しく構成する方案を提示している。その中の一つが主題中心の世界史を構成しようということと、世界史を「交流の拡大」という主題下に再編成しようというものだった。

歴史を主題中心に叙述しようという主張は、既存の歴史教科書が過度に年代記中心になっており、単純な暗記事項を飽きることなく羅列しているという批判に対する一つの代案として提示された。また、中学校と高等学校の歴史叙述が類似した内容を繰り返しているために系列性を確保しにくいという指摘に対して、高等学校で主題別に叙述する方式を選ぶことが中学校との差別性を確かに保障するための方案とされたりもした。その結果、７次教育課程では高等学

第Ⅳ部　国際社会のなかの歴史教育

校国史教科書が政治、経済、社会、文化に分類され叙述された[9]。さらに一歩進んで、改訂された2009年の教育課程では、地域間の相互交流を中心に世界史を叙述することを要求している。そうならば、このような主題中心の教科書叙述が果たしてすべての地域の歴史に適合するのだろうか？そしてこれがヨーロッパ中心主義を効果的に克服する方案になるのであろうか？

　主題中心に歴史を叙述するという構想自体は説得力のある側面を持つ。しかし、このような考えがいつの間にか年代記式歴史叙述に対する最も立派な代案のように見なされるのには問題がある。まず主題中心において、その「主題」の概念自体が曖昧である。例えば、現在使用されている7次教育課程での国史教科書の分類史体制が主題中心の接近というならば、ここで政治、経済、社会、文化を一つの「主題」と同一視することは容易ではないだろう。政治と経済はさておいても、社会と文化についてはその用語が包括する範囲がどの程度なのかを設定することは困難である。万一「科学の歴史」または「食べ物の歴史」を主題と考え、これを中心に教科書を叙述するならば、これから排除される多くの内容をどのように処理するのだろうか？しかも、流行のように新文化史に言及し、これを通じて理論的な正当性を確保したかのように文化史を導入しなければならないと主張しながらも、この時の「文化」というものが意味していることは何か、また内容構成においてこれをどのように具現することができるのかに対する議論は貧弱である。

　多少包括的な「主題」を選定して題名を主題別であるように装いながらも、実際の内容では通史を全部入れようと努めることもやはり非生産的だ。根本的に、主題別に内容を編成するのに適切な歴史はヨーロッパの歴史である。国家形成が相対的に遅れ、国家別正史が編纂されなかったヨーロッパの場合は、国家史に傾いた通史的叙述よりは、主題別に歴史を叙述することがより一層理解しやすくて便利なこともある。しかし、非ヨーロッパにおける大部分の国家の事情はそうではない。韓国と中国の場合、王朝単位で歴史を叙述することは自然であり、実際、王朝別に通史を編纂して来た。この場合、政治、経済、社会、文化のあらゆる分野で起きる変化は、互いに影響を与えたり受けたりし

第 4 章　歴史教科書の叙述とヨーロッパ中心主義

た。別々に引き離して説明することは不可能だったり混乱したりする部分もたくさんある[10]。すなわち、残存資料の特性と歴史の進行パターンに合わせて、その叙述方式を決めなければならない。叙述方式から「主題別」と定めて、歴史をこれに組み入れようとするのは誤ったことである。

　主題中心の内容構成を通じて、世界史を効果的に学習することができたり、歴史に興味を持つことができるようになるという考えの根拠はどこにあるのか？年代記式内容は困難で、主題中心は興味があり易しいという見解は、実質的に理論的、実証的根拠を持っていない。現在 7 次教育課程の国史教科書は分野史別に構成されているが、文化史の部分だけを例にあげるならば、過去に比べてかえって時代別に文化財を羅列するような叙述が強化され[11]、学生たちはより一層退屈した姿を見せ興味を失っているという現場の声がある。その効果を判断する時、 7 次教育課程の分類史体制において主題中心の叙述が成功したと見ることは難しい。また、全てを含んで扱わなければならない教育課程と評価を重視する学校歴史教育の状況に照らして合わせる時、主題中心の形式を取りながらも通史の内容を包括しようとする試みが続く可能性も高い。このような様々な理由で、最近の主題別歴史叙述に偏る現象はどこから始まり、何に根拠を置いていることなのかを再考してみなければならないだろう。

　また、改訂された新しい教育課程によれば、教科書開発の方向を交流中心にするというが、近代以前の場合、東西世界の交流を主要テーマとして世界史教科書を構成するには、その実体と内容は相対的に微々たるものである。すなわち様々な地域間の交流内容を、何によって満たすのかに苦心せざるをえない。初期のフェニキア、ギリシャ人の海上貿易や草原の道、シルクロード等を通じた交易を言及するにも（内容が過度に詳しかったり難解にならないようにするなら）限界があるだろう。多くの場合、同じ文明圏内での交流ないし競争は自然発生的に起きるが、互いに異なる文明圏間の交流、特に東洋と西洋を行き来する交流はいくつかの場合に限定されており、近代以後の時期には交流の実状が侵略と葛藤、これに対する対応に近いとすることができる。もしこの部分を一層強調して拡大しようと要求するならば、内容がさらに深く詳しくなる外はな

いが、これが果たして世界史をもう少し簡単に、興味深く理解するのに助けになるのかという点は疑問である。

　もし互いに異なる地域間の交流を一つの主題として設定し、適正な学習分量で内容を組織するならば、「交流と相互関係の世界史」という題名で古代から現代まで一つの単元として相互依存度が次第に拡大してきたということを一目瞭然に整理することができるだろう。だが、これを世界史教科書において全体的にそしてすべての単元においても比重をもって取り扱えと要求するならば、これを効果的に反映することは容易ではないという点は誰でも予想することができる。

　また、相互交流史を強調するならば、かえって一層西欧中心的な視角に陥る危険性はないのか検討してみなければならない。相互関連性の歴史や交流を強調する歴史が招来する隠蔽あるいは他の抑圧性に対する批判もこの一つである[12]。これに対して、相互関連性の概念を幅広く適用して侵略と抵抗という二分法的構図を越えて多層的に歴史を眺めなければならないという再反論も提起された[13]。しかし、このような観点の転換だけでは実際の内容構成の問題が解消されそうにない。限定された主題を中心に教科書を編成するならば、あちこちで内容の偏りや重複は避けられず、時代性や歴史性が萎縮する危険性もある。もし内容の重複を避けようとそれ以前に全く学習しなかった国家や概念を突然登場させて相互交流の内容で叙述するならば[14]、世界史教科書の内容は空間だけでなく時間の順序さえも逆行して行き来することになる。これを学生たちが簡単に理解することができるか心配である。

　全体的に見ると、新しい教育課程を編成する中で、1）中・高等学校が互いに系列性を持たなければならず、2）高等学校において中学校の内容を繰り返さないということに加えて、すべての時代・内容を深化学習することはできないという前提で交易と交流を中心とする主題中心叙述を指向しているようである。しかし、世界史に対する体系的な知識がない学生たちに、特定の「主題」を中心にして、時間と空間をむやみに行き来する歴史叙述はかなり難しくて紛らわしく感じられる。

第4章　歴史教科書の叙述とヨーロッパ中心主義

　結局、現在では完全な主題中心編成で通史内容を完全に排除することは難しい状況である。教科書執筆者や現場では、評価（大学修学能力試験）と教科書検定基準などを考慮すると、どうしても内容をすべて含む可能性が大きい。しかも、最近の改訂により、現実的には世界史が選択科目として東アジア史あるいは社会科の他選択科目と競争することになる状況で、学生たちが世界史を選択するようになるための分量や内容難易度にも考慮が必要である。現在の状態であれば、内容を体系的に理解することは一層難しく、扱わなければならない分量も少なくないという状況である。もし系列性を確保（中学校との差別化）するための方案として主題中心という代案を選択したのなら、再び試行錯誤の過程を経ることになる可能性が大きい。学生の選択比率もやはり以前より高くなることを期待することは難しい。

　教育課程の関係者や歴史教育研究者が歴史教師と歴史を勉強する学生たちに望ましい歴史理解の方案を研究し模索するところにあるのであれば、特に教科書執筆、その土台になる教育課程の基本方向に関して、より本質的で現実的な苦悶と議論がなければならないだろう。すでに決まったことをそのまま認めた場合、表出する問題点とその余波が侮れないと予想されるためである。

## 2．ヨーロッパ史の標準化と目的化

　それならば、現在の教科書と授業内容の中でどのようにヨーロッパ中心の歴史を批判的に再検討することができるだろうか？これには、何より先にヨーロッパ中心主義が私たちの教科書にどのように具現されているかをより綿密に調べる作業から出発しなければならない。

　現在の高等学校の世界史教科書は歴史を時間の流れにより叙述するものの、アジアとヨーロッパの歴史を交差して配置する方法を取っている[15]。アジア世界は中国、韓国、日本、東南アジア、インド、西アジアを合わせ、ヨーロッパ世界は西ヨーロッパと東ヨーロッパを含む。このような構成は同時期の世界の歴史が地域によりどのように進行したかを把握できるようにする一方、東洋と

第Ⅳ部　国際社会のなかの歴史教育

西洋歴史の展開過程に現れる普遍性と差別性を浮き彫りにする役割をする。

　互いに異なる条件と環境の中で、各地域の歴史が同一の姿で展開しなかったという点を納得するのは難しくない。問題となるのは、同一でない歴史に対する解釈と価値判断の適用方式である。すべての人間の行為には、本人が自覚しようがしまいが、そのような行為をすることになった背景と脈絡はもちろん意図と指向がある。これはすべての歴史叙述、引いては教科書の叙述においても同じである。換言すれば、歴史家が観点を選ぶほかはないことは明らかな事実であり、歴史教科書はある社会の典型的な支配に関する議論を反映するしかない[16]。したがって教科書に載った内容を理解するのはもちろんであるが、叙述の出発点が形成された背景やそれを貫く視角に対しても検討が必要である。これを問題とせずに、教科書に載った題名や語句だけを批判することは本末転倒であろう。

　大単元の題名だけを見た場合、現在使用されている世界史教科書はヨーロッパと非ヨーロッパの歴史を比較して、これを通じて現在の世界が今と同じ姿で存在することになった過程を説明しようとみえる。もし世界史教科書がこのような構図を指向するに至った背景が分かるならば、教科書叙述の後ろに背景のように隠れていた前提に対して理解できるならば、教科書に含まれている解釈と価値判断に対し批判的な視角を持つことができる。歴史家が視角や観点を持って歴史を叙述したこと自体が問題になるのではない。特定地域の歴史を叙述するのに多くの紙面を割愛したり、肯定あるいは否定的な評価を下したりするというのは、一種の価値判断、またはそれにともなう解釈の問題とすることができる。批判的に検討しなければならないことは、教科書叙述が完全に価値中立的でないという事実よりは、特定の視角を受け入れているという方式である。歴史叙述の視角や観点を批判的に検討することは、そのような視角が形成されることになった背景と前提に関する点検から出発する。このような過程を経ずに、すでに形成された視角の価値偏向性だけを批判しながら、すべての地域の歴史をヨーロッパ史と同等の地位にのせようと努力するのは、すでにヨーロッパ史に関するヨーロッパ人の視角を動かすことはできないという前提を受

第4章　歴史教科書の叙述とヨーロッパ中心主義

容し、これを世界史に拡大／適用することと同じである。

　単純にヨーロッパ史を縮小して叙述したり、私たちの歴史の中でヨーロッパ史と類似した点を探しだしたりすることによって、ヨーロッパ中心主義を克服することはできない。より根本的には、「克服」という用語を使うこと自体に対しても考えてみなければならない。ヨーロッパ史を克服の対象として、これを超えなければならない山として認識している側は非ヨーロッパである。問題の核心は、ヨーロッパ史が他の国家の歴史を裁断、判断する標準（Model）になっているところにある。比較の標準がヨーロッパ史と設定されている例としては、「封建制」という用語の使用によく現れている。現在使用されている高等学校世界史教科書は、中国の封建制度を説明する中で契約関係を基礎にした西洋中世の封建制度とは異なり、血縁的関係を基盤としたことを強調している[17]。これは西ヨーロッパの封建制度に関して学習する前に、中国の封建制度がヨーロッパの封建制とどのように異なっているのかを比較することで、中国の封建制を特徴づけるように強要する側面がある。

　同様に、西ヨーロッパの封建制を（厳密に言うとこれを制度とすることができるだろうか？）標準としてこれを「典型的な」封建制と規定して見れば[18]、これと異なる形態の地方分権的な統治体制は全部「不完全な封建制」と評価されるほかはない[19]。西ヨーロッパ歴史の中で現れた特定の状態を「封建制社会」と命名した後、それが最も典型的に現れた所が西ヨーロッパであったという式の叙述は不必要なだけでなく無謀にまで見えたりする。さらに、西ヨーロッパを除いた他国家の歴史の中に現れたいわゆる「封建的な」統治体制が大方は国家が地方を統治するための方式の一つとして施行されたという点を考慮するならば、かえって西ヨーロッパに現れた封建社会の姿こそ例外的な形態の地方分権体制だったとすることができる。

　不思議な点は、このようにヨーロッパ史を基準として他国の歴史を評価することがあまりにも当然に受け入れられているということであり、このようにヨーロッパ史が基準になった理由が提起されないということだ。この間、私たちの学界は同時期にヨーロッパで安定した中央集権国家が発展できず混乱した

275

第Ⅳ部　国際社会のなかの歴史教育

無政府状態が続いた理由に対しては説得力ある分析を求めなかった。反面、なぜ私たちがヨーロッパと同じ姿の歴史を持つことができなかったかという質問によって類似点を発見したり、ヨーロッパとは異なる王朝国家の本質を糾明する方式を解明することに熱中したりしてきた。

　ビンウォン（R. Bin Wong）は中国をヨーロッパ中心主義的基準に照らしあわせて比較することを批判しながら、その反対の比較（逆比較）も行われなければなければならないと主張する。すなわち、中国がなぜ近代科学を発展させることができなかったかを尋ねようとするなら、それに相応してなぜヨーロッパはより一層普遍的な穀倉地帯を発展させることができなかったかを尋ねなければならないということだ[20]。すなわち比較の不均衡自体が問題の本質であるというわけである。ヨーロッパ史が基準となり他国の歴史を判断する例を探すことは困難ではない。たとえばフランス革命はいわゆる「最も典型的な市民革命」と評価される。したがってフランス革命と同じように旧制度の矛盾が原因となって、市民階級の主導で社会構造の変化を招く革命が「真の革命」であり、これとは異なる形態で単純な王朝交替だけを招いた革命は「易姓革命」に終わるだけという説明もたびたび聞くことができる[21]。この時、真の市民革命の主導勢力はフランス革命と同じように市民階級であることで、東アジアの帝国で古代から発生してきた農民反乱は成功を収めたとしても王朝交替だけを招来しただけで「市民革命」とすることができないということだ。したがってフランスと類似性を持つ「市民革命」が起きなかった場合には、市民階級が成長できなかった背景を説明したり、市民と類似のある階層の成長を浮き上がらせるために特別な努力を傾けなくてはいけない。

　ヨーロッパ中心主義的な歴史叙述が持つまた別の危険性は、ヨーロッパ史の展開過程自体の標準化によって、ヨーロッパの歴史に現れた一連の過程や特徴が他のすべての国の歴史が到達しなければならない目標または目的として示されたという事実である。一例として、韓国近現代史教科書の目次は中単元１の題名が「近代社会の胎動」であり、その下位主題として「商品貨幣経済の発達と身分制の動揺」、「民衆意識の成長と実学の台頭」を扱っている[22]。このよう

第4章　歴史教科書の叙述とヨーロッパ中心主義

な題名に現れた執筆者の意図は、私たちが外勢の介入がなくても独自に「近代化」を成し遂げることができたという点を浮き上がらせようとしているものである。

　アジア世界の様々な国家が独自の近代化を成し遂げることができた土台を持っていたことを強調したり、自発的に推進された近代化の努力を高く評価したりしようとする理由は、近代化こそが私たちが到達しなければならない明白な目標であり目的であるという前提を受け入れているためである。そして教科書が述べる近代化は（多くの論議にもかかわらず）[23]西欧化に近い概念であることを否定できず、ヨーロッパの近代に現れた姿、例えば被支配階層の成長、議会政治の発展、資本主義の成長などで特徴づけられる概念であることを否定することができない。したがって、ヨーロッパの近代と類似した姿に接近するほど成功的な近代化と評価されることになり、日本はアジア国家としては唯一近代化に成功した国家と言及されたりもする。反面、ヨーロッパと類似した姿の近代化が目的化された契機や理由に関しては、十分な説明を行なうのは難しい。加えて、西欧と同じ広い植民地を所有した裕福な国家になるために議会政治や資本主義が必須不可欠な条件になった理由に対しては、結果論的に彼らがそうであったためという説明以上の論理的な答えを見つけるのは難しい。現れた結果により、やむをえず原因と設定された多くの現象がいわゆる近代化を特徴づける条件に浮上することに特別な異議が提起されなかったことはもちろんである。そしてこれと別の方式で近代化を成し遂げた場合に対しては、多分に批判的な分析と解明作業が後付けされた[24]。

　ヨーロッパ中心主義が克服の対象であり、短期間に解決することができないという事実に多くの研究者が同意している。克服の方法として資本主義はヨーロッパにだけ発達したのではないことを示す研究成果も発表された[25]。明・清時代の伝統社会や朝鮮後期の中で、いわゆる資本主義の萌芽を探そうとする努力もすでに相当な成果を上げた[26]。しかし、まだ市民階級の成長や議会制度の登場、資本主義の発展がなぜ近代化の絶対的な条件になり、歴史発展の唯一の指向点になったのかに関して注目したものを見つけることは難しい。

第Ⅳ部　国際社会のなかの歴史教育

　これは西ヨーロッパの一定時期に現れた地方分権的な社会像を「封建制社会」あるいは「中世社会」と規定して、最も典型的な封建制社会あるいは最も典型的な中世の姿は西ヨーロッパだけで現れたというような形の叙述と同じである。西ヨーロッパの特定期の姿を近代と規定してこれを基準に近代化の成否を論じるならば、最も成功した近代の姿は当然西ヨーロッパに現れることになる。非ヨーロッパあるいは東ヨーロッパの国家さえも決して完全な中世あるいは成功した近代になることはできない。

## 3．解明の主体としての非ヨーロッパ

　非ヨーロッパの歴史がヨーロッパ史と同じ段階や様相に展開しなかった背景への説明は多様だが、これが解明の客体で登場することになった背景に注目することは少なかった。反面、非ヨーロッパ国家の歴史家はヨーロッパ史と異なる歴史を持つようになった理由を探し出し、これを解明する解説者としての役割を喜んで担当した。その後、このようなヨーロッパ史に追いつこうと思う努力が後追いし、このような努力は大きく二種類の方向に進行した。ヨーロッパ史との類似点を発掘してこれを浮き上がらせることと、非ヨーロッパがヨーロッパと同じになることができなかった原因をそれなりに説得力あるように提示するということだった。このような努力は、特に近代以後の非ヨーロッパ国家の「改革運動」に対する限界と意義を指摘する叙述で明確に表れる。

　一例として、甲申政変は最初の近代的な改革であったが、民衆の支持を得ることが出来ない急進性により失敗し、東学農民運動は近代国家を樹立するための具体的な方案を提示できない限界があったなど、ほとんどすべての改革においてその失敗の原因と限界に対する分析が登場している。ヨーロッパと同じようになるための改革を試みたが、外勢の介入ではなく改革の主導勢力が根本的に持っていた内在的限界があったということである。

　このような叙述の方向は、韓国近現代史にだけ限定されるものではない。中国の場合、洋務運動は「中体西用」という限界を持っていたために失敗に帰

第４章　歴史教科書の叙述とヨーロッパ中心主義

し、変法自強運動はこのような「限界を克服」して西洋の思想と制度までも積極的に受容しようとしたが、保守的な西太后が戊戌政変を起こして失敗したという叙述がある。これもやはり非ヨーロッパの改革が失敗するしかなかった原因を、説得力あるように提示するための努力の事例とすることができる。ここには、暗黙に西洋の科学技術だけでない思想と制度まで積極的に受け入れたならば、中国が近代化に成功して中国の境遇が今より良くなったという推測まで含んでいるような印象さえ与える。反面、日本の明治維新は国王中心の軍国主義的な改革であったにもかかわらず成功した改革として、改革内容に対する叙述の他にその限界を分析しようとする試みを探すことができない。

　このように非ヨーロッパ国家が推進したいわゆる近代的な改革の限界に関する議論は、より根本的な原因を知らなければならないという名文下に内在的な側面において進行される場合が大部分だ。このような内在的な限界は、時にその社会が抱えていた根本的で構造的な問題から、または専制王権によって統治される王朝国家が抱えるほかない束縛から始まったと指摘されたりもする。それならば、果たして洋務運動が中体西用という限界のために、議会政治を採択せず失敗したとできるのか？それならば、明治維新が成功した契機は立憲君主制を採択したためなのか？

　非西欧の歴史は明らかに「王朝史」が大部分である。そして、一つの王朝が滅亡し他の王朝に交替するというような歴史は、発展というよりは循環の概念に近いものとして把握されたりもする。民乱による王朝交替は、社会構造を変える真の革命につながらず単純な易姓革命として残念に終わった反面、ヨーロッパは民主主義と資本主義が発展しやすい土台を持っており、これを「下から」起きた自然な変化を通じて成長させることができたという解釈が、特別な異議もなく受け入れられているということである。この過程において、早くから高度に発達した官僚制と軍事および行政制度のような完熟した支配体制を整え、中央集権国家として発展した非ヨーロッパの王朝国家の姿を同じ時期のヨーロッパと比較する場合は珍しい。しかし、大部分の歴史の発展過程において中央集権的体制の整備は歴史発展を阻害する条件ではなく、ヨーロッパもや

はり歴史発展の過程において追求したことであった。ただし、ヨーロッパはこのような中央集権国家の成立に適していない条件があり、メロヴィング朝の成立やカール大帝による一時的な統一もやはり外敵の侵入と内紛などによって中央集権国家の発展に繋がらず、分権的体制の拡散とこれにともなう混乱状態が続いた。

　なぜこのような差異が発生したのかに対して、その返事を求めるのは歴史家が担当しなければならない役割である。しかし、質問に対する答えを求める前に質問の意図と背景を探索し、これを質問の主体と被質問者の位置に照らして考えてみる必要がある。また必要ならば、質問者と被質問者の位置を互いに変えてみることもできる。被質問者が質問者の立場で返事を求めるようにすることで、質問の前提として設定された多くの制限に対してより幅広く考慮することができるためである。

　すでに投げられた質問に対して、新しい返事を求めることだけではヨーロッパ中心主義を克服することはできない。与えられた前提に対する考慮もなく、解答だけを探そうとする努力は結果論として現在に忠実だという評価は得られるが、過去の真実に接近することには努力不足である。

## おわりに

　韓国でもヨーロッパ中心の世界史を改善したり克服したりするための努力が次第に活発になっている。数人の研究者は新しい世界史の内容を構成するために、相互関連性、文化圏中心接近、文化交流史、地球史的接近などの方案を提示している。現在のように世界が互いに緊密に関連し動いている時代に、世界各地域と文明を合わせる統合的歴史、あるいは全体史としての世界史に対する理解を追求する傾向は悪くない。しかし、現在の傾向を反映したり当面の課題解決を目標としたりして、過去全体を再編成する作業に関連してはその肯定的・否定的影響に対してより慎重に検討しなければならない。

　主題を中心に世界史の内容と叙述を再構成すること、または相互交流を主要

## 第4章　歴史教科書の叙述とヨーロッパ中心主義

テーマとして世界史を新しく叙述することには現実的な限界があり、副作用も少なくない。何より、このように内容を再編成する作業が成功的に終わったとしても、ヨーロッパ中心主義の解消という目標にはあまり接近できない場合もある。その主な理由は、この間の私たちの歴史叙述の視角と教科書叙述において、表面に現れた部分にだけ注目し、これを是正ないし克服するところに重点を置いてきただけで、見えない前提または背景として、標準または目的として作用するヨーロッパ中心主義に対しては、自覚さえ出来ずにいたためである。

もし既存の世界史叙述が、すでにヨーロッパ史を標準として非ヨーロッパの歴史を裁断して来たのならば、このように定義され解釈された世界史を分析してその代案を探すことがより一層至急で重要な課題である。このためには、何よりも非ヨーロッパの歴史において、ヨーロッパ史との類似性を探そうと努力したり、ヨーロッパ史との差異点を結果論的に説明・分析する方式の叙述を変えなければならない。これよりは、互いに異なる地域の歴史は自然環境など多くの条件の中で異なる姿として展開することが当然だという事実を理解し、過去や現在を説明するための目的論的な手段とする態度を止揚しなければならない。現在のすべての問題に対する責任を過去にまわして、このような角度から内在的で根が深い根源を探そうとする態度は、自国史中心主義を抜け出した先駆的な姿勢でもなく、優れた客観性や批判精神の表出でもない。これはヨーロッパ中心主義を私たち自ら拡大することである。

本稿で私はヨーロッパ中心的な教科書叙述を全面的にやり直そうという主張をするのではない。強調したいのは、もし教科書の叙述や世界がこのような姿で存在することになった理由に対して、特定の視角と観点で見た説明、または解答を探求する方式で書いているならば、学生たちにこのような叙述の背景と出発点に関して知らせる必要があるということである。叙述の背景と出発点を知ることは、質問の背景を理解するのを助け、その質問に対する返事の適切性を判断する自らの見識を育てることができる。学生たちは質問の主体と客体を把握する過程を通じて、私と他者に対して認識する方法を自ら検討してみることができるだろう。ひいては自ら多様な立場に立って質問と答えを求める過程

第Ⅳ部　国際社会のなかの歴史教育

において、歴史に関する多様な視角があることを知るようになり、私と他者に関する幅広い認識をやはり習得できると期待するのである。

（翻訳：國分麻里）

---

1 ) 1982年に尹世哲教授は「世界史とアジア史―世界史内容選定上のいくつかの問題―」という論文において、我が国の中・高等学校世界史教育課程の問題点を指摘しながら、世界史の内容で特にアジア史をどのように扱うのかに対しいくつかの基本的な問題を提起したことがある。彼は西欧中心の漠然とした進歩観を批判しながら、脱西欧中心の世界史編成のために留意する点として、何よりも従来の西洋人の世界史観を克服するべき一つの歴史的状況として認識することを主張した（尹世哲「世界史とアジア史―世界史内容選定上のいくつかの問題―」『歴史教育』32号、1982年）。
2 ) 例えば「地理上の発見」を「新航路開拓」などの用語に変えたことが代表的である。
3 ) 李敏縞「世界史をどのように読むか？―ヨーロッパ中心主義史観の克服のために」（『歴史批評』59号、2002年）、196〜200頁。
4 ) Eric Wolf, *Europe and the People without History*（Berkeley and Los Angeles University of California Press, 1982年）、5頁。
5 ) 姜正仁「西欧中心主義を越えて：西欧中心主義を克服するための談論戦略と多中心的多文化主義に対する考察」『梨花女子大学校地球史研究所第2回国際学術大会発表集（ヨーロッパ中心主義を越え地球史へ）』（2010年）、67頁。
6 ) 姜哲求「韓国において西洋史をどのように見なければならないのか：ヨーロッパ中心主義の克服のための提言」第11回韓国西洋史学会学術大会資料集、2006年4月15日、11〜25頁。この資料集は2009年に単行本で出版された（韓国西洋史学会編、『ヨーロッパ中心主義世界史を越えた世界史を』、プルンヨクサ、2009年）。

第4章　歴史教科書の叙述とヨーロッパ中心主義

7）梁豪煥「歴史教育の目的を再び問う」(『歴史教育』99号、2006年)、22～23頁。

8）姜鮮珠「世界化時代の世界史教育：相互関連性を中心原理にした内容構成」(『歴史教育』82号、2002年)、41～90頁；姜鮮珠「世界史教育の「危機」と「問題」：歴史的眺望」(『社会科教育』42（1）、2003年)、57～86頁；鄭善影「地球的視角に基づく世界史教育の接近方法」(『歴史教育』85号、2003年、1～40頁；李英孝「世界史教育における他者読み」(『歴史教育』86号、2003年)、29～60頁。

9）しかし、このような編成に対してはすでに多くの問題点と批判が提起された。高等学校国史の場合には、古代から近世までを4度も繰り返さなければならないという困難と混乱があるということである。また、分野史の解説書や研究書が殆どない状態において教科書執筆が行われたため叙述の不正確性や分野間の重複性がもたらされ、社会史のような場合には研究成果が少なく教科書分量を満たすのにも困難であった（崔祥勲「歴史科独立の必要性と内容組織方案」『湖西史学』35号、2003年、217～218頁）。高等学校国史の内容構成の問題点に対して金漢宗教授もやはり、1．不適切な内容構造、2．内容範囲と深さの類似性について批判したことがある。すなわち、各単元別の内容重複を避けるために政治史単元では政治制度、経済史単元では経済制度、社会史単元では社会生活、文化史単元では芸術だけ扱った。そのため、政治的変化が人々の生活にどのような影響を与え、社会思想が文化活動や芸術作品にどのように反映したのか分かりずらいということである。また、中学校の政治史叙述と高等学校の政治史は、その範囲と接近方式において特別な差異を探し出すことが出来なかったと批判した（金漢宗「歴史教育系列化のための高等学校国史教育内容構成方案」『湖西史学』40号、2005年、88～97頁）。

10）例えば中国南北朝時代の場合、政治的に混乱が続く中で現実逃避的な性向の思想が流行することになり、宋の場合、北方遊牧民族の圧力を受け困難な政治的状況の中で、正統と大義名分を強調する性理学が現れることになった。皇帝独裁体制の確立過程において科挙制が強化され、科挙制の強化は新しい社会階層として士大夫（官吏─訳者）を出現させた。また、南

第Ⅳ部　国際社会のなかの歴史教育

　　　北朝以後引き続き発展した経済力を土台に、宋代に庶民階層が成長することができ、新しい庶民文化の発展を招来した。このように政治、社会、経済、文化はすべて互いに因果的に影響を受け与えたりしているので、これを別に離して説明するよりはこれら相互間の関連性をともに叙述することが理解しやすいであろう。

11) 例えば、現在使用されている高等学校『国史』教科書のⅥ民族文化の発達単元は、１．古代の文化、２．中世の文化、３．近世の文化、４．近代胎動期の文化、５．近・現代の文化で構成されている。１．古代の文化の場合（１）学問と思想、宗教の部分では三国と南北国の漢学の発達、歴史編纂、仏教の受容と発達などに対して叙述している。（２）科学技術の発達では三国と南北国の天文学と数学、木版印刷術と製紙術、金属技術の発達に対して、（３）古代人の痕跡と風情の部分では古墳と古墳壁画、建築と塔、仏像彫刻と工芸、文字、絵、音楽に対して代表的な作品とその特徴を羅列している。（４）日本に渡っていった私たちの文化では三国と統一新羅の文化の中で日本に伝播した代表的な文化財は何かを叙述している。

12) 李英孝「世界史教育での「他者読み」─西欧中心主義と自民族中心主義を越えて」（『歴史教育』86号、2003年）、55頁；柳鏞泰「多元的世界史とアジア、そして東アジア」『歴史教育と歴史認識』、本とともに、2005年、351頁。

13) 姜鮮哲「文化的接触と交流の歴史の内容選定方案」（『歴史教育研究』 3 号、2006年）、74〜75頁。

14) 内容の重複を避けようと、わざと特定の主題を除いてその時代を叙述しなければならない所も目を引く。例を挙げると、世界的に影響を及ぼした世界宗教としての儒教、仏教、キリスト教、イスラム教を別にくくって叙述するならば、中国の春秋戦国時代と漢代を叙述しながら儒教をどのように処理するのかを悩まなければならない。仏教や他の宗教の場合も同じだ。しかし、どのような形でもこれに言及しなければその時代を説明することはかなり難しくなり、この他にもやむをえず内容の重複を甘受するほかはない場合が多いと予想される。

15) 7 次教育課程により構成された高等学校世界史の大単元の題名は以下であ

第4章　歴史教科書の叙述とヨーロッパ中心主義

る。1．時間、空間、そして人間、2．文明の夜明けと古代文明、3．アジア世界の拡大と東西交流、4．ヨーロッパの封建社会、5．アジア社会の成熟、6．ヨーロッパ近代社会の成長と拡大、7．アジア世界の近代的発展、8．帝国主義と二度の世界大戦、9．戦後世界の発展。

16）梁豪煥「歴史叙述の主体と観点―歴史教科書の読みと関連して」(『歴史教育』68号、1998年)、1～2頁。

17）教学社、高等学校『世界史』、2003年、43頁。本来、西ヨーロッパ中世の地方分権的な社会体制を示す言葉は「feudalism」であるが、これを中国周代に施行された「封建制」と翻訳して用いることになった。今では「封建制」の典型は西ヨーロッパにあり、中国の「封建制」は、これとは異なる「血縁的で宗法的な」特性を持ったと理解されている。これは、以前から使われていた固有名詞を訳語で使用し、概念の混同を招いた代表的な事例とすることができる。

18）金星出版社、高等学校『世界史』、2002年、129頁。「地方分権的な封建国家の姿が典型的に現れたところはフランスであった」。

19）このような観点からビザンチン帝国の屯田兵制に関して、「軍事的義務を負う保有地」と叙述しながら、これを「不安定な形態の封建制」と評価する場合もある。

20）R. Bin Wong, *China Transformed: Historical Change and the Limits of European Experience* (Ithaca, N.Y., 1997年)（Jerry H. Bentley「多様なヨーロッパ中心の歴史と解決策」『梨花女子大学校地球史研究所第2回国際学術大会発表集（ヨーロッパ中心主義を越え地球史へ）』、2010年、151頁再引用）。

21）たとえば7次高等学校『国史』教科書では、朝鮮の建国に対する説明をしながら、「鄭道伝など急進改革派は高麗王朝を否定する易姓革命を主張した。急進改革派は昌王を追い出して恭讓王を立て政治的実権を握り、易姓革命に反対した鄭夢周をはじめとする穏健改革派を除去した。これにより、李成桂は恭讓王の王位を受け継ぎ朝鮮を建国した」と叙述している（国史編纂委員会、高等学校『国史』、2009年、81頁）。

22）金星出版社、高等学校『韓国近現代史』、2006年、4頁。

第Ⅳ部　国際社会のなかの歴史教育

23) 最近の学界では「近代化」の代わりに「近代性」という用語を使う場合がある。前者は後者の条件を創出する過程といえるが、近代化が一種経なければならない単一な経路になる反面、「近代性」は多様な形態で現れると見るものである。しかし、多様な近代性が現れるといっても、ヨーロッパが世界を征服してヨーロッパのイメージで世界を再構成するために、ヨーロッパで波及した概念的な産物ではないのかという争点は消えない（Arif Dirlik「脱中心化すること：世界そして歴史」『梨花女子大学校地球史研究所第2回国際学術大会発表集（ヨーロッパ中心主義を越え地球史へ)』、2010年、191～192頁）。

24) 例えば、東ヨーロッパの近代化はよく後進的農業社会を基盤とし、再版農奴制などの反動的な現象により啓蒙絶対君主による国家主導型近代化であったことが指摘、強調される。

25) 韓国西洋史学会編『ヨーロッパ中心主義世界史を越えた世界史を』（プルンヨクサ、2009年）、235～240頁。

26) 教学社の『世界史』教科書には、「明代の揚子江下流流域で16世紀頃から綿織物、絹織物で代表される家内手工業が活発になり、商業の発達により全国的な流通網が拡大し、商人、手工業者の相互扶助組織もつくられた。清代にも商品作物栽培とともに、綿、製紙、製糖などの分野でマニュファクチュア（manufacture）が発達した」と叙述している（教学社、高等学校『世界史』、2003年、181～182頁）。高等学校『国史』教科書にも「朝鮮後期に農業生産力が増大して手工業生産が活発になり商品貨幣経済も発達した。特に、手工業分野において資金と原料をあらかじめ受領し製品を生産する前貸し制が盛んに行われ、手工業者も独自に製品を生産してこれを直接販売する人々も現れた。鉱山経営でも経営専門家である徳大が資本の調達を受けて労働者を雇用して採掘をした」と記述し、朝鮮後期に資本主義の萌芽が現れたという根拠を提示している（国史編纂委員会、高等学校『国史』、2009年、166～172頁）。

# おわりに

　本書『歴史教育から「社会科」へ——現場からの問い』は、東京学芸大学日本近現代史ゼミ（2001年4月からは日本近代史ゼミ）の卒業生が中心になって行っている研究会（以下、卒業生研究会）の成果である。この研究会は、2003年4月から開始され、1年に2回程度の頻度ではあったが、君島和彦先生の参加も得て、2011年現在まで活動を続けている。毎回の研究会には、卒業生のみならず、在学中のゼミ生も参加し、日本近現代史ゼミ・日本近代史ゼミの論文集『歴史学と現代』にもそのつど内容を掲載してきた。研究会は、学術的な研究報告、実践報告を主としたものであったが、多様な「現場」で活躍している卒業生にかつてのゼミの「熱気」（？）を感じてもらい、それぞれの「いま、ここで」の課題を率直に語りあう場所としても考えられていた。その意味で、単に専門領域を超えているだけでなく、歴史学と歴史教育、学校教育と社会教育、教員と子ども、「日本」と「韓国」など、さまざまな分割線を越えて学ぶ場を目指したともいえる。そして、それは同窓会的ネットワークの役割も果たすことを目指すこととなった。

　大学は学生の学びの場としてだけではなく、卒業後も生涯学習の場としても機能することが求められていると思う。高度情報化に際しての合理化の下で、ありとあらゆる業務を抱え込むことになっている現代社会に生きる私たちには、一日一日が、水が流れるがごとくあっという間に過ぎ去っていってしまうように感じられる。こうした状況のなかで、さまざまな問題を抱えながら毎日の忙しさに明け暮れる「現場」から離れて、自らの教育実践・研究活動をもう一度点検・確認する場として、あるいは大学卒業後、数年から数十年経った現在、自分はどう生きているのか、自分の存在意義とは何かを改めて確認する場として、日常からいったん離れて、普段とは異なる仲間と対話できる場所や機会を設けることの意味合いは、日を追ってますます大きなものになっているよ

うに思える。もちろん、そうしたサークルを大学に限定する必要はないのだが、在学中のゼミ生にとっても、教員ほか多種多様な社会人となった卒業生との交流のなかで、大学での4年間の生活に少しでもプラスになればという思いもあった。

　この研究会に参加していつも考えさせられることは、教育現場における小・中・高・大の縦軸の連携や、博物館・図書館と学校といった横軸の連携の下での議論をより活発に、より広範に行っていくことの重要性である。ともすると、各々の「現場」で自己完結してしまいがちな教育実践活動や研究活動も、ちょっとした工夫を施せば、他の「現場」であっても応用可能である。地域社会、学校教育、社会教育の多様な組み合わせによる連携のもとで、さまざまな有益な教育実践が行われていることを学ぶことで、そこで得たヒントを自らの「現場」で生かしていくこともできる。あるいは、第Ⅲ部第2章に示したように、戦争をどう教えるかというテーマを小・中・高それぞれの「現場」でどう教えるかを構想し、実践することもできる。そうした試みの場として設けられたのが卒業生研究会である。

　こうした趣旨もあって、卒業生研究会は、足かけ8年のあいだにこれまで13回開催された。研究会も回数を重ね、興味深くかつ重要な問題提起を含む実践報告・研究報告がなされてきた段階で、この成果をぜひ公刊して社会に問いかけることが大切ではないのか、という声が上がってきた。本書を構成する各章は、基本的には卒業生研究会で報告されたものを基にしている。同時に、現状のなかで課題設定を行うために、研究会外からの寄稿を依頼した。

　論集の企画にあたり、大串氏は「可能なかぎり日本近現代史・近代史ゼミが育んだ学問および「君島和彦」という人物の多様さを表現できる論集」をめざそうと呼びかけたが、歴史学研究者である君島先生が教育を媒介にして、国際的な意味においても、いかに多様な問題関心を有しているかが、所収論文を通じて読み取ることができるものになっていると思う。そこで述べられた「共同性」の概念は、論考における分析対象としてだけではなく、私たち執筆者や卒業生研究会に集う仲間たちのあいだにも生きていると思う。ある種の「共同

おわりに

性」があってこそ、本書は成立しえたのである。

　そして、本書が、あるひとつの「共同性」の産物であることを超えて、今、歴史を教える「現場」のリアルな記録として、さまざまな「現場」を生きる人びとの心に届くような問題提起の書をめざしていることは「はじめに」でも論じられているとおりである。

　本書第Ⅰ〜Ⅲ部所収の論文は、卒業生研究会での報告を踏まえ、各執筆者が論考としてまとめたものを、編者と編集委員による査読を経て、修正の上、掲載されたものである。第Ⅳ部所収の論文は、韓国における編者の「現場」であるソウル大学校師範大学や客員教授を務めたソウル市立大学校人文大学の同僚の先生方から寄稿していただいたものである。第Ⅳ部の各論文からは、韓国における歴史教育のあり方を通じて、日本の歴史認識や歴史教育のあり方を再考できるものになっている。また、各論文ともに、韓国の歴史認識や歴史教育についての矛盾や問題点を鋭く指摘し、国際社会のなかの歴史教育がどうあるべきかを提言するものとなっている。こうした韓国の現状から日本の歴史教育も学ぶべきものが多い時代となっていることに気づかされる。第Ⅳ部は、編者自らが日本と韓国の交流に身をおいて作り上げた「共同性」の成果と位置づけられよう。

　自らはそう口にしないが、君島先生は優れて実践的な歴史研究者である。「歴史学と現代」の緊張関係を重視する立場からさまざまな研究・教育活動に従事されてきた。そうした後ろ姿をみて、卒業生は教育現場をはじめとして、多様な「現場」で日々格闘している。ただ、「現場」での格闘それ自体は、ことさら卒業生研究会固有で特別な営みということではなく、現在を生きるすべての人のごく普通の日常の姿であると思う。

　そう考えるとますます、真摯に歴史と教育に向き合って現在を生きている人びとすべてに本書を手にとってもらいたいと思えてならない。本書が「歴史を学ぶことの意味」や「社会科とはなにか」、「歴史教育とはなにか」「社会科の中で学ぶ歴史と歴史学の関係」といったことを考える手がかりになればと考える次第である。「現場」は違えども、本書で提起された問題意識や具体的な実

践には、明日への活力としうる示唆がちらばっていることと思う。各々の「現場」における経験知を広げていくことで、この世界に生きるさまざまな人びととの「共同性」を構築できるような未来を切り拓きたいと考えている。

　幸い、多くの方々の協力を得て、本書『歴史教育から「社会科」へ——現場からの問い』をここに公刊することが出来た。特に本書にご寄稿いただいた韓国の先生方にはこの場を借りて感謝を申し上げたい。もう一冊、歴史学に関する論文集の企画も進行中である。

　なお、君島先生には、本書の編者として「はじめに」の大串潤児氏との共同執筆、各論文の査読や校正ほか実質的な編集作業のほとんどに関わっていただいた。本書のタイトルならびに構成については編者と編集委員で協議して決定した。本書の趣旨とその学術的意味、各論文の位置づけについては、「はじめに」で論じられている。

　最後になりましたが、卒業生研究会を代表して執筆者一同、心から感謝の気持ちを込めて、君島和彦先生に、論集を謹呈したいと思う。また、本書の編集を担当していただいた東京堂出版の松林孝至氏、編集部の成田杏子氏には言葉に尽くせないほどお世話になった。記して厚く感謝を申し上げます。

2011年3月

　　　　　　　　　　　　　　　　　　　　　　　　山 口 公 一

執筆者・翻訳者紹介（掲載順）（〇は編集委員）

| | |
|---|---|
| 〇大串潤児 | 信州大学人文学部准教授 |
| 田中京子 | 埼玉県公立小学校教諭 |
| 小野知二 | 埼玉県立川口特別支援学校教諭 |
| 宮口周次 | 東京都中野区立野方小学校主任教諭 |
| 小田正道 | 東京都小金井市立小金井第二小学校教諭 |
| 岡田泰孝 | お茶の水女子大学附属小学校教諭 |
| 小川清貴 | 新潟県十日町市・十日町情報館（図書館）主任・司書 |
| 西浦直子 | 国立ハンセン病資料館学芸員 |
| 長谷川利彦 | 穎明館中学・高等学校教諭 |
| 坂本　謙 | 宮城県大河原町立大河原小学校教諭 |
| 小貫広行 | 群馬県館林市立多々良中学校教諭 |
| 古頭（加々見）千晶 | 東京都立高校教諭 |
| 島本浩樹 | 桐光学園小学校教諭 |
| 〇山口公一 | 追手門学院大学経営学部准教授 |
| 鄭　在貞 | 東北亜歴史財団理事長 |
| | ソウル市立大学校人文大学教授 |
| 加藤圭木 | 一橋大学大学院社会学研究科博士後期課程 |
| 〇君島和彦 | ソウル大学校師範大学招聘教授 |
| 徐　毅植 | ソウル大学校師範大学教授 |
| 國分麻里 | 筑波大学大学院人間総合科学研究科（教育学系）助教 |
| 梁　豪煥 | ソウル大学校師範大学教授 |

## 編著者紹介

君島和彦
1945年：栃木県生まれ
1977年：東京教育大学大学院文学研究科博士課程単位取得退学
1977年：東京学芸大学講師、以後、助教授・教授
1996年：韓国ソウル市立大学校客員教授
2009年：ソウル大学校師範大学教授
現在：ソウル大学校師範大学招聘教授
主な著書
『朝鮮・韓国は日本の教科書にどう書かれているか』梨の木舎、1992年（共著）
『旅行ガイドにないアジアを歩く―韓国―』梨の木舎、1995年（共著）
『教科書の思想―日本と韓国の近現代史―』すずさわ書店、1996年
『日本と韓国の歴史共通教材をつくる視点』梨の木舎、2003年（共著）
『日韓歴史共通教材　日韓交流の歴史　先史から現代まで』明石書店、2007年（共著）
『日韓歴史教科書の軌跡―歴史の共通認識を求めて』すずさわ書店、2009年
『平壌三中　学窓の追遠史』明石書店、2010年（監訳）

| 歴史教育から「社会科」へ　現場からの問い | 二〇一一年三月一〇日　初版印刷　二〇一一年三月二七日　初版発行 | 編著者　君島和彦 | 発行者　松林孝至 | 発行所　株式会社東京堂出版　〒一〇一-〇〇五一　東京都千代田区神田神保町一-一七　電話〇三-三二三三-三七四一　振替〇〇一三〇-七-二七〇 | 印刷　亜細亜印刷株式会社 | 製本　渡辺製本株式会社 | ⓒ Kimijima Kazuhiko, 2011 printed in Japan　ISBN978-4-490-20729-3 C0037 |